레비나스 철학의 맥락들

레비나스 철학의 맥락들

발행일 초판1쇄 2017년 5월 30일 • **엮은이** 김정현

펴낸이 유재건 • **펴낸곳** (주)그린비출판사 • **주소** 서울 마포구 와우산로 180, 4층

전화 02-702-2717 • **이메일** editor@greenbee.co.kr • **신고번호** 제2017-000094호

ISBN 978-89-7682-255-0 93160

이 저서는 2007년 정부(교육과학기술부)의 재원으로 한국연구재단의 지원을 받아 수행된 연구임(NRF-2007-361-AM0059)

레비나스 철학의 맥락들

강영안, 김정현, 김혜령, 문성원, 서용순, 손영창 지음

서문

김정현

자기 장소를 떠나온 사상을 제대로 대우 — '환대'와도, '조우'와도 구분되는 의미로 — 한다는 것은 어떤 것일까? 그것은 우선, 그 사상에 담긴 목소리가 방해받지 않고 들리도록 하는 것이다. 그 사상이 상대하는 사태, 극복하고자 하는 사태를 드러내고, 그 사태와 씨름하는 과정에서 발생하는 가끔의 흐트러짐에 과하게 반응하지 않고, 주어진 개념이나 개념 체계로 작업할 수밖에 없는 탓에 '다른' 사유를 충분히 전개하지 못할지라도, 그 고투의 의의를 인정하는 것이다.

다음으로, 하나의 사유가 원래의 장소에서 지니고 있던 생명력을 유지할 수 있도록 하는 것이다. 하나의 철학은 문제적 사태에 기초한 실감 나는 물음의 응답이고자 할 때, 생생함을 지닌다. 마찬가지로, 그 철학은 다른 장소에서 실감 나는 질문 속에서 받아들여질 때, 활력을 유지한다. 그러므로 타지에서 오는 사유를 질문 없이 맞는 것은 정당한 대우가 아니다.

특정한 철학을 연구한 글들을 모아 한 권의 책을 내놓을 때, 그 특정 철학에 대해 한 사회 — 그 사회 전체가 아니라 일부지만 — 가 관심을 가지는 배경이나 맥락에 대해 살펴보는 것은 그 철학을 위해서도, 그것을 수용하는 사회를 위해서도 의미 있는 일이다.

레비나스 사상 전체에서, 특히 주 텍스트를 기준으로 한다면, 사회 철학적, 정치 철학적 주제는 중심부를 차지한다고 할 수 없다. 그런데, 이 책에서는 레비나스 철학의 사회·정치 철학적 성격과 관련된 글들 ─ 그 취약성을 말하든, 말하지 않든 ─ 이 다수를 차지한다. 사정이 이러한 것에는, 텍스트 해석에 주안점을 두지 않으려는 기획의 의도, 집필 요청에 응해 준 필자들의 연구 관심 등의 요소가 작용하기도 했겠지만, 그런 연유로 이 책의 성격이 모두 해명되는 것은 아니다.

레비나스의 철학이 사회·정치적 지향성을 전면에 내세우지 않음에도 불구하고, 이 책이 그런 성격을 띠게 된 것은 외래의 사상에 관한 한 사회의 관심이란 것이 많은 경우 그 사회가 직면한 문제를 진단하고 타개하려는 의식과 연결되어 있기 때문은 아닐까 싶다. 어쨌든 이 책의 필자들은 대체로 (레비나스) 철학을 현실에 연루된 것으로 바라보거나 현실과 연관시키며 삶의 정황 속에서 접근하고 있다.

이 책에는 한 편의 강연록과 일곱 편의 글이 포함되어 있다. 글의 첫머리에 레비나스 연구 1세대에 속하는 강영안 교수의 글이 배치되었다는 것은 이 책의 (애초) 기획 의도를 얼핏 드러낸다. 그 의도란 레비나스가 국내에 소개, 수용되는 과정에서 연구자 개인의 동기와 사회적 상황이 어떤 식으로 교차·작용했는지를 살피는 것이다.

여기 실린 글들은 레비나스의 텍스트를 정밀하게 해석하거나, 주요 개념들을 상세히 설명하는 것을 일차적 목표로 삼지 않는다. 그런 성격의 글이 있지만, 그것 역시 필자들의 고유한 목적 안에 자리한다. 레비나스 같은 난해한 철학자의 경우, 그를 통해 그리고 그를 넘어 사유하기 위해서라도 그 철학의 기본적 내용에 대해 상세한 소개가 중요하다는 것은 말할 필요가 없다. 예를 들어, 그의 철학적 문제의식은 무엇이며, 그것은 어떤 상황에서 형성된 것인지, (다시 말해) 그의 철학의 주제는 무엇이며, 그러한 주제에 어떻게 접근하는지, 그러한 방식은 기존의 철학 전통과 어떤 점에서 (불)연속적인지, 주요 개념들은 무엇이며, 그 가운데 생소한 것과 익숙한 것은 무엇인지 등등. 만약 이런 것들의 해명이 목표라면, 이 책은 부족함이 적지 않다.

1부는 (한계 내에서 이긴 하지만) 레비나스 철학의 기본 문제의식을 중심으로, 그의 철학을 해명하려는, 혹은, 그의 철학의 타당성을 제시하려는 글들로 구성되어 있다. 쉽게 읽히지만 쉽게 쓰이지는 않은 이 글들은 레비나스 철학을 설득력 있는 것으로 제시하고자 한다. 2부는 레비나스와 다른 철학자들을 비교하면서, 관련시킨다. 그의 사유를 다른 사유들 ― 데리다, 바디우, 리쾨르 ― 곁에 놓음으로써 그 성격을 드러내려 한다. 여기서는 레비나스의 사유가 어떤 질문을 받는지 그 일단을 확인할 수 있다.

3부에 포함된 두 편의 글들은 레비나스 사상의 '장소'에 관해 묻는다. 그의 사상을 구체적 장소에 구현·적용하려는 시도를 분석하거나, 그의 사유가 서구라는 특수한 장소에 기초해 있음을, 그 공간특성이 그의 철학의 (어떤) 한계와 어떻게 연계되어 있는지를 드러내려 한다. 구체적으로, 첫 번째 글은 레비나스 사상을 이스라엘과 팔레스타인의 공존 문제에 적용하려는 버틀러의 작업을 다루는데, 그것은 또한 레비나스 사유의 비판적 수용과 재구성의 과정을 확인하는 것이기도 하다. 두 번째 글은 레비나스의 타자 우위의 철학이 어떻게 현실의 문화적 타자와 어긋나게 되는지를 살핀다. 문화를 윤리 아래에 놓는 철학적 입장 ― 이것은 문화를 판단하려는 의지와 연관되어 있다 ― 과 서구 문화의 우월성에 관한 확신이 만날 때, 타자 철학은 그 확신을 강화하는 요소로 작용한다.

이 책의 첫 번째 장인 「나의 철학 여정과 레비나스」는 레비나스를 본격적으로 국내에 소개, 연구한 강영안 교수의 강연록이다(글의 제목은 당시의 강연 제목이다). 이 글에서 강영안 교수는 자신의 삶, 공부의 여정과 그 길에서 만난 책들의 이야기를 엮어내면서 레비나스 철학과 만난 경험을 풀어 놓는다.

　이 글은 난처함 ── 레비나스 철학에 대해 말하는 것은 어렵지 않지만, 철학 공부의 여정과 관련하여 레비나스를 말해야 하는 자리에 서게 된 난처함 ── 을 피력하는 것으로 시작한다. 강연록은 이러한 심사(心思)를 담은 '1절 "우리 자신에 대해서 우리는 침묵한다"'에 이어서, '2절 루뱅에서 본 레비나스와 나의 철학 공부', '3절 유학을 떠나기 전 알게 된 레비나스', '4절 레비나스에 관해서 글을 쓰기 시작한 배경', '5절 나의 철학 프로젝트와 레비나스', '6절 레비나스와 나의 삶'으로 구성되어 있다.

　이 글에서 확인하는 것 한 가지는 레비나스 연구로 한국 철학계에 이름을 각인시켰지만, 강영안 교수의 전체 연구 영역에서 정작 레비나스는 일부에 불과하다는 것이다. 그는 자신이 계획 중인 연구 프로젝트의 일부를 다음과 같이 소개한다. "칸트와 리드(Thomas Reid)를 바탕으로, 한편으로는 레비나스와 리쾨르, 마리옹, 미셸 앙리, 크레티앙의 작업을 들여다보고 다른 한편으로는 올스턴, 플랜팅가, 월터스토프를 들여다보면서 제3의 중재적인 길로서 형이상학과 일상적 삶을 둘 다 붙잡고서 철학을 하고자 애쓰는 윌리엄 데스몬드(William Desmond)와 찰스 테일러(Charles Taylor)의 작업을 들여다보는 것."

강영안 교수는 레비나스 철학에 관한 자신의 관심이 '종교 인식론' 그리고 '일상에 관한 철학적 반성' 작업과 밀접하게 연결되어 있다고 말한다. 자신의 레비나스 공부에는 '하나님에 관해 철학적으로 말할 수 있는가?'라는 물음이 깔려 있으며, 또한 레비나스를 통해 일상의 현상을 들여다보고 생각하는 법을 배웠음을 고백한다. 특히 후자와 관련해서는, "우리의 일상적 삶의 현실을 삶의 여러 계기를 중심으로 무엇보다 먼저 그 현상을 드러내고, 의미를 찾아보며, 우리가 어떤 방식으로 삶의 여러 계기와 관련해서 구체적으로 살아야 할지를 생각해 보[는데] …… 레비나스는 출발점이 될 뿐 아니라 생각을 이어 나갈 수 있는 동반자 역할"을 할 수 있다는 믿음을 털어놓는다.

　　이 글에서 강영안 교수는 레비나스를 위시하여 다른 철학자들에 관한 서술과 자기 삶의 체험을 교차시키는데, 이것은 철학을 통해 삶을 포착하는 것인 동시에 삶을 통해 철학을 체험하는 것이라 할 수 있을 것이다. 그는 '영혼의 움직임'(motus animi)으로서의 초월을 말한 아우구스티누스, 우리의 일상 속에서 비일상적인 것, 초월적인 것의 자리를 확립, 확보하려는 레비나스 철학을 자신의 "읽는 삶"과 연결한다. "읽음은 이러한 초월을 경험할 수 있는 가능한 한 장소임을 저는 삶 속에서 체험합니다."

　　우리 사회에서 레비나스 철학이 지닐 수 있는 의의와 관련하여서는, 과거 우리 사회와 철학이 "타자에 관한 관심보다는 오히려 나를 세우는" 데 있었지만, 우리 사회의 "현재의 경제 수준이나 발전 상황에서는 나 자신의 주체 세우기보다는, 나 자신의 주체 세우기를 제대로 하기 위해서라도 …… 타자에 관한 환대와 배려를 할 수밖에 없는 그런 단계가 아닌가?" 생각한다는 견해를 피력한다. 유사한 맥락에서, "우리 사회가 근대화 과정을 통해서 …… 주체 세우기, 자기 세우기에 몰두했다면, …… [이제] 타인에 관한 관심, 타자의 고통에 관한 관심을 통해서 나 자신을 만들어가는 이런 삶의 방식"에 관심을 기울일 필요가 있다고 말한다.

1부의 2장 「왜 레비나스인가?」는, 제목과 달리, 그래서 "좀 엉뚱하다고 여겨질지[도 모를]" 서두로써 시작된다. 필자는 경험과학자들이 철학에 대해서 말하는바, 철학은 종교와 크게 다르지 않으며, "한정된 경험 탓에 우리가 제대로 입증하지 못하는 포괄적인 사태를 해석하기 위해 체계적이고 정교하게 꾸며내진 이야기일 수 있다"는 주장에 일면 수긍한다. 물론 그렇다고, 필자가 "철학이 일종의 망상이라고 주장"하지는 않는다.

"철학의 서식지에 망상의 유혹과 위험이 도사리고 있다"는 점을 인정하더라도, 과학적 이성 역시 이러한 위험에서 벗어나 있지 않다. 과학적 이성도 빈자리, 빈틈을 허용하며, 과학은 가설과 외삽(外揷)으로써 이 공백을 메운다. 나아가, 필자는 과학은 자신의 그러한 유한함을 넘어가지 않도록 제어할 능력조차 갖추지 못한 것은 아닌지 묻고, 과학의 전횡을 비판하는 일은 여전히 철학의 주요 과제 중 하나라고 말한다.

철학에 대한 과학의 폄하, 그리고 그것에 대한 철학의 대응은 다음과 같이 마무리된다. "경험과학적 탐구가 자의적 해석을 비판하는 기준을 세우는 데 도움을 준다 하더라도 그 기준에 따라 비판을 수행하는 것은 과학적 탐구라기보다는 철학적 작업이다. 더구나 우리는 경험과학이 충분한 도움을 주지 못하는 곳에서도 판단하고 행위하지 않을 수 없다. 이 판단과 행위의 규범을 모색하고 사유하는 일은 여전히 철학의 중요한 임무로 남아 있다."

레비나스 철학의 뛰어남 가운데 하나는 상대주의에 빠지지 않으면서 반(反)전체론의 한 가지 길을 제시했다는 데에 있다. 그 길은 "존재론의 지평을 넘어 더 근원적인 삶의 영역"을 모색하는 가운데 드러난다. 이 근원적 영역이 곧 윤리의 영역이다. 여기서 타자는 내가 서 있는 동일성의 평면 바깥에서 (차라리 호소라고 해야 할) 명령 —— 나를 죽이지 말라 —— 을 내리고 나의 응답을 촉구한다.

동일성의 외부에서 오는 타자는 헐벗은 얼굴로서 현현(顯現)한다. 물론, 이 얼굴은 이미지나 형태로서의 얼굴이 아니다. 이것들은 모두 나의 의식의 대상들로서 동일성에 포섭되는 것들이기 때문이다. 필자의 해석에 따르면, 레비나스가 말하는 "얼굴은 차라리 직접적 호소로서의 다가옴 자체를 나타낸다". '얼굴'을 통해 레비나스가 말하고자 하는 것은 윤리(적 명령)의 "직접성과 근원성"이다. 얼굴은 우리에게 직접 다가오되, 그 직접성에는 동일성 너머의 근원성이 겹쳐져 있다.

글을 마무리하면서 필자는 우리가 레비나스를 통해 대면할 수 있는 문제, 혹은 주제가 무엇인지를 알려준다. "레비나스를 쫓아 우리가 대면할 수 있는 문제는 바로 …… 사유의 한계 문제이기도 하다. 그는 우리의 사유가 동일성의 한계를 지니고 있으며 동시에 그 한계 너머와 관계한다는 점을, 그리고 그것은 그 한계 너머가 사유 이상이자 사유 이전의 지평이기에 가능하다는 점을, 나아가 그렇기에 우리의 사유는 궁극적으로 자립적일 수 없고 자기중심적일 수 없다는 점을 일깨운다. …… 레비나스 철학은 이렇듯 우리를 사유의 경계 너머로 이끌며 그것과 대면하게 하고 그 직접적이고 근원적인 관계에 관해 다시 사유하게 한다."

1부 3장 「윤리와 종말론」은 참된 평화, "전쟁의 현실을 진정으로 극복한 평화"는 종말론적인 것일 수밖에 없음을 주장한 레비나스의 윤리학을 해명한다. 그가 말하는 종말론은 "전체성 너머에서 또는 역사 너머에서 존재와 관계하는 것"이며, "언제나 전체성에 외재적인 잉여와 맺는 관계다." 간단히 말해 역사에 외재적이고 초월적이다.

레비나스적 의미의 종말론에서 바깥이나 너머는 이 세계와 단절된 지평에서 성립하는 것이 아니다. 만약 그렇다면, 레비나스가 말하는 평화나 윤리라는 것은 우리 삶과 아무런 관련성을 확보하지 못할 것이기 때문이다. 그런 점에서 그것은 "이미 우리 삶에 영향을 주고 있는 것으로 여겨져야 옳다"고 필자는 말한다.

종말론적 바깥이나 너머는 이 세계와 역사에 심판의 의미로 개입한다. 이 개입으로 인해 윤리적 주체의 형성이 가능해진다. "심판은 우리를 역사 너머의, 그러니까 이해관계 너머의 재판으로 불러내어 그 소환에 응답하도록, 책임을 지도록 촉구한다. 레비나스에 따르면, 평화는 이렇게 응답하고 책임지는 자들을 통해 성립한다." 필자는 레비나스의 종말론과 윤리학의 결합을, 종말론에 관한 다음과 같은 규정 속에서 깔끔하게 기술한다. "레비나스의 종말론이란, 우리와 관계하는 무한, 곧 전체성의 바깥이 전체성을 깨뜨리고 윤리적 삶을 불러일으킨다는 점을 나타내는 용어다."

윤리의 문제를 이처럼 종말론의 견지에서 접근하는 것은 "동일성과 전체성의 질서에서 생겨나는 문제들을 그 질서의 테두리 내에서 해결할 수 없다고 여겨질 때" 등장하는 자연스러운 방식이다. 다만 이러한 접근에서 문제가 되는 것은, 무한과 우리 사이의 관계를 어떻게 설정하며, 어떻게 해명하는가 하는 것이다. 이것은 곧, "평화의 도덕이자 얼굴의 윤리"의 정당화 문제이다.

레비나스는 자신의 주장을 기존의 방식으로 정당화하려 하지 않는다. 그는 사유에 앞선 경험, 근본적인 경험으로 우리를 인도함으로써 자기 생각을 정당화하려 한다. 근본적인 경험으로의 초월에 관한 레비나스의 서술은 "바깥을 지향하는 열망과 바깥에 관한 존중으로 이루어진다." 바깥에 관한 서술이 이처럼 '열망'과 '존중'에 의해 추동되는 것은 비합리적인 것이 아니라, "진정한 의미에서 진리를 구성하는 길"이다.

종말론의 견지에서 윤리학을 제시한 레비나스의 의도에 관한 해명을 마무리하면서, 필자는 그의 철학 앞에서 우리의 지평을 확인해 볼 것을 제안한다. 우리가 레비나스의 사유에 대해 주관주의라는 혐의를 두는 이면에는 "실상, 자기 이익을 챙기고 스스로를 고수하려는 다툼의 논리와 지평에 머문 채, 그곳에서 유리한 자리를, 최소한 불리하지 않은 자리를 차지하려는 의식적, 무의식적 바람"이 놓여 있는 것은 아닌지 질문해 보라는 것이다.

말미에서 필자는, 레비나스가 이스라엘을 옹호함으로써 자신의 윤리학을 통해 극복하려 했던 '현실의 문턱'에 걸려 넘어진 것은 아닌지 물음으로써, 독자들을 그의 철학의 현실적 적용에서 파생되는 문제들과 대면시킨다. 사실, 거기서부터 레비나스와 더불어 시작된, 그러나 레비나스를 넘어서는 사유가 시작될 것이다.

2부 1장 「레비나스에 관한 데리다의 비판적 독해」는 레비나스 철학의 잠재성을 비교적 일찍 발견했던 데리다가 「폭력과 형이상학」에서 제기했던 레비나스 비판을 분석하는 것으로 시작한다. 「폭력과 형이상학」의 레비나스 독해는 그의 타자 철학의 성격과 한계에 대해 "개념적 엄격함과 면밀함을 통해 설득력 있는 논증을 하였지만, 절대적 타자의 타자성을 적극적으로 논하기보다 레비나스의 타자 담론이 갖는 구조적 특징과 그 한계를 보여주는 데 그치는 것"으로 보인다.

데리다는 기존과 다른 철학 언어를 추구한 레비나스의 기획은, 그 성격상 실패할 수밖에 없다는 점을 들어 그를 비판한다. 다시 말해, 레비나스의 윤리적 언어가 기존 철학의 언어와 다른 것이라면, 어떻게 기존 언어와 소통할 수 있을 것인가 하는 것이 문제가 된다는 것이다. "요컨대 동일자의 언어와 단절된 순수 윤리적 언어를 따르면, 이 언어는 회의하고 판단하며 인식하는 철학적 담론과 단절하게 되어 이해 불가능한 언어, 일종의 침묵으로 간주된다."

레비나스와 달리, 데리다는 타자의 언어도 전통, 곧 기존 철학의 언어라는 누더기를 걸쳐야 하며, 전체성의 언어에 의존할 수밖에 없다고 생각한다. 결국, 순수 타자성의 언어는 불가능하다는 것이다.

「폭력과 형이상학」에서 나타난, 레비나스에 관한 데리다의 비판을 마무리하면서, 우리가 데리다의 입장을 따를 경우, "과도하게 타자의 비현전성에 집중"하게 됨을 필자는 지적한다. 타자의 비현전적 성격에만 주목할 경우, 우리는 레비나스가 추구했던바, "타자의 타자성이 동일자의 전체성을 어떻게 붕괴시키고 침입할 수 있는지에 관한 해답을 찾기 힘들"어진다.

환대 개념에 천착하게 되면서, 데리다는 레비나스 타자론의 구조적 약점을 집중적으로 비판했던 초기 입장에서 그의 사유를 적극적으로 수용하는 입장으로 선회한다. 데리다에게, 환대는 "윤리학의 원리 자체"이다. 이러한 인식에는 "타자 없는 윤리학은 성립할 수 없으며, 그런 맥락에서 타자와의 관계를 근본적으로 사유할 수 있게 해주는 것이 바로 환대의 개념"이라는 생각이 함축되어 있다. 환대 개념의 핵심은 그것이 "동일자에 의한 타자의 전유가 아니라 타자의 절대적 타자성에 관한 개방과 직결된다"는 점이다.

칸트가 보여주는 코스모폴리턴적 관점의 근대적 환대론은 상업적 교류에 지나지 않으며, 그런 점에서 "참된 의미의 타자 수용이 아니라 주체 쪽에서 타자를 선별하고 선택하는 견해에 머물러 있다". 그런데 이런 환대는 "내 집에 오는 자에 관한 통제와 지배를 전제"하기에 타자성에 관한 진정한 환대라고 할 수 없다. 이러한 환대에서 타자는 "주체에 동화된 타자에 불과"하다. ·

타자를 전면적으로 수용하는 환대, 타자성에 관한 진정한 환대를 말하기 위해 데리다는 "무조건적 환대와 조건적 환대"를 구분한다. 무조건적 환대는 내 집에 오는 자가 누구이며, 어디서 오는가를 묻지 않는다. 그것은 "주체가 요구한 질문에 응답하기 이전에 타자를 맞아들일 것을 요구"하며, 타자를 "어떤 기준이나 규칙 없이 수용하는 것"이다.

그런데 어떠한 확인도 없이 타자에게 전면적으로 개방하는 무조건적 환대는 타자를 통제할 수 없으므로 주체를 타자가 야기할 수 있는 위험에 노출시킨다. 달리 말해, 절대적 환대에서는 "잠재적으로 타자가 위장한 적일 가능성"이 항시 존재한다. 여기서 필자는 데리다의 입장을 비판하거나 옹호하는 대신, "무조건적 환대에서 손님이 적"이 되는 맥락에 초점을 맞춘다. 이 맥락에서 제삼자에 관한 논의와 만난다.

레비나스 철학에서 애초 등장했던 제삼자 개념에 따르면, 대면적 관계의 타자 —비교 불가능한 자—를 여러 타자 가운데 한 명—비교 가능한 자—로 만드는 것이 바로 제삼자이다. 사정이 이러하기에, "제삼자의 등장은 타자와의 관계 속에서 전제되었던 절대적인 신뢰성을 붕괴시키고, 타자에 관한 회의를 유발한다." 그런데, 필자에 따르면, 데리다의 제삼자는 레비나스의 경우와 달리 "대면적 관계 속에 이미 존재"한다. 그러므로 타자와 대면하는 관계 속에 이미 위증의 가능성이 내재되어 있으며, 그런 점에서 무조건적 환대의 위험성에 대해서도 질문이 제기될 수 있다. 다시 말해, 절대적 환대 속에, 혹은 대면적 관계 속에 타자에 관한 절대적 신뢰만이 존재한다면, 환대의 위험성이나, 타자의 위증 같은 문제는 발생하지 않거나 부차적인 것에 그칠 것이다.

무조건적 환대와 조건적 환대는 상호 "모순적이고 이율배반적"이다. 그것은 양자가 분리될 수도, 양립할 수도 없기 때문이다. 이러한 상황은 절대적 타자와 맺는 관계의 성격에서 기인하는데, 데리다 자신 비판했듯이, 절대적 타자와의 이러한 관계는 (논리적으로) '불가능한 것'(l'impossible)이다. 그러나 데리다는 초기와 달리, 이 불가능한 것에 논리적으로 접근하여 부정, 폐기하는 대신, 그것이 지닌 "수행적 차원"을 강조한다.

필자에 따르면, "외재성 혹은 타자성으로 대표되는 불가능한 것에 관한 사유"가 그의 사유의 주요 모티브이며, 이것은 절대적 타자를 향한 개방의 욕망과 연결되어 있다. 새로운 철학 언어를 추구한 레비나스의 기획을 비판함으로써 그와 관계를 맺은 데리다의 사유는 절대적 타자의 요구로서의 정의 개념에 합류함으로써 그와 공명한다. 절대적 타자성을 논하는 데에는 이율배반의 위험이 따른다. 그것을 무릅쓰면서까지 사유가 지향하는 것은 타자를 위한 정의 개념이다.

2부 2장 「주체화의 두 가지 길 : 책임과 충실성」은 오늘날 세계를 지배하는 "자본주의적 합리성의 주체와 그것에 반사적으로 대항하는 테러리즘의 폭력적 주체" 양자를 부정하면서 다른 세계와 다른 삶을 기획, 실천할 수 있는 새로운 주체성의 자원으로서 레비나스와 바디우를 탐색한다. 필자에 따르면, 이들 두 철학자는 근대의 코기토적 주체, 곧 세계를 자기화하는 자기중심적 주체를 비판한다는 점에서 공통점을 지닌다.

　　레비나스에서, 주체는 결코 자신이 포획할 수 없는 타자, 주체를 향해 '나를 죽이지 말라'고 호소하는, 혹은 (윤리적으로) 명령하는 약하고 헐벗은 타자에 대해 책임을 짐으로써 정립된다. 헐벗은 자의 얼굴로서 나타나는 타자와 대면하는 것, 이것이 "새로운 삶의 지평으로 나아가는 출발점"이다. 그런데 이러한 대면의 경험이 철저히 수동적이라는 점은 문제다. 이에 비해 바디우가 내세우는 "진리의 주체는 무척이나 능동적"이다. "타자라는 주인에 의해 움직일 수밖에 없[는]" 레비나스적 주체와 다르다. 새로운 질서는 이 능동적인 주체에 의해서만 가능하다.

　　필자는 "공백의 출현으로서의 **사건**"과 그 사건에 관한 **주체**의 충실성 속에서 발생하는 **진리**와 **세계**의 역동적 관계를, 특히 주체의 역할을 강조하며 다음과 같이 기술한다. "주체가 없다면 사건은 그저 한 번의 에피소드로 사라질 것이고, 진리는 구축될 수 없을뿐더러, 상황은 진리를 받아들이지 않을 것이고, 결국 세계는 변화하지 않을 것이다."

　　(진리의 터전인) '충실성'이란 일관성의 면모를 지닐 수밖에 없다는 점에서, 주체의 윤리적 준칙은 곧 "계속하시오"와 다른 것일 수 없다. 그

런데 주체가 혁신의 운동을 멈추지 않고 계속하는 것은 이 윤리적 원칙 때문은 아니다. 주체를 움직이는 것은 "진리에의 희망" "새로운 세계에의 희망"이며 "'계속하라'는 금언은 그 희망을 지탱하는 진리 과정의 윤리, 진리의 실천에 종속된 윤리일 뿐이다."

"진리를 상황에 강제"하는 것, 그것만이 세상을 바꿀 수 있다. 그런 점에서 바디우가 말하는 이러한 윤리는 '투사의 윤리'이다. 투사는 현재의 질서 내에서 불가능한 것(으로 보이는 것)을 가능한 것으로 만들기 위해 진리에 관한 확신을 끝까지 밀고 나간다.

"소유할 수도, 파괴할 수도 없는 얼굴에 근거를 두는 '책임의 주체성'과 그 자체로 불가능한 것으로 간주하는 진리"에 기초한 '투사적 주체성'은 모두 계산하는 합리성에서 벗어나 있다는 공통점이 있다. 이것은 "모든 것이 계산과 수치의 합리성에 복종하는 오늘의 세계"를 극복하기 위한 출발점으로서 타당성을 지닌다. 그러나 동시에 둘 사이의 간격도 언급되어야 한다. "정치를 정치와 다른 것에 종속시키는 레비나스와 달리, 바디우는 정치를 정치 내적으로 사유한다는 것이다. 정치적 주체성의 간극이야말로 둘을 가르는 결정적인 지점일 것이다."

현재의 자본주의와 의회주의 너머를 상상하기 어려운, 작금의 제도적 질서 밖으로 나가는 것은 불가능하다는 주장이 득세하고 있는 상황에서 "바디우의 투사적 주체성이 오늘의 지배 질서를 전환하게 하는 데 더 유리한 주체성"이라고 필자는 판단한다.

2부 3장 「상호성의 윤리와 타자 중심성의 윤리: 리쾨르와 레비나스의 조우, 그리고 문화 간 관계에 관한 그 함축」은 리쾨르와 레비나스의 윤리학에서 '타자'와 '자기'(soi/self) 각각에 어떤 상대적 위상이 부여되는지 살피고, 그것이 문화 간 관계에 대해 지니는 의미를 탐색한다. 자기 존중(estime de soi)에 기초한 리쾨르의 윤리학과, 타자 우위에 바탕을 둔 레비나스 철학에서 타자(성)의 위상은 상이하며, 당연히 상호성의 의미 또한 다르다.

리쾨르의 윤리학에서 윤리적 목표는 세 가지 계기 —— 자기의 계기, 타자의 계기, 제도의 계기 —— 로 구성된다. 구체적으로, 윤리는 "정의로운 제도 속에서 타인을 위해 타인과 더불어 '좋은 삶'을 지향"한다. 타자성의 위상, 혹은 상호성의 성격은 타자의 계기 —— '타인을 위해 타인과 더불어' —— 에서 확인된다. 거기서 타자에 관한 덕목인 배려는 '주고받음의 교환' 위에 세워진다. 자기와 타자 간 주고받음의 관계는 자기와 타자가 동등할 때(우정의 경우)나, 자기가 타자보다 우위에 있을 때(즉, 자기가 관계의 주도권을 쥘 때)나, 타자가 자기보다 우위에 있을 때, 모두에서 성립한다. 자기와 타자 사이에는 말 그대로 상호성이 성립한다.

레비나스가 말하는 윤리적 관계는 (이미) 정립된 실체 간의 관계가 아니다. "레비나스적 의미에서 타자와 나의 관계는 우리가 외부에서 '하나의 체계로서 볼 수 있는' 그런 관계가 아니다. 그렇게 본다면, 그것은 타자와 나의 관계를 전체화하는 것이다." 그런 점에서 리쾨르가 말하는 의미의 상호성 건립 가능성은 원천적으로 차단된다고 해야 할 것이다. 이것은 그가 윤리적 관계의 핵심으로 제시하는 '형이상학적 비대칭성'의 성격 —— "외부로부터 자신을 바라보는 것 그리고 자신과 타자들을 같은 의미로 말하는 것의 근본적인 불가능성, 그리고 그 귀결로 전체화의 불가능성"(『전체성과 무한』) —— 에서 확인된다.

레비나스가 자기와 타자 간의 근원적 비대칭성을 주장한다고 해서, 그에게 상호성에 관한 의식이 없는 것은 아니다. 다만, 그의 관심은 "인간 상호 간 관계의 **궁극적 가능성을 위한 심층적 토대를**" 찾는 데 있다. 이것은, 주체(혹은, 자기)가 타자에 대해 책임지는 자로서, 타자의 볼모로서 정립될 때, 진정한 상호성이 가능하다는 말이기도 하다. 책임의 자리 교환 가능성이라는 측면에서 본다면, "다른 사람과 나의 관계는 상호관계가 아니[다.]"(『윤리와 무한』)

배려 개념을 주고받음의 교환에 기초하여 정립하려는 리쾨르의 기획은 자기와 타자의 처지가 어떠하든, 양자 간에 동등성을 확립할 수 있다는 것을 전제한다. 그런데, 이러한 상호성 주장에는 의외로 타자에 관한 강한 존중이 함축되어 있다. 어떤 상황에 있든, 타자를 무언가 줄 수 있는 자로, 그리고 자기를 받아야 할 것이 있는 자로, 다시 말해 타자에게서 오는 그것 없이는 결핍된 자로 상정하고 있기 때문이다. "가장 약한 상태에 있을 때조차 타자를 주는 자로 상정하는 것은, 다시 말해 어떤 경우에라도 타자를 일방적 수혜자로 상정하지 않는 것은, 그렇게 하는 것이 타자에 관한 최대의 존중이라고 생각하기 때문이다."

문화적 평면으로 들어오면, 상호성의 윤리와 타자 중심의 윤리 모두 각각의 의의를 획득한다. 문화 간 관계가 형성되기 위해서는, 어느 측에서든 주도권을 쥐어야 하는 현실의 상황에서 상호성의 윤리는 적실성을 얻는다. 대체로, 주도권을 행사하는 측은 주류 문화, 혹은 소위 '선진 문화'이지만, 이 문화는 자신의 우위를 유지하거나 강화하는 대신, 관계가 형성되는 최초의 "지점(혹은, 시점)에 존재하는 비동등성 속에서, 주고받음의 교환 위에 정립되는 동등성을 추구"해야 한다는 것을 상호성의 윤리는 요구한다.

타자 우위의 윤리학은 평등한 문화 간 관계 구축을 위해 요구되는, 자문화 중심성의 혁파가 얼마나 지난한 과제인지를 일깨운다. 즉, "타문화를 주변화함으로써 자신의 중심성을 획득한, 철학적 의미의 근대적 주체의 존재 양상을 현실에서 [식민주의로] 구체화한 서구 문화가 자신의 존재 자체에 함축된 비윤리성에 대해 성찰하고, 그것을 정치적으로 해체, 극복하고자 할 때, 레비나스의 윤리학은 그 과정이 얼마나 철저하게, 얼마나 근원적 차원에서 진행되어야 하는지 말해 줄 수 있다."

3부 1장 「레비나스 얼굴 윤리학의 진보적 수용: 주디스 버틀러의 '적(敵)의 얼굴을 향한 정치 윤리학'」은 레비나스의 타자 윤리학이 격변하는 현대국제정치사의 흐름 속에서 유대인이라는 정체성을 지닌 버틀러에 의해 어떻게 비판적으로 수용되고 재구성되는지 분석한다.

필자는 우선, 타자의 '다름'에 관한 긍정을 전반적으로 공유하는 포스트모더니즘 계열의 사상 전반과 구분되는 것으로서 버틀러가 레비나스에게서 배운 것이 무엇인지를 묻는다. 그것은 바로 '타자 윤리학'이다. 이 윤리학은 "타자에게 자행되는 폭력을 중지시키기 위해 일자(주체)가 타자를 만나는 새로운 방식"을 기술(記述), 혹은 해명한다. 다시 말해, 버틀러가 배운 것은 "타자의 타자성에 대한 인정 자체"가 아니라, "타자가 고통과 부당함 속에 처해 있을 때 결국 주체가 그에 대하여 피할 수 없이 짊어져야 하는 책임을 설명하는 윤리학의 논증이었다".

레비나스의 윤리학에 관한 버틀러의 연구는 텍스트 주석이 아니다. 그녀는 레비나스의 윤리학을 "사회 이론의 과업에 가담"시킨다. 필자는 이를 두고, 버틀러의 작업을 "특정한 정치문제와 관련하여 레비나스 윤리학의 실천적 적용을 시도하는 창조적 연구"라고 평가한다. 이 연구는 폭력을 정당화하기 위해 적의 얼굴을 입맛에 맞게 재현하는 '얼굴의 정치'에 관한 비판이기도 하다. '얼굴의 정치'는 매체를 통해 얼굴 이미지를 선택적으로 재현함으로써 얼굴을 생산한다. 따라서 얼굴의 윤리학은 "현실의 얼굴 정치의 패권을 폭로하는 정치 윤리학으로 변화해야만" 한다.

버틀러가 제시하는 얼굴의 정치 윤리학은 "적(敵)의 얼굴마저 레비나스가 가르쳐주는 명령하는 타자의 얼굴로 받아들이도록 결단을 촉구"한다. 이것은 폭력적 타자도 얼굴이 있으며, "나에게 상해를 입힌 사람들에게도 윤리적으로 반응해야" 한다는 것을 함축한다. 이러한 버틀러의 정치 윤리학은 다시 레비나스의 박해 개념에 의해 강화된다. 레비나스에 따르면, "박해를 받는 것은 타자에 관한 책임의 이면(裏面)"이다. 따라서 [테러와 같은, 억압받는 이들의] 폭력에 다시 폭력으로 맞서려는 권리를 포기하는 것, "바로 그것이 버틀러가 레비나스에게서 읽어내는 박해받는 자의 윤리적 책임"이며 이러한 책임을 다할 때, 박해받는 자는 윤리적 주체가 된다.

레비나스의 '대리'(substitution) 개념을 현실적으로 적용하기 위해, 그것을 '동거'(cohabitation) 개념으로 재해석하는 것은 흥미로운 부분이다. 이스라엘과 팔레스타인의 문제는 윤리학만으로는 해결점을 찾을 수 없으며, "두 민족이 서로 같은 땅에서 동거하는 방법"을 찾아야 해결의 실마리가 풀린다. 이러한 공존의 방법에 관한 논의는 정치의 장에서 이루어질 수밖에 없다. 그러나 정치만으로도 안 되는데, 거기서는 힘의 논리가 횡행하기 때문이다. 이런 이유로 버틀러는 "정치의 영역에서 타자와의 공존을 가능하게 하는 윤리적 책임이 서로에게 부여됨을 주장한다." 서로에게 지워지는 이 책임은, 그러나 "더 힘센 국가, 더 많은 것을 소유한 민족에게서부터 시작된다. 그것이 곧 버틀러의 조국이며, 버틀러의 민족이다."

3부 2장 「타자의 철학자와 자문화 중심주의」는 레비나스의 타자 철학과 문화적 타자 사이의 어긋남을 분석한다. 과부와 고아, 이방인의 얼굴을 지닌 타자에게 주인과 스승의 위상을 부여하는 타자 철학이 주변부의 문화적 타자에 대해서는 적절한 메시지를 주지 못하는 이유를 살핀다.

레비나스는 비록 "사적인 자리에서"라는 단서를 달긴 하지만, "그리스적인 것과 성서가 인간성 속에 있는 진지한 모든 것"이며, "다른 모든 것은 춤"이라고 말한다. 서구 중심적 경향을 보이는 (인터뷰 상의) 이러한 발언은 텍스트에서 확인되는 그의 철학적 입장과 무관하지 않다. 그 입장에 따르면, 윤리와 문화는 구분되며, 존재론의 질서에 속하는 문화는 윤리보다 아래에 위치한다. 문화들은 그 자체로 인정되는 대신 —— 문화 다원주의의 가능성은 사라진다 ——, 판단을 받아야 할 대상이며, 그러한 판단을 가능하게 하는 것이 윤리이다.

윤리와의 관계에서 하위에 놓이는 문화는, 그러나 서구와 비서구 간 비교의 평면에서는 독립적 의의를 지닌다. 서구의 문화는 비서구의 문화에 비해 탁월한데, 그것은 자기 이해의 능력이 없는 비서구 문화들과 달리 서구는 자신을 이해할 수 있을 뿐 아니라 비서구 문화들 자체도 이해할 수 있기 때문이다. 이러한 레비나스의 서구중심성은, 기존 서구 철학자들과 관련하여 그의 사유가 보여준 차이와 달리, 그들과 별반 차이가 없다.

유대주의는 특수성과 보편성의 관계라는 측면에서, 특정 인종, 특정

문화에 어떤 위상을 부여할 수 있는지 확인할 수 있는 지점이다. 유대주의는 특수한 것이면서, (그리스적인 것으로서의) 서구의 보편성을 넘어설 수 있는 것이며, 서구의 가치들을 포함하는 동시에, 그것을 인도할 수 있는 것으로 상정된다. 또한, 유대 민족은 여러 민족 가운데 하나이면서, 모든 인류를 위한 보편적 책임을 지는데, 그것은 (아우슈비츠로 대표되는) 박해의 경험으로 지게 된, 타자를 위한 책임이다.

유대 민족은 또한 "타인을 향한, 그러나 타인에게 요구하지는 않는 의무들을 강요하는 특이한 불평등"의 의식을 지니는데, 그것은 곧 '선출(되었다는) 의식'이다. 그런데, 레비나스는 선출 의식이 유대인에게만 존재하는 것은 아니라고 말한다. 그에 따르면, "이름에 걸맞은 모든 민족은 선출되었다." 그러나 문화적 다원주의의 긍정으로 이어질 수 있는 이러한 주장은 그 방향으로 진행되지 않는다.

유대 민족의 특별함에 관한 이러한 주장들은 유대인에게 '내용의 타자성'(altérité-contenu)을 부여하는 듯 보인다. 만약, 그렇다면, 이것은 특정한 민족, 특정한 문화가 그의 타자 철학이 말하는 타자성을 지니는 것으로 설정될 가능성을 열어 준다. 그러나 유독 유대 민족에 대해서만 그러한 타자성을 부여하고, 다른 여타의 민족에 대해서는 배제해야 할 필연성이 있는지, 그리고 그러한 필연성 주장이 철학적으로 정당화될 수 있는지의 문제가 제기될 수 있다.

결론적으로, 이 글은 타자의 우위를 말하는 철학이 문화적 타자에 대해 적절한 자리를 마련하지 못한 채, 자문화의 탁월성 관념과 만날 경우, 그러한 철학의 존재 자체가 자문화의 자부심 목록에 한 항목으로 편입될 가능성(위험성)에 대해 말한다.

차례

| 일러두기 |

1 이 책에서 언급되고 있는 레비나스 저작들의 한국어 제목은 필자에 따라 다르게 번역되는 경우가 있다. 가령 *Totalité et Infini*는 『전체성과 무한』 또는 『전체성과 무한자』로 번역되고 있으며, 『존재와 다르게 : 본질의 저편』이라는 제목으로 국역본이 출간된 *Autrement qu'être ou au-delà de l'essence*는 『존재와 다르게 또는 존재 사건 저편에』(강영안), 『존재와 달리, 또는 존재성을 넘어』(문성원), 『존재와 다르게 혹은 존재성 너머』(손영창)로 번역되어 사용되고 있다. 레비나스 저서의 한국어 제목에 대한 필자들의 입장 또한 한국 학계의 레비나스 수용의 맥락을 보여 준다는 점에서 일괄적으로 통일하지 않고 필자들이 사용한 제목대로 표기하였다.

2 단행본·정기간행물에는 겹낫표(『 』)를, 논문·보고서에는 낫표(「 」)를 사용했다.

3 외국 인명·지명은 2002년에 국립국어원에서 펴낸 '외래어 표기법'에 따라 표기했다.

1부

왜 레비나스인가?

1장 _ 나의 철학 여정과 레비나스[1]
내가 만난 레비나스

강영안

1. "우리 자신에 대해서 우리는 침묵한다"

저는 오늘 매우 난처한 자리에 섰습니다. 단지 물리적으로 이 자리에 섰을 뿐 아니라 말을 해야 하는 처지에 놓이고 보니 마음이 편하지 않습니다. 레비나스 철학에 관해서 얘기해 달라는 요청을 제가 받았다면 그렇게 어렵게 생각하지 않았을 것입니다. 그게 아니라 제가 철학을 공부하면서 걸어온 길과 관련해서 레비나스를 얘기해 달라는 요청을 받았으니 말하기가 쉽지 않습니다. 철학자에 관해서, 철학자의 텍스트에 관해서 말하기가 나 자신에 관해서 말하기보다 훨씬 쉬운 삶을 살아왔기 때문이 아닌가 생각합니다. 나에 대해서 말하기보다, 나 자신의 생각을 내세우기보다, 대부분의 학자와 마찬가지로 저도 연구 대상으로 삼는 철학 텍스트를 읽고 생각하고 묻고, 이것저것 궁금해하면서 또 읽고 생각을 모아 논문 형식의 글을 쓰는 일에 주로 시간을 보낸 탓이 아닌가 생각합니다.

---

1) (편집자 주) 이 글은 2012년 9월 13일 부산대학교 인문학연구소가 개최한 연속 기획특강의 일환으로 진행된 강연을 기초로 한 것이다. 각주는 강영안 교수가 강연 후 작성된 자료에 기초하여 글을 완성하는 과정에서 붙인 것이다.

칸트의 『순수이성비판』(1781)을 펼치면 칸트가 2판(1787)을 낼 때 베이컨의 『대혁신』(*Instauratio magna*)에서 따와 붙인 모토가 나옵니다. De nobis ipsis silemus. "우리 자신에 대해서 우리는 침묵한다."[2] 우리가 어디에 처해 있든, 우리의 시대가 어떠하든, 우리 자신의 개인적인 취향이나 욕망이 무엇이든 간에 이런 것들에 대해서는 침묵하고 오직 이성을 통해서, 이성을 위하여, 이성 자신이 자신의 범위와 한계를 돌아보고 자기 인식에 도달한다는 생각으로 인해 칸트가 아마 이 모토를 선택했을 것입니다. 그런데 칸트가 자신의 시대를 의식하지 않았다고 한다면 이것은 잘못된 생각입니다. 왜냐하면, 칸트는 누구 못지않게 자신이 살던 시대를 의식했습니다. 칸트는 자신의 시대를 '비판의 시대'요 '계몽의 시대'라 규정했습니다. 그의 비판 철학의 작업은 그의 시대 의식과 깊은 연관을 가졌습니다. 하지만 개인적인 이야기를 그는 철학 속에서 털어놓지 않습니다. 따라서 '나의 이성', '나의 비판'이라는 말보다는 '우리의 이성', '우리의 비판'이란 말을 칸트는 즐겨 씁니다. 이때 말하는 '우리'는 '우리 한 개인'을 지칭하기보다는 '우리 인간'을 줄인 말입니다. 따라서 철학자의 개별성은 배제됩니다.

저 자신도 철학 교육을 받으면서 이런 전통에 몸이 익숙해졌을 것입니다. 나 자신에 관해서, 나의 고유한 감정이나 생각, 나 자신의 체험, 나 자신의 기쁨과 슬픔, 내가 겪은 아픔의 경험을 얘기하기보다 사람이면 누구나 처한 조건, 곧 인간이면 누구에게도 적용될 수 있는 조건을 염두에 두고 얘기를 하는 것이 저의 지적인 작업의 기본 태도가 되었습니다. 최

---

2) Immanuel Kant, *Kritik der reinen Vernunft* (1781/1787), B II.

근 몇 년 동안 저는 일상의 여러 모습에 대해서 생각하고 글 쓰는 일을 계속하고 있습니다. 예컨대 먹는다는 것, 잠잔다는 것, 거주한다는 것, 신뢰한다는 것, 불신받는다는 것 등을 주제로 생각하고 글을 쓰고 있습니다. 그런데 이때 저는 저 자신이 어떻게 먹고 저 자신이 어떻게 자는지를 언급하지 않았습니다. 제가 관심을 둔 것은 이런 일상의 행위가 어떻게 발생하는지, 의미가 무엇인지, 그래서 우리가 어떻게 행위를 해야 하는지를 다루는 것입니다. 우리가 먹을 때, 우리가 잠을 잘 때, 우리가 집 짓고 거주할 때, 무슨 일이 일어나는가? 이것들의 의미가 무엇인가? 나와 타인을 고려할 때 어떻게 먹어야 제대로 먹는 것인가? 어떻게 자는 것이 제대로 자는 것인가? 이처럼 일상의 현상학, 일상의 해석학, 일상의 윤리학의 관점에서 일상을 들여다보고 생각하고 물어보고 글을 써 나가는 일이 제가 최근에 하는 일 가운데 가장 흥미롭게 생각하는 일 가운데 하나입니다. 이때 저의 경험이 물음을 물어보고 답을 찾아가고 다시 물음을 묻는 토대가 되고 바탕이 되고 소재가 되지만 저 자신의 고유한 경험이나 감정을 드러내는 일은 하지 않습니다.

왜 그러냐 물으면 아마 이런 방식으로 생각하고 따져 나가는 것이 철학 활동의 고유한 성격이기 때문이라고 답할 수밖에 없습니다. 커브 딕(Kirb Dick)과 에이미 지링 코프만(Amy Ziering Kofman)이 데리다에 관해 만든 영화에서 "칸트, 헤겔 또는 하이데거에 관한 다큐멘터리에서 발견하고 싶은 것이 무엇인가?"라는 질문을 받았을 때 데리다가 "그들의 성생활"(their sexual life)이라고 답하는 것을 본 적이 있습니다. 철학자들은 자신의 성생활에 관해서는 저서에서 말하지 않기 때문에 그것을 알고 싶다는 것이지요. 그런데 데리다 자신이 그의 성생활에 관해서 질문을 받았을 때는 곧장 답하기를 거부합니다.[3] 어떤 철학자가 자신의 성적 취향이 나 성과 관련된 매우 개인적이고 특이한 것들을 드러내 놓고 얘기하겠습니까? 『침실에서의 철학』(*La Philosophie dans le boudoir*, 1795)을 쓴 마르 퀴 드 사드(Marquis de Sade)는 아마도 예외가 될 것입니다.[4] 그런데 만일 자신의 성생활에 대해 감동적이고 독특한 경험을 진술하더라도 그것을 만일 '철학'이라는 이름으로 하려면 지극히 개별적인 것 가운데서도 인 간 조건의 보편성을 볼 수 있어야 하지 않을까 생각합니다. 어느 신학자 가 "신학으로서의 자서전"(Biography as Theology)이란 책을 썼습니다.[5] 철학도 이처럼 "자서전으로서의 철학"(Biography as Philosophy)을 할 수 있을지 모릅니다. 한 개인의 개별적이고 고유한 경험이 철학의 실마리가 되고 생각할 거리가 될 수 있지만, 철학으로까지 발전되려면 상당한 사유 과정을 거쳐야 하리라 저는 생각합니다. 문자 그대로 "'삶'(bio-)을 그려 내는 일(-graphy)"이 철학이 되자면 상당한 작업이 필요할 것입니다.

2. 루뱅에서 본 레비나스와 나의 철학 공부

저는 레비나스를 꼭 한 번 본 적이 있습니다. 그러니까 1979년 봄이었던 것으로 기억합니다. 루뱅대학교 대강당에서 레비나스가 와서 "책임"이란

---

3) Benoît Peeters, *Derrida. A Biography*. Translated by Andrew Brown, Cambridge : Polity, 2013, p. 2 참조.

4) Donatien Alphonse François de Sade, *La Philosophie dans le boudoir, ou Les Instituteurs immoraux. Dialogues destinés à l'éducation des jeunes Demoiselles*, 1795.

5) James W. McClendon, *Biography as Theology : How Life Stories Can Remake Today's Theology*, Philadelphia, PA : Trinity Press International, 1990.

제목의 강연을 한 시간 넘게 했습니다. 입추의 여지 없이 꽉 찬 강당 2층에 앉아 녹음기를 들고 가서 강연을 들었습니다. 그때 저는 학부 학생이었으니 가까이 가서 인사할 수 있는 처지가 아니었습니다. 먼발치이기는 했지만, 그의 꾸부정한 모습, 작은 키, 느린 걸음, 그럼에도 카랑카랑한 목소리, 이런 것들을 보고 들을 수 있었습니다.

판 드 빌르(van de Wiele) 교수의 형이상학 시간에 레비나스를 다루는 부분이 있었기 때문에 시험 준비를 하느라 레비나스에 관해서 개론 수준의 공부를 할 기회가 있었습니다. 뤽 바우카르트(Luk Bouckaert)의 입문서도 저에게 도움이 되었습니다.[6] 하지만 루뱅에서 공부하는 동안에는 레비나스보다는 후설과 하이데거, 푸코와 라캉, 니체와 프로이트 공부를 저는 훨씬 더 많이 했습니다. 근대철학자 가운데는 데카르트, 스피노자, 흄, 칸트, 헤겔을 많이 읽었습니다. 고대철학자 가운데는 플라톤과 아리스토텔레스, 중세철학자 가운데는 안셀무스와 토마스 아퀴나스를 자주 다루었습니다. 제 기억으로는 토마스 아퀴나스는 거의 매년 한 강좌 정도는 들었던 것 같습니다. 하지만 어떤 철학자보다 레비나스는 언젠가는 한번 깊이 파고 들어가야 할 철학자로 제 마음속에 남아 있었습니다.

저는 루뱅에서 학사과정과 석사 과정을 마치고 1981년 10월 암스테르담 자유대학교로 옮겼습니다. 박사 학위 논문 주제를 저의 지도교수였던 케이스 반 퍼슨(C. A. van Peursen) 교수님과 의논할 때 지도교수는 제가 석사 논문 주제를 칸트 철학에서 찾아 썼기 때문에 칸트와 관련된 논

---

6) Luk Bouckaert, *Emmanuel Levinas : Een filosofie van het gelaat*, Nijmegen : Gottmer/ Brugge : Orion, 1976.

문을 계속 쓰기를 원했습니다.[7] 왜냐하면, 가능하면 빨리 공부를 마치고 제가 고향으로 빨리 돌아갈 수 있기를 원했기 때문입니다. 몇 개월 공부한 다음, 저는 네 주제를 지도교수에게 박사 학위 논문 주제로 제안했습니다.

1. 칸트와 비트겐슈타인(이성의 한계와 언어의 한계)
2. 칸트와 카시러(도식과 상징)
3. 칸트와 레비나스(지식과 윤리),
4. 칸트와 피아제(지식과 구조).

저의 지도교수는 박사 학위 논문 주제로 가장 적합한 것을 추천할 때 네 가지 기준을 가지고 있었습니다.

1. 주제가 현재 철학적 논의에서 중요한 역할을 하고 있는가?
2. 새로운 것인가?
3. 주어진 시간 안에 해낼 수 있는가?
4. 앞으로 할 공부에 바탕이 될 수 있는가?

---

7) Cornelis Anthonie van Peursen(1920~1996) 교수는 네덜란드 레이든 대학교 교수와 암스테르담 자유대학 특임 교수를 지냈으며 네덜란드의 대표적 철학자였다. 한국어로 번역된 책으로는 『문화의 전략』(오영환 옮김, 법문사, 1979), 『현상학과 분석철학』(손봉호 옮김, 탑출판사, 1980), 『몸, 영혼, 정신』(손봉호·강영안 옮김, 1985), 『급변하는 흐름 속의 문화』(강영안 옮김, 서광사, 1994)가 있다. 반 퍼슨 교수의 철학 사상에 대해서는 강영안, 「코르넬리스 반 퍼슨: 철학을 절대화하지 않은 기독교 철학자」, 『하나님을 사랑한 철학자 9인』, 서광사, 2005, 161~187쪽 참조.

첫 번째 기준은 주제의 현재성과 관련된 것입니다. 오늘의 현실, 오늘의 철학적 논의와 관련된 것이야 한다는 것이 첫 번째로 꼽힙니다. 두 번째는, 그럼에도 새로운 무엇이 있는가, 곧 새로운 기여를 할 수 있는지를 저의 지도교수는 중요하게 생각했습니다. 앞사람들이 한 연구를 반복하는 것이라면 박사 학위 논문 주제로서 적합하지 않다고 생각한 것이지요. 세 번째로 주어진 시간 안에 연구해 낼 수 있는 주제인가를 지도교수는 중요하게 생각하였습니다. 그렇지 않으면 무한정 시간을 끌어야 하기 때문입니다. 마지막 기준은 논문 주제가 앞으로 학자로 계속 공부할 수 있는 토대가 되는가 하는 것입니다. 한번 연구로 끝나는 것이 아니라 지속적인 연구를 견인할 수 있는 주제를 중요하게 생각했기 때문에 이런 기준을 내세운 것으로 생각합니다.

저의 지도교수는 칸트와 피아제를 다루는 논문이 이 기준에 가장 적합하다고 생각했고 저도 그렇게 생각했습니다. 피아제는 제가 군대 생활할 때 읽은 적이 있었습니다. 종로서적 영어 원서 코너에 『발생인식론』(*Genetic Epistemology*)이란 책이 있는 것을 보고는 사서 부대에 들어가 열심히 읽은 적이 있었습니다.[8] 처음에는 생소했지만, 과학 지식의 형성 과정에서 한편으로는 지식이 생성되는 과정과 다른 한편으로는 그로 인해서 형성된 구조와 다시 이 구조를 통해서 지식이 형성되고 다시 구조가 형성되는 과정을 보여 주는 것이 흥미로웠습니다. 칸트의 지식 이론이 발생 과정보다는 경험 자체의 가능 조건에 대한 관심으로 인해 지식의 구조에 관심을 두고 있다고 말할 수 있다면 피아제의 지식 이론은 구조가 형

---

8) 이 책은 Jean Piaget, *Epistémologie génétique*(Paris: PUF, 1970)의 영역판이었다.

성되는 발생적 과정을 보여 준다고 말할 수 있습니다. 칸트가 말하는 지식의 선험성, 곧 지식의 아프리오리한 성격을 피아제는 지식 형성의 시작에서 찾기보다는 지식 형성의 결과에서 찾고 있다는 것을 두 사람의 차이로 할 수 있을 것입니다.

저는 박사 논문 주제로 칸트와 피아제를 정한 뒤, 피아제 공부를 한 1년 반 열심히 했습니다. 레이든 대학 철학과 전임강사가 되어 1년 동안 강의할 때도 두 사람을 다루었습니다. 그런데 나중에는 피아제는 포기하고 말았습니다. 처음 공부할 때는 그렇게 재미있더니 한창 공부한 뒤 그 사상 내용을 알고 나니 더는 논문 주제로 쓸 가치를 저는 발견할 수 없었습니다. 그래서 칸트에 관한 단행본 한 권을 쓰는 것으로 하고 논문 내용을 칸트에 제한했습니다. 이렇게 해서 1985년 「도식과 상징. 칸트의 도식 작용 이론 연구」(Schema and Symbol. A Study in Kant's Doctrine of Schematism)란 논문을 암스테르담 자유대학교에 제출하고 그해 10월 3일 공개논쟁과 심사 과정을 거친 뒤 박사 학위를 마쳤습니다.[9]

제가 레비나스 텍스트를 직접 읽기 시작한 것은 암스테르담에서 공부할 때였습니다. 이때 저는 지도교수가 "한 챕터 써 올 때가 되었는데 언제 가져올 거냐?"라고 챙기시면 그때 한 두어 달 열심히 써서 건네 드리고는 다른 책들을 읽었습니다. 20세기 철학자 가운데 가다머(Hans-Georg Gadamer), 포퍼(Karl R. Popper), 쿤(Thomas S. Kuhn), 라카토스(Imre Lakatos), 폴라니(Michael Polanyi), 리쾨르(Paul Ricoeur), 테브나

---

9) Young Ahn Kang, *Schema and Symbol. A Study in Kant's Doctrine of Schematism*, Amsterdam : Free University Press, 1985, 198p.

즈(Pierre Thévenaz), 프란츠 로젠츠바이크(Franz Rosenzweig), 퍼트남(Hilary Putnam), 도이어베이르트(Herman Dooyeweerd), 월터스토프(Nicholas Wolterstorff), 플랜틴가(Alvin Plantinga), 신학자들 가운데는 카이퍼(Abraham Kuyper), 바빙크(Herman Bavinck), 바르트(Karl Barth), 헨드리크 베르코프(Hendrik Berkhof), 구티에레즈(Gustavo Gutiérrez), 판넨베르크(Wolfgang Pannenberg), 폰라트(Gerhard von Rad), 클라우스 베스터만(Claus Westermann), 한스 볼프(Hans Paul Wolff), 요아킴 예레미아스(Joachim Jeremias), 앙드레 비엘레(André Biéler), 미스코트(Kornelis Heiko Miskotte), 아브라함 헤셸(Abraham Heschel), 종교사회학자 가운데 에른스트 트룈취(Ernst Troeltsch), 막스 베버(Max Weber), 로버트 벨라(Robert Bellah), 그리고 그 외에 아서 케스틀러(Arthur Koestler), 주카프(Gary Zukav), 곰브리치(Ernst Gombrich), 판놉스키(Erwin Panofsky), 헤이코 오브르만(Heiko Oberman) 그리고 무엇보다도 요한 하위징아(Johan Huizinga)를 열심히 읽었습니다.

레비나스를 2차 문헌이 아니라 1차 문헌을 손에 잡고 읽게 된 계기는 당시 암스테르담대학 교수로 있던 테오 드 부르(Theo de Boer)가 자유대학교로 와서 한 학기 세미나를 진행할 때였습니다. 저는 학점을 딸 필요가 없었지만, 세미나에 참석해서 발표도 하고 토론에 열심히 참석했습니다. 이때 저는 『전체성과 무한자』(Totalité et infini)를 맡아 발표했습니다. 이때가 아마 1983년 가을 학기였을 것입니다. 드 부르는 원래 자유대학교 출신이고 볼른호븐(Th. Vollenhoven) 교수 조교를 지냈습니다. 하지만 현상학에 대한 관심 때문에 위트레흐트 대학으로 옮겨서 카이퍼스(K. Kuypers) 교수에게서 「후설 사상의 발전」(De ontwikkelingsgang in het denken van Husserl)이란 논문으로 박사 학위를 마치고 암스테르담대학 교수가 되었습니다.[10] 말년에 다시 암스테르담 자유대학으로 옮겨 와서 가르치다가 정년퇴직하였습니다. 드 부르는 후설 철학의 초기에서 중기까지의 발전 과정을 매우 세밀하게 추적한 학자입니다. 저도 후설 공부를 할 때 이 책 도움을 많이 받았습니다. 돌이켜 보면 한 사상가를 연구할 때 초기와 중기, 그리고 후기 또는 말기를 순서 없이 뒤섞지 않고 보는 방식을 드 부르로부터 은연중 배우지 않았나 하는 생각을 하게 됩니다. 레비나스뿐만 아니라 제가 셸링의 철학을 다룰 때도 이런 방식을 썼기 때문입니다. 저는 제 한 친구에게 만일 내가 한국에 들어가서 교수가 되면, 그리고 유럽 방식으로 만일 교수 취임 강연을 하게 된다면 '도이어베이르트와 레비나스에서 자아와 타자 문제'란 주제로 하고 싶다고 말한 기억이 남아 있는 것을 보면 아마 레비나스에 대한 관심이 저에게 지속적으로 남아 있었지 않았나 생각합니다.

3. 유학을 떠나기 전 알게 된 레비나스

그런데 제가 레비나스의 이름을 처음 듣고, 그의 철학에 관해서 읽게 된 것은 1974년으로 거슬러 올라갑니다. 이때 저는 한국외국어대학을 다니고 있었습니다. 저는 어릴 때 목사가 되었으면 좋겠다는 생각을 했습니다. 중학교 1학년 때부터 교회를 다니기 시작했는데 교회에서 배우는 성

---

10) Theo de Boer, *De ontwikkelingsgang in het denken van Husserl*, Assen : van Gorcum, 1966, 633p.

경, 예배, 교회 학생회 생활은 저에게 학교보다 훨씬 더 중요했고 더 크게 영향을 주었습니다. 고등학교 다닐 때 선생님들이 이런저런 전공을 권했지만 저는 신학을 공부하기로 작정하고 다른 대학에는 원서를 낼 생각은 아예 하지 않았습니다. 1971년 저는 부산 송도에 있던 고려신학대학(고신대학 전신)에 입학했습니다. 고려신학대학은 그해 처음으로 정규 대학으로 승격되어 신학과 40명을 모집했습니다. 저는 지원자 23명 가운데 한 사람으로 합격했습니다. 장학생으로 뽑혔기 때문에 경제적으로 힘들지 않게 공부할 수 있었습니다.

그런데 무엇보다도 제가 신학교에 입학해서 배운 것은 칼빈주의 철학 전통이었습니다. 개신교 전통 가운데서 예컨대 루터와 칼빈을 두고 보면 루터가 반이성주의자, 반합리주의라고 한다면 칼빈은 합리주의자라고 할 수 있습니다. 신앙의 합리성에 대한 강조는 칼빈에서부터 카이퍼와 바빙크로 이어지는 네덜란드 칼빈주의의 특성이기도 했습니다. 이들의 전통에서 나온 폴른호븐과 도이어베이르트가 이끈 칼빈주의 철학 전통이 1930년대부터 암스테르담 자유대학교를 중심으로 형성되기 시작해서 북미로까지 확산하였습니다. 미국에서는 특히 웨스트민스터 신학교의 반틸(C. van Til)과 늣슨(Robert D. Knudsen), 미시간에 있는 칼빈대학의 에반 러너(H. Evan Runner)를 중심으로 이 전통의 철학이 연구되고 확산하였습니다. 제가 외대에서 손봉호 교수님께 배웠습니다. 교수님은 1965년 웨스트민스터 신학교를 졸업하고 암스테르담 자유대학교로 건너가서 1972년 칸트와 후설에 관한 논문으로 박사 학위를 마치고 1972년 2월 귀국해서, 제가 외대에 다시 입학했던 1973년 3월 네덜란드어과 교수로 부임했습니다.[11] 손봉호 교수님이 당시 계간지로 나오던 『문학과 지성』

1974년 봄호에 「레비나스의 철학─다른 이의 얼굴」이란 글을 실었습니다.[12] 이 글이 제가 레비나스의 이름을 처음 듣고 그의 사상을 처음 접한 글이었습니다.

저는 당시 앞으로 네덜란드에 가서 신학을 계속 공부하리라 생각을 하면서도 손봉호 교수님의 영향을 받아 철학 공부에 다시 관심을 가지기 시작했습니다. 제가 "다시 관심을 가지기 시작했다"는 것은 신학대학 시절에 철학을 대학 수준에서 배우기 시작했지만, 사실은 중고등학교 시절에 철학에 관심이 많았기 때문입니다. 저에게 최초의 지적 충격과 자극을 준 책은 제가 중 2 겨울 방학 때 읽은 함석헌 선생의 『죽을 때까지 이 걸음으로』라는 자서전입니다. 이 책으로부터 받은 세 가지 영향을 저는 다른 글에서 이미 밝힌 적이 있으므로 여기서는 다루지 않겠습니다.[13] 고등학교에 올라가서 그 당시 누구나 읽던 김형석 교수의 책들을 읽었습니다─그 가운데서 저는 『영원과 사랑의 대화』보다는 오히려 『운명도 허무도 아니라는 이야기』에서 훨씬 감동하였습니다. 이어령 교수의 『흙 속에 저 바람 속에』를 비롯한 그의 전집, 그리고 도스토옙스키의 작품을 비롯한 여러 문학 작품들을 읽었습니다만 그 가운데 저에게 신앙으로, 철학으로 영향을 가장 많이 준 저자는 파스칼, 아우구스티누스, 키르케고르, 그

---

11) 손봉호 교수님이 암스테르담 자유대학교에서 박사 학위를 받은 논문은 *Science and Person. A Study in Philosophy as a Rigorous Science in Kant and Husserl*(Assen : van Gorcum, 1972)이다.

12) 이 글은 다시 손봉호 교수님의 논문 모음집 『현대정신과 기독교적 지성』(성광문화사, 1978), 152~167쪽에 수록.

13) 강영안, 「함석헌의 한국 기독교 비판과 순령주의(純靈主義)」, 『생각과 실천』, 함석헌 학회 편, 한길사, 2010, 51~82쪽.

리고 칼빈이었습니다. 이 가운데 키르케고르가 가장 어려웠지만 무슨 말인지도 모르고 탐독했습니다. 활자 매체로 처음 쓴 글 가운데 하나가 제가 고등학교 2학년 때 교우지에 실었던 「빠스깔의 신앙관」이란 글입니다. 신학대학을 떠나 외대에 가서 손봉호 선생님을 만나면서 다시 철학에 대한 관심이 깊어졌습니다.

그러다가 3학년을 마치고 군대에 갔습니다. 군대에서 저는 희랍어와 라틴어를 계속 공부하기도 했지만 주로 독일어와 네덜란드어로 철학 원서들을 읽기 시작했습니다. 데카르트의 『방법서설』과 『성찰』, 라이프니츠의 『단자론』, 비트겐슈타인의 『논리철학논고』, 후설의 『엄밀한 학으로서의 철학』, 칸트의 『프롤레고메나』 등을 충무로 5가에 있던 소피아 서점에서 사서 읽었습니다. 칸트의 『순수이성비판』을 독일어로 읽기 시작했던 것도 제대하기 전이었습니다. 제대를 한 석 달 정도 남겨두고는 반 퍼슨 교수께서 쓰신 *Fenomenologie en werkelijkheid*(『현상학과 현실』)이란 책을 손봉호 선생님으로부터 빌려 읽고는 번역을 시작했더니 손봉호 선생님께서 오히려 반 퍼슨 교수의 *Fenomenologie en de analytische wijsbegeerte*(『현상학과 분석철학』)을 번역해 보라고 해서 군대에서 약 한 달간 번역해서 갖다 드린 적이 있습니다. 이 책은 나중에 손 교수님께서 다시 다듬어서 탑출판사를 통해서 출판되었습니다. 번역 작업을 하면서 현상학과 분석철학 두 전통에 관심이 더욱 생기게 되었습니다. 그래서 제가 1978년 벨기에 정부 장학생으로 선발되어 떠날 때 루뱅대학교 학업계획서에 써낸 내용이 바로 현상학과 분석철학을 비교 분석하는 일을 해보겠다는 것이었습니다.

루뱅대 철학과는 후설의 유고 보관소가 있을 뿐 아니라 세계적인 현상학 연구자들이 모이는 곳이기도 했습니다. 현상학을 저는 손봉호 선생님의 박사 학위 논문을 읽으면서 배웠습니다. 손봉호 선생님의 관심을 따라 저는 후설의 『엄밀학으로서의 철학』이란 책을 먼저 읽었습니다. 철학을 하는 사람이 누구나 그렇기는 하지만 저는 철학의 정체성에 관해서 지금도 계속 묻고 있습니다. 이것은 손봉호 선생님의 영향으로 제가 후설과 칸트를 읽은 까닭이라 생각합니다.

후설에 대해 관심이 있었기 때문에 당시 루뱅으로 유학을 가는 것은 자연스러운 일이었습니다. 제가 현상학에 관심을 두고 공부할 때, 특히 후설을 전공할 생각을 했을 때 저는 메를로퐁티나 하이데거가 후설 현상학을 극복하고자 시도했다는 것을 알고 있었습니다. 그리고 레비나스가 후설을 극복하고자 애썼다는 것도 이미 알고 있었습니다. 그러나 후설 철학의 진지함에 저는 매료되었습니다. 그래서 석사 1년 차까지만 해도 저는 후설에 관해 논문을 쓰리라 생각했습니다. 그런데 지금은 은퇴했지만, 당시에 교수들 가운데 가장 젊은 교수였고 당시 후설연구소의 선임 연구원으로 있었던 (나중에는 물론 후설연구소 소장을 지냈습니다) 루돌프 베르넷(Rudolf Bernet)과 어느 날 앞으로 할 공부와 논문에 대해 얘기할 기회가 있었습니다. 베르넷은 저에게 후설을 석사 때 다루지 말고 칸트 공부부터 먼저 단단히 하라는 얘기를 했습니다. 이유는 후설 연구 가운데 좀더 자세히 밝혀야 할 부분이 신칸트학파와의 관계인데, 그 분야를 파고들자면 칸트를 우선 깊이 있게 이해하지 않으면 안 된다는 것이었습니다. 나중에 네덜란드에서 저의 지도교수가 된 반 퍼슨 교수도 이 점에서는 동의했습니다. 그래서 칸트를 하기로 하고, 칸트 가운데 주제를 찾다가 결국에는 도식 문제를 다루기로 했습니다. 이것이 결국 박사 논문으로 발전하게 되었고 저는 그래서 국내에서는 칸트학자로 알려지게 되었습니다. 칸트 철학을 하는 것으로 제가 밥을 먹고 살게 되리라는 생각은 전혀 하지 못했습니다. 1985년 10월 3일 박사 학위를 받고 한 달 뒤인 11월 6일 아내와 한 살 반짜리 아들을 데리고 귀국했습니다(이 아이는 지금 벨기에 루뱅대학에서 철학을 공부하고 있습니다). 이듬해 3월 계명대학교 철학과에 자리를 잡고는 대학원에서는 독일철학 강의를 했지만, 학부에서는 언어철학, 과학철학, 논리학, 중세철학, 종교철학을 주로 강의했습니다.

4. 레비나스에 관해서 글을 쓰기 시작한 배경

앞에서 저는 레비나스 텍스트 자체를 집중해서 읽기 시작한 계기가 드 부르 교수 세미나였다고 말했습니다. 두 번째로 제가 레비나스 텍스트를 다시 집중해서 읽게 된 것은 계명대에 있을 때입니다. 계명대에 갔을 때 저는 한편으로는 주로 분석철학을 가르치면서 다른 편으로는 피히테와 셸링을 읽기 시작했습니다. 서울로 옮긴 뒤에도 셸링 공부는 계속되었지만, 이 모든 것이 독일관념론에 관심이 많은 대구에 있었던 탓입니다.[14] 그런데 1987년 레비나스의 『전체성과 무한자』가 테오 드 부르와 크리스 브렘메르스(Chris Bremmers)의 손으로 네덜란드어로 다시 번역되었다는 소식을 듣게 되었습니다. 네덜란드로 연락해서 책을 곧장 구해서 읽기 시작했습니다. 여기에는 드 부르의 역자 주가 붙어 있었습니다. 사실 레비

---

14) 이때 했던 셸링 공부의 열매는 강영안, 『자연과 자유 사이』(문예출판사, 1998) 마지막 세 장에 수록.

나스 소개와 연구가 가장 일찍 된 나라가 네덜란드와 벨기에였습니다. 레비나스의 두 주저라 할 수 있는 『전체성과 무한자』와 『존재와 다르게 또는 존재 사건 저편에』(*Autrement qu'être ou au-delà de l'essence*, 1974)가 모두 네덜란드에서 출판되었습니다. 그리고 레비나스에 관해 가장 먼저 논의한 사람 가운데는 루뱅의 알베르 돈데이느(Albert Dondeyne), 저의 지도교수였던 레이든의 반 퍼슨, 루뱅의 후설 연구소 루돌프 뵘(Rudolf Boehm), 지금은 시카고 로욜라대학으로 옮겨 가르치고 있는 아드리안 페퍼작(Adriaan Peperzak), 페퍼작과 함께 네이메헌 교수를 지냈던 슈테판 스트라서(Stephan Straaser), 레이든 대학의 종교철학자 헤이링(H. Heering) 등 네덜란드어 언어권에서 활동하던 철학자들이었습니다.

1987년 여름방학에 네덜란드어로 번역된 레비나스를 다시 읽고는 레비나스에 대한 관심이 옛날보다 더 크게 생겼습니다. 어떻게 알았던지 백종현 선생님이 1990년 2월 현상학회 신춘 세미나를 기획하면서 저에게 레비나스 철학에 관한 발표를 해 달라고 부탁을 해 왔습니다. 그래서 나온 글이 『후설과 현대철학』(1990)에 실린 글입니다.[15] 이때부터 여기저기에서 레비나스 철학에 관한 글을 부탁해 왔고 그래서 레비나스에 관해서 글을 쓰기 시작하고 이 글들이 모여 2005년에는 『타인의 얼굴: 에마뉘엘 레비나스의 철학』(문학과 지성사)이 나오게 되었습니다. 이 책은 사실 1996년에 완성하려던 것이 세월이 흘러 계획했던 것보다 9년 늦게 나왔습니다.

---

15) 강영안, 「레비나스 철학에서 주체성과 타자─후설의 자아론적 철학에 대한 레비나스의 대응」, 『후설과 현대철학』, 한국현상학회 편, 1990, 243~263쪽.

왜 1996년이냐 하면, 그해 저는 서강대학교에서 안식년을 얻어 다시 루뱅으로 1년간 떠난 해이고, 이때 저의 연구 프로젝트가 레비나스 연구였기 때문입니다. 한 해 동안 루뱅에 머물면서 레비나스의 출판된 책과 그 외 2차 자료를 광범위하게 읽을 기회를 얻었습니다. 이때가 아마 레비나스와 그에 관한 여러 연구서를 가장 많이 읽었을 때였을 것입니다. 독서뿐만 아니라 로제 브뤼흐라브(Roger Bruggraeve), 아르노 뷔름스(Arnold Burms), 루디 비스케르(Rudi Visker) 같은 교수들과 만나 레비나스 철학 얘기를 많이 얘기했습니다. 이때 생각했던 책은 주제 중심이었습니다. 주체와 타자, 존재 문제, 신체 문제, 여성성, 생산성, 언어, 고통, 신, 이런 문제들을 중심으로 레비나스 철학을 체계적으로 다룰 생각이었습니다. 그러나 한 해 동안 한 연구를 "Levinas on Suffering and Solidarity"란 제목으로 1996년 12월 5일 루뱅대 철학과 메르시에 추기경 강당(Kardinaal Mercierzaal)에서 목요강의(Thursday Lecture) 시리즈의 한 강의로 마무리를 지었습니다. 루뱅대 International Program의 디렉터를 맡고 있던 윌리암 데스몬드(William Desmond)가 이 강의를 좋아했습니다. 다음 안식년에는 꼭 와서 가르쳐달라는 제안을 이때 받았습니다. 이 자리에는 저에게 중세철학을 가르쳐 주었던 카를로스 스테일(Carlos Steel), 스피노자 전문가 헤르만 드 데인(Herman De Dijn), 저의 석사 논문 지도교수이며 후설연구소 소장을 맡고 있던 사뮤엘 에이셀링(Samuel IJsseling), 레비나스 전문가인 로제 브뤼흐라브가 참석했습니다. 이 원고는 이듬해 루뱅에서 나오는 『철학』(Tijdschrift voor Filosofie)에 실렸습니다.[16] 그런데, 제가 레비나스에 관해서 막상 낸 책에서는 주체와 타자의 관계를 중심으로 그의 사상을 초기와 중기, 후기로 나누어 서술했습니다. 저는 지금도 이러한 서술 방식이 레비나스 철학이 걸어온 궤적을 잘 보여 준다고 믿고 있습니다.

레비나스는 1928년 후설에게 직접 배울 생각으로 독일 프라이부르크대학으로 갔습니다. 그곳에서 후설의 세미나에 참석하는 한편, 1927년 『존재와 시간』을 출판하고 프라이부르크에서 1928년부터 강의하기 시작한 하이데거의 강의를 듣게 됩니다. 레비나스는 후설의 직관 이론을 박사 학위 논문 주제로 선택합니다. 그리고 1930년에 스트라부르 대학에서 24세에 박사학위를 받습니다.[17] 그런데 레비나스의 논문은 후설의 직관 이론을 다루지만 그럼에도 하이데거의 영향이 스며들어 있습니다. 레비나스가 하이데거로부터 배운 것은 존재 사유, 존재 물음을 철학의 근본 문제로 삼은 것이었습니다. 그러나 이미 1935년 「탈출에 관해서」 (De l'evasion)라는 글에서부터 레비나스는 하이데거를 벗어나야 할 필요를 절실히 느낍니다.[18] '존재'는 하이데거가 보았듯이 '은혜'나 '선물' 또는 '감사'의 대상이 아니라 오히려 탈출해야 할 대상으로 등장합니다. 익명적 존재, 곧 레비나스가 'il y a'('있다')라고 이름 붙인 존재 방식에 대한 사유의 시작을 이 작품에서 볼 수 있습니다. 하노버 근처에서 포로수용소 생활을 하는 가운데 쓰기 시작해서 전쟁이 끝난 뒤 출간한 『존재에서 존재자로』(De l'existence à l'existant, 1947)란 책과 『시간과 타자』(Le temps

---

16) 이때 읽었던 논문은 Y.A. Kang, "Levinas on Suffering and Solidarity", *Tijdschrift voor Filosofie* 59, 1997, pp.482~504에 게재되었습니다.
17) Emmanuel Levinas, *La théorie de l'intuition dans la phénomenologie de Husserl*, Paris: Alcan, 1930, 224p.
18) Emmanuel Levinas, *De l'évasion, dans : Recherches Philosophique*, V(1935/6), pp.373~392.

et l'autre, 1947)로 묶여 나온 연속 강의에서 레비나스는 익명적 존재 방식에서 벗어나 이름을 가진 존재자의 등장을 그리고 있습니다. 레비나스는 이것을 일컬어 '존재론적 모험'이라 이름 붙입니다. 존재론적 모험은 익명적 존재에서 이름과 얼굴을 가진 존재자의 출현으로, 그리고 고통과 죽음, 사랑을 통해서 타자의 만남으로 진행됩니다. 저는 이 시기까지의 레비나스 철학을 초기 철학이란 이름으로 다루었습니다. 『세계의 문학』 (1992)에 실은 「존재, 주체, 타자」라는 글에서 이러한 시도를 했습니다.[19]

이 글에 앞서 현상학회에서 발표한 「레비나스 철학에서 주체와 타자」를 『후설과 현대철학』(1990)에 실었고 이어서 『예술과 비평』(1991)에 「레비나스의 인간 존재론」을 실었습니다.[20] 그다음에 나온 글이 『전체성과 무한자』 2부를 다룬 「향유와 거주」였습니다.[21] 이런 일련의 글을 통해 저는 좀 더 성숙한 레비나스 사상을 다룰 수 있었습니다. 레비나스는 2차 대전이 끝난 뒤, 유대인 교사 양성 기관에서 주로 활동을 하였습니다. 이것이 말하자면 그의 생업이었습니다. 그 당시로는 교수 자격시험을 통과하거나 국가 박사 학위를 마치지 않았기 때문에 대학교수로 진입할 수 없었습니다. 『전체성과 무한자』를 완성해서 레비나스는 국가 박사 학위논문으로 제출했고 잔켈레비취와 장 발의 심사를 거쳐 학위를 받을 수 있었습니다. 이것으로 대학교수가 될 수 있는 길을 열었습니다. 이 논문을 레비나스는 '현상학 연구'(Phaenomenologica) 시리즈의 한 권으로 네덜란드 덴 하그(헤이그)에 있는 마르티누스 네이호프(Martinus Nijhoff) 출판사

---

19) 『세계의 문학』 제66호(1992), 192~222쪽.
20) 『예술과 비평』 제23호(1991), 107~128쪽.
21) 『철학』(한국철학회) 제43호(1995), 305~332쪽.

를 통해 출판합니다.[22] 이로 인해 레비나스는 일약 세계적인 철학자로 등
장합니다. 이때 레비나스 나이가 55세였습니다. 칸트가 57세에 『순수이
성비판』을 낸 것과 비교될 수 있습니다.

『전체성과 무한자』를 낸 시기를 저는 레비나스 철학의 중기로 잡습
니다. 아니, 차라리 중기의 절정이라 말하는 것이 옳을 것입니다. 1947년
이후 1961년까지 레비나스의 철학 저작은 그리 많지 않지만, 그럼에도
때로는 몇 페이지 되지 않은 짧은 글들임에도 불구하고 매우 중요한 글
들이 나왔습니다. 「다원주의와 초월」(Pluralisme et Transcendance, 1948),
「실재와 그것의 그림자」(La realité et son ombre, 1948), 「존재론이 근본적
인가?」(L'ontologie est-elle fondamentale?, 1951), 「자유와 명령」(Liberté et
commandement, 1953), 「자아와 전체성」(Le moi et totalité, 1954), 「철학과
무한자의 이념」(La philosophie et l'ideé de l'infini, 1957) 등은 『전체성과
무한자』로 이어지는 중요한 글입니다. 이와 더불어 유대교와 현대문화에
대한 레비나스의 끊임없는 반성을 언급하지 않을 수 없습니다. 왜냐하면,
레비나스는 그의 철학의 중기라 말할 수 있는 시기에 탈무드를 비롯한 유
대교 전통을 깊이 연구하기 시작했기 때문입니다. 철학과 종교를 그는 분
명히 구별하지만, 그의 철학이 유대교 이해에 들어가 있고 유대교적 사고
와 사상이 그의 철학에 은연중 배어 있기 때문입니다. 예컨대 『전체성과
무한자』에 나오는 '메시아적 평화'라든지 '종말론'이라든지, '환대'라든
지, 그가 자주 쓰는 '정의'라든지, '고아와 과부와 가난한 자와 이방인'이

---

22) Emmanuel Levinas, *Totalité et Infini. Essai sur l'exteriorité*, La Haye: Martinus Nijhof,
1961.

란 표현은 구약성경을 위시한 유대교적 배경을 모르고서는 알 수 없는 개념들입니다. 1963년에 나온 『어려운 자유』(Liberté difficile, 1976년 2판 증보판)는 그 이전에 유대교와 관련해서 레비나스가 썼던 글을 모은 책입니다. 이 책 끝에 레비나스는 자신의 짧은 이력을 담은 「서명」(La signature)이란 글을 실었습니다.

1996년 루뱅으로 안식년을 가기까지 저는 사실상 레비나스 중기 철학까지 논의하였습니다. 레비나스의 후기 철학을 저는 『전체성과 무한자』가 나온 뒤, 그리고 특히 1964년 데리다로부터 레비나스 철학은 결코 존재 사유를 벗어나지 못했다는 비판을 받은 뒤, 그의 비판을 수용하면서 다시 생각하고 글을 쓰기 시작한 이후를 시작해서 『존재와 다르게 또는 존재 사건 저편에』(1974)가 나온 시기와 그 이후로 잡습니다. 레비나스의 언어는 철학적이기보다 훨씬 더 신학적이고 종교적인 것으로 바뀝니다.[23] 예컨대 '인질로 사로잡힘'(obsession), '핍박받음'(persecution), '이웃함'(proximité), '대속'(substitution), '속죄'(expiation) 등의 개념을 쓰기 시작하면서 레비나스는 존재론적 색채를 지닌 언어를 벗어나는 시도를 하게 됩니다. 그러면서 다른 한편으로는 초기 철학에서 관심 가졌던 '불면'이라든지, '시간' 문제라든지, '죽음'의 주제라든지, 익명적으로 거저 '있다'는 개념이라든지 하는 것들을 다시 사유하기 시작합니다. 그리고 중기까지만 해도 거의 언급하지 않던 '신'이란 개념을 자주 언급합니다. 폴 리쾨르의 경우 젊은 시절 자신의 기독교 신앙에 관해서 철학적으로 비

---

23) Emmanuel Levinas, *Autrement qu'être ou au-delà de l'essence*, La Haye: Martinus Nijhof, 1974.

교적 많이 이야기한 편이지만 말년에는 라코크(André LaCocque)와 성경 구절을 두고 함께 쓴 책을 제외하고는 신앙에 대한 이야기를 거의 하지 않았습니다. 그러나 레비나스는 나이가 들어갈수록 자신이 자란 유대교 전통에 대해서 좀 더 드러내 놓고 이야기하는 방식으로 발전합니다. 탈무드에 관한 그의 여러 강의도 이어서 출판됩니다.

이 시기 레비나스 사상의 핵심은 주체 문제를 더욱더 생각하는 것이었다고 저는 생각합니다. 『전체성과 무한자』의 작업을 일컬어 '주체성의 변호'라고 레비나스가 규정지었습니다.[24] 이때 말하는 주체는 타자를 반기고 수용하는 '환대'의 주체였습니다. 『존재와 다르게 또는 존재 사건 저편에』는 타자를 위해서 완전히 자신을 내어놓는 주체입니다. 레비나스는 이를 일컬어 '인질'(볼모)이란 말까지 썼습니다. '주체의 변호'라기보다는 '주체의 버림', '주체의 포기'라고 얘기해야 할지 모르겠습니다. 주체는 더는 '모든 것을 떠받치는 존재', '모든 것에 근거를 제공하는 존재'가 아니라 세상 죄를 지고 가는 어린 양처럼 타인의 고통을 대신하여 그의 '짐을 짊어진 이', '아래서 짐을 짊어진 이', '깔린 이'로 등장합니다. 이런 방식으로 레비나스의 책임 개념은 『전체성과 무한자』의 경우보다(물론 여기서 이미 레비나스는 '무한 책임'이란 개념을 썼습니다) 훨씬 극단화하고 심화하고 심지어는 거의 이해할 수 없는 지점까지 발전합니다. 책임적 주체는 타인의 부름에 단순히 '반응하는' 존재가 아니라 타인의 짐을 짊어지고 그를 대신해서 고난받는 존재입니다. 놀랍게도 우리는 레비나스의 주체 이해에서 이사야서 53장에서 그리는 고난 받는 종, 곧 기독교 전

---

24) Levinas, *Totalité et Infini*, p.xv.

통에서 메시아와 관련해 이해하는 종의 모습을 보게 됩니다. "메시아, 그
는 곧 나이고, 나는 곧 메시아"라는 레비나스의 말은 레비나스의 주체 개
념과 메시아사상을 연결해 볼 수 있는 단서를 제공합니다. 저는 2003년
다시 안식년으로 미국 칼빈 칼리지에 가서 머무는 동안 레비나스의 후기
철학이 지닌 이면을 좀 더 자세하게 들여다볼 기회를 얻었습니다. 그러고
는 2004년 레비나스의 책임 개념에 관한 글을 한국철학회 학회지『철학』
에 싣게 됩니다.[25] 이 글은 고통의 문제를 다룬 글과 함께 제가 레비나스
의 후기 철학을 다룬 글이었습니다.

　제가 레비나스에 관해서 처음으로 글을 쓰고 발표하게 된 계기가
1990년 2월 수안보에서 열렸던 한국현상학회 신춘 세미나였다는 것은
이미 말씀드렸습니다. 이때 주제가 '현상학과 포스트모더니즘'이었습니
다. 그러니까 제가 레비나스를 읽고 국내에 소개하기 시작한 시기가 포스
트모더니즘 논의를 하기 시작한 시기였습니다. 근대성도 제대로 경험하
지 못한 사회에서 포스트모더니즘에 관해서 논의하는 것에 대해서 사람
들은 많이 비판했지만, 우리 사회를 규정하는 틀 가운데 하나로 전통-현
대-탈현대의 동시성을 적용하는 것에 크게 무리가 없다고 저는 생각합
니다. 포스트모더니즘에 대한 논의로 인해 오히려 우리는 근대성의 의미
에 좀 더 관심을 두게 되고 전통도 다시 돌아볼 수 있는 공간을 얻지 않았
나 하고 생각합니다.

　포스트모더니즘을 철학적으로 말할 때 저는 모더니즘과 관련해서

---

25) 강영안,「책임으로서의 윤리─레비나스의 윤리적 주체 개념」,『철학』(한국철학회), 제81호
　　(2004), 51~85쪽.

몇 가지 핵심 개념을 끌어낼 수 있다고 생각합니다. 첫째, 이성을 중시하는가? 감성을 중시하는가? 하는 것을 두고 논의할 수 있습니다. 아마 계몽사상을 철학적 모더니즘의 전형으로 본다면 낭만주의는 오히려 철학적 포스트모더니즘에 가깝다고 볼 수 있을 것입니다. 둘째, 실재인가? 텍스트 또는 디스쿠르(discours, 담론)인가? 물을 수 있을 것입니다. 철학적 모더니스트는 아마 심지어 관념론자라 하더라도 실재를 우위에 둘 것이고 포스트모더니스트는 텍스트나 디스쿠르를 중시할 것입니다. 셋째, 통일성인가? 다양성인가? 또는 일원성인가? 다원성인가? 물을 수 있을 것입니다. 모더니스트들은 아마도 통일성과 일원성을 중시할 것이고 포스트모더니스트들은 다양성과 다원성을 중시할 것입니다. 매우 도식적이기는 하지만 만일 이 세 가지를 레비나스에게 적용한다면 레비나스는 철학적인 포스트모더니스트라고 할 수 있을 것입니다. 주체성을 규정할 때는 이성보다는 오히려 감성(향유, 얼굴)을, 삶의 현실을 볼 때는 막막한 실재, 이름 없는 존재보다는 오히려 말할 수 있고 들을 수 있고 반응할 수 있는 주체를 중시하고, 통일성이나 일원성보다는 다양성과 다원성을 레비나스는 선호합니다. 심지어 레비나스는 인간의 존재를 '책으로 향한 존재'(Zum-Buch-sein), 곧 읽음을 통해서 자신의 정체성을 이루는 존재라고 말할 뿐 아니라 우리 개인이 각각 감성적·신체적 존재로서 절대성 다원성을 지닌다는 점을 강조합니다.[26] 일종의 '인격적 다원주의'가 레비나스 윤리학의 기초라고까지 말할 수 있습니다.

---

26) Emmanuel Levinas, *Entre nous*, Paris: Grasset, 1991, p. 127.

5. 나의 철학 프로젝트와 레비나스

사실 저는 지금까지 철학 연구자로서 자신의 삶에 비교적 충실히 하려고 애썼습니다. 보잘것없지만 근대 철학자와 현대철학자들에 관한 글을 읽고 써 왔습니다. 물론 제가 관심을 가지고 읽은 철학자와 사상가들 가운데 제가 다룬 것은 10분의 1도 채 되지 않습니다. 저는 읽기는 좋아하면서 쓰기는 너무 힘들어하는 편입니다. 그러나 이제 삶을 마무리해야 할 단계에 와 있습니다. 앞으로 생각하고 글을 쓰는 작업을 할 수 있는 날이 얼마 남지 않았습니다. 제가 하고 싶은 일은 아직도 여러 가지 남아 있습니다. 『소크라테스와 예수 또는 철학과 신앙』, 『마이클 폴라니 평전』, 『칸트의 종교철학』. 이런 책을 쓰는 것도 계획 속에 잡혀 있지만, 이 가운데서 레비나스와 관련해서 크게 두 가지 작업에만 한정해서 말씀드리겠습니다. 첫 번째 하고 싶은 작업은 종교 인식론과 관련된 일이고 두 번째 작업은 일상에 관한 철학적 반성과 관련된 일입니다.

돌이켜 보면 저의 칸트 공부는 제가 지금 좀 더 붙잡아 하고 싶은 연구와 무관하지 않다는 것을 알게 됩니다. 저에게는 철학을 본격적으로 공부하기 시작할 때부터 '하나님에 관해서 철학적으로 논의할 가능성이 있는가?' 하는 물음이 있었습니다. 우리가 무엇을 논의할 때 우리는 필연적으로 개념을 쓸 수밖에 없습니다. 우리는 우리가 직접 또는 간접으로 경험할 수 있는 사물에 대해서는 주저 없이 개념을 적용하고 명제를 만들어 냅니다. 그러나 눈으로 볼 수 없고 들을 수 없는 대상에 대해서도 '그것이 가능한가?' 하는 물음이 있습니다. 이 물음은, 현대철학 사조와 관련하여 말하자면, 현상학과 분석철학에 다 같이 걸쳐 있습니다. 앞에서 제가 군

복무 시절『현상학과 분석철학』이라는 책을 번역했다는 얘기와 제가 유럽으로 유학 갈 때 현상학과 분석철학을 아울러 공부하겠다는 뜻을 가지고 떠났다는 얘기를 이미 했습니다.

그런데 앞에서도 얘기했듯이 교수들의 충고에 따라 저는 칸트를 주제로 석사 논문을 먼저 썼습니다. 이때 저에게는 '신에 관해서 말할 수 있는가?'에 관해 관심이 있었음에도 그것에 선행된 물음으로 개념과 경험의 관계를 다루었습니다. 칸트의 도식론은 바로 이 문제를 다룹니다. 저의 공부는 범주의 도식뿐만 아니라 이념의 도식화 가능성 문제로 이어지고 결국에는 칸트의 상징 이론을 다루는 데까지 진행되었습니다. 이때 칸트를 통해서 확인한 것은 우리가 하나님에 대해서 철학적으로 말할 수 있는 범위와 한계는 경험에 체계적 통일성을 부여하는 한에서의 상징적 사용일 뿐이라는 것이었습니다.[27]

'하나님에 관해서 철학적으로 말할 수 있는가?'라는 나의 물음은 저의 레비나스 공부에도 사실 깔렸었습니다. 현상학 전통에서 철학을 배운 레비나스는 신(神)뿐만 아니라 나와 이웃하고 있는 타인조차도 나의 개념에 종속될 수 없다는 것을 강조합니다. 타인은 나에게 인식의 대상이 아니라 내가 받아들이고 환대해야 할 손님입니다. 이렇게 타인을 내가 수용하고 받아들일 때 나는 참된 나가 된다고 레비나스는 주장합니다. '환대가 곧 주체성'이란 말은 이를 두고 말한 것입니다. 레비나스에 따르면 신은 타인의 흔적(la trace)으로, 고통받는 타인을 통해서 나에게 현현할 뿐, 스스로 모습을 드러내지 않습니다. 그러므로 내가 이웃과 맺는 실천적

---

27) 강영안, 『칸트의 형이상학과 표상적 사유』(서강대 출판부, 2009) 참조.

·도덕적 관계가 신을 경험하고 신에 대해서 말할 수 있는 유일한 통로입니다. 사실 이 점에서 레비나스는 실천이성의 우위성을 말한 칸트와 연결됩니다. 칸트가 '나'의 인격적 동일성 문제나 자유의 문제, 신의 존재 문제를 결국 도덕적 주체 개념과 관련해서만 비로소 의미 있게 말할 수 있다고 본 것처럼, 레비나스도 타인과의 윤리적 관계를 통해 '나'의 주체성과 자유, 신의 존재 문제를 이해하려고 했기 때문입니다.

칸트와 레비나스는 크게 보면 결국 동일한 철학 전통을 계승한다고 말할 수 있습니다. 20세기 후반 이들과 비슷한 전통을 이어 종교적 경험과 신앙, 신의 문제를 매우 정교하게 다룬 철학자로 우리는 리쾨르, 미셸 앙리(Michel Henry), 장-뤽 마리옹(Jean-Luc Marion), 장-루이 크레티앙(Jean-Louis Chrétien)을 들 수 있습니다. 이들에게서 공통적인 것은, 우리는 여전히 신에 대해 유효하게 말할 수 있다고 주장한다는 점입니다. 그렇게 말할 수 있기 위한 일차 조건은 실증주의적 언어관을 벗어나 언어가 가진 상징성을 회복시켜 경험을 가능하게 하는 조건을 감각을 벗어난 영역으로까지 확장하는 것입니다. 이들은 자니코(Dominique Janicaud)가 '프랑스 현상학의 신학적 전회'라고 부른 현상을 주도한 철학자들입니다.[28] 좁게 보면 이들은 현상학 전통의 철학자들이지만 좀 더 넓게는 칸트의 철학적 프로그램을 계승하는 학자들이라 말할 수 있습니다. 리쾨르 철학의 경우 국내에 일부 소개되었으나 미셸 앙리, 마리옹, 그리고 저와 같은 연배인 크레티앙의 작업은 우리에게 거의 알려지지 않았습니다. 지난

---

28) Dominique Janicaud, "The Theological Turn of French Phenomenology", Translation by Bernard G. Prusak, *Phenomenology and "Theological Turn"*, New York: Fordham University Press, 2000, pp. 1~103 참조.

10년간 저는 이들의 철학에 관심을 두고 개인적으로 연구해 왔을 뿐 아니라 리쾨르와 마리옹의 경우는 대학원에서 여러 학기 세미나를 진행하였습니다.

저는 80년대 초 박사 학위 논문을 쓰던 중에 칸트와 동시대에 살았으며 칸트도 그의 저술을 읽었던, 스코틀랜드 철학자 토머스 리드(Thomas Reid)에 뿌리를 둔 철학자들을 만났습니다. 이들이 바로 우리에게는 그의 『언어철학』으로 알려진 적이 있는 윌리암 올스톤(William Alston), 미국 시사 주간지 『타임』(*Time*)이 1980년 4월 5일 자 판에서 '미국 정통 프로테스탄트 철학의 중진'(America's leading orthodox Protestant philosopher of God)이라고 소개했던 알빈 플란팅가(Alvin Plantinga), 그리고 플란팅가와 함께 칼빈 칼리지에서 오랫동안 가르치다가 예일대학으로 옮긴 니콜라스 월터스토프(Nicholas Wolterstorff)입니다. 이들은 현재 미국 철학계에서도 형이상학과 인식론 분야에서 탁월한 학자로 인정받고 있는 학자들입니다. 이들의 작업은 '개혁 인식론'(Reformed Epistemology)이란 이름을 얻었습니다.[29] 이들은 현대 신학과 현대철학의 신 담론(God-Talk)은 사실상 신에 관해서 의미 있게, 합리적으로 이야기할 수 없는 상황에 도달했다고 보고, 그 원인을 가깝게는 논리실증주의에서, 조금 더 멀리, 좀 더 근본적으로는 칸트에게서 찾고 칸트를 극복할 수 있는 대안을 만들어 내는 데 한평생을 보냈습니다. 이들의 공통점은 만일 우리의 인식 능력이 선입견 없이 '올바르게 작동'(functioning properly) 한다면

---

29) '개혁 인식론'의 생성 배경과 역사, 주장에 대해서는 Nicholas Wolterstorff, "Reformed Epistemology", Nicholas Wolterstorff, *Practices of Belief*, Edited by Terence Cuneo, Cambridge: Cambridge University Press, 2009, pp. 334~349 참조.

우리는 신을 경험할 수 있고 신에 대해서 이야기할 수 있다고 보는 것입니다. 논지를 전개하는 전문적인 철학적 방법론은 분석철학에 의존하고 있으나 이 세 철학자 모두 철학적인 기초는 토머스 리드에 뿌리를 두고 있습니다. 그래서 칸트와 리드를 바탕으로 한편으로는 레비나스와 리쾨르, 마리옹, 미셸 앙리, 크레티앙의 작업을 들여다보고 다른 한편으로는 올스턴, 플란팅가, 월터스토프를 들여다보면서, 제3의 중재적인 길로서 형이상학과 일상적 삶을 둘 다 붙잡고서 철학을 하고자 애쓰는 윌리암 데스몬드(William Desmond)와 찰스 테일러(Charles Taylor)의 작업을 들여다보는 것이 저의 프로젝트 가운데 하나입니다.

지금까지 이야기한 것이 좀 이론적인 작업에 속하는 것이라면 일상에 대한 철학적 반성 작업은 비록 철학적 생각을 펼쳐 나가는 것이지만 좀 더 실천적인 작업이라 말할 수 있습니다. 저는 우리의 삶은 일상을 떠나 있지 않다고 생각합니다. 우리는 누구나 일상의 삶의 조건에 처해 살고 있습니다. 이 가운데서 우리는 웃고 울고 절망하고 희망을 다시 품게 되고 믿거나 믿지 않으면서 삶을 살고 있습니다. 이 삶이 무엇이며, 어떤 것인지를 따져 묻는 것이 저의 두 번째 프로젝트라 할 수 있습니다. 이 작업은 사실 제가 신학 공부를 시작할 때 공부한 도이어베이르트와 나중에 알게 된 레비나스에게 기본적인 영감의 뿌리를 두고 있습니다.

도이어베이르트는 앞에서 얘기했듯이 암스테르담 자유대학교의 법철학 교수였습니다. 그분의 철학적 작업은 『법이념의 철학』(De Wijsbegeerte der Wetsidee) ── 영어판 제목은 New Critique of Theoretical Thought(『이론적 사유의 새 비판』) ── 으로 나왔습니다.[30] 여기서 도이어베이르트는 이론적 사유의 특성을 대상화에 있다고 봅니다. 대상화를 위해서 필연적인 것은 대상을 다른 사물 연관과 분리해 보는 것입니다. 예컨대 사물들을 수의 관점에서 본다고 해 봅시다. 우리가 앉아 있는 의자들, 의자에 앉아 있는 사람들, 이 가운데 앉은 분들이 끼고 있는 안경, 이와 같은 것들은 관련된 대상의 성질이나 재질, 질감, 사람과 관련해서는 그의 인격이나 소원, 생각과는 무관하고 오직 그것의 단위를 통해 예컨대 의자 오십 개, 사람 오십 명, 안경 삼십 개, 이런 방식으로 서술할 수 있습니다. 그런데 어떤 사물, 인간 또는 어떤 현실도 다른 존재 방식과 떨어져 있는 것은 없습니다. 예컨대 물을 두고 우리는 그것이 지닌 양적인 차원, 물리적인 차원, 화학적 요소, 생물과의 관계, 심리적 영향, 언어와의 관계, 역사와의 관련 등을 말할 수 있습니다. 물은 단순히 화학적인 요소로만 분석될 수 있는 존재가 아니라, 경제적 재화의 대상일 수도 있고 예컨대 세례를 줄 때처럼 씻음의 상징으로도 의미가 있습니다. 이와 같은 관찰을 통해 도이어베이르트는 우리가 이론적 사유를 통해 존재하는 실재 현실 세계를 대상화할 수밖에 없으나, 대상화 이전에는 우리가 경험하는 대상 세계는 특정한 양상으로 분화되기 이전, 상호 연관성 속에서 체험된 세계임을 드러냅니다.

실재하는 현실 세계를 하나의 양상으로 떼어내어 절대화하지 않고 전체적으로 파악하고 관계하는 방식을 도이어베이르트는 '소박한 경험'(naive ervaring)이라 부릅니다. 저는 도이어베이르트의 이 용어는 우리의 일상경험을 지칭하는 것으로 생각합니다. 우리의 일상경험은 이론

---

30) Herman Dooyeweerd, *De Wijsbegeerte der Wetsidee*. 3 delen, Amsterdam : H.J. Paris, 1935~36. 영어 확대판은 *A New Critique of Theoretical Thought*(4 vols., 1953~8)으로 출판. 최근에 Edwin Mellen Press를 통해 다시 출판됨.

적 사고 이전에 시간 축과 공간 축을 중심으로 나와 타인이 사물과 인간들을 중심으로 빚어내는 삶입니다. 이러한 삶은 먹고 자고 일하고 쉬고, 집 짓고 거주하며, 생각하고 말하고 듣고, 쓰고 읽고, 타인과 만나고, 싸우며, 사랑하고, 희망하며, 때로는 절망에 빠지는 삶입니다. 일상은 누구도 벗어날 수 없고(일상의 필연성), 누구나 비슷하게 경험하고(일상의 유사성), 날마다 반복되며(일상의 반복성), 특별한 것 없이 너무나 평범하며(일상의 평범성), 아무리 애쓰고 땀 흘린다고 해도 덧없이 지나가는 삶(일상의 덧없음)입니다. 이러한 삶 가운데 비일상은 찾아오며 이렇게 찾아온 비일상은 우리를 놀라게 하며, 일깨우며, 새로운 현실을 보고 듣게 합니다.[31]

일상의 현상을 들여다보고 생각하는 법을 저는 레비나스에게서 배웠습니다. 현상학자로서 레비나스의 탁월성을 보여주는 부분을 만일 저에게 예를 들어 보라면 저는 『전체성과 무한자』 2부를 들고 싶습니다. 이 부분은 향유와 거주, 노동, 그리고 타인과의 관계를 다루는 부분입니다. 현상학적 방식으로 보자면 하이데거가 『존재와 시간』에서 이른바 인간의 '세계 안의 존재'(In-der-Welt-sein)를 분석하는 가운데 특별히 '도구 분석'(Zeuganalyse)과 관련해서 볼 수 있습니다. 레비나스가 시도한 것은 하이데거보다 한 걸음 더 깊이, 좀 더 근원적인 현상으로 파고 들어가는 것이었습니다. 하이데거는 세계 안의 존재로서의 인간의 현존재 방식은 불안(Angst)으로 규정된다고 보았습니다. 레비나스는 불안 이전에 세계

---

31) 이와 관련된 개략적인 생각은 강영안, 『철학은 어디에 있는가. 삶과 텍스트 사이에서 생각하기』(한길사, 2011)의 「에필로그」를 참고.

안에서 인간의 근원적인 존재 방식은 오히려 즐김, 또는 즐김과 누림, 다시 말해 향유(jouissance)가 아닌가 하는 것입니다.[32]

향유는 바닷가 백사장에서 햇볕을 즐기고, 물을 마시고, 공기를 들이쉬고, 눈 앞에 펼쳐진 경치를 보는 것입니다. 어떤 걱정이나 불안 이전에, 내 앞에서 주어진 것을 누리고 즐기는 것이 인간의 근원적 존재 방식이라 보는 것입니다. 레비나스의 말을 따르면 나는 먹고 마시고, 잠을 자고, 나에게 주어진 것들을 향유하는 가운데 내가 됩니다. 나의 나됨, 곧 나의 나 자신됨(ipseité), 곧 나의 일차적 주체성은 먹고 마시는 데 있다고 레비나스는 보았습니다. 나에게 관심 가진 사람이 나에게 물을 가져다줄 수 있고 나에게 잘 수 있는 잠자리를 마련해 줄 수 있지만, 누구도 나를 대신해서 먹을 수 없고, 누구도 나를 대신해서 잘 수 없습니다. 먹는 것은 내가 먹고, 자는 것은 내가 자야 합니다. 우리의 일상은 그러므로 나의 나됨과 무관한 것이 아니라 나의 나됨을 구성하는 일차적 조건입니다. 노동과 거주는 세계 안의 나의 존재를 내일에 대한 불안에 대비하려는 방법입니다. 여기서 나는 나와 얼굴과 얼굴을 마주한 타인이 아니라 어깨를 나란히 한 타인을 만나게 됩니다. 같이 노동하고 같이 거주하는 타인입니다. 그런데 이러한 일상은 예기치 않은 타인의 개입으로 깨어집니다. 이것을 일컬어 레비나스는 '얼굴의 현현'이라 부릅니다. 마치 불청객이 찾아오듯이 잘 먹고 잘사는 나의 현실 속에 타인이 개입하여 나의 자유를 문제 삼는 일입니다. 저는 이러한 우리의 일상적 삶의 현실을 삶의 여러 계기를 중심으로 무엇보다 먼저 그 현상을 드러내고, 의미를 찾아보며, 우리가

---

32) 자세한 논의는 강영안, 『타인의 얼굴』, 문학과지성사, 2005, 4장 참조.

어떤 방식으로 삶의 여러 계기와 관련해서 구체적으로 살아야 할지를 생각해 보고 싶습니다. 이러한 문제를 생각하는 데 레비나스는 출발점이 될 뿐 아니라 생각을 이어 나갈 수 있는 동반자 역할을 한다고 저는 믿고 있습니다.

6. 레비나스와 나의 삶[33)]

저의 삶의 정황은 레비나스의 삶과는 다릅니다. 레비나스는 리투아니아의 유대인으로 1906년 태어나 서점을 경영하던 아버지 아래서 자랐습니다. 우크라이나에서 러시아 혁명을 경험하고는 독일을 거쳐 프랑스 스트라스부르 대학에 입학합니다. 1차 대전이 끝난 직후이긴 하지만 아직도 19세기 말, 20세기 초에 프랑스에서 있었던 '드레퓌스 사건'의 악몽이 완전히 가시지 않은 시기에 대학을 다닙니다. 자신도 유대인이었던 후설은 자신의 몇몇 편지에서 "앞으로 교사가 되길 원하는 리투아니아 출신 레비나스"에 대해 언급합니다. 1930년 박사 학위를 마친 뒤 파리에 정착했을 때 가브리엘 마르셀이 레비나스의 중요한 후견인 역할을 했습니다. 물론 프랑스 지성계에는 베르그손과 브렁슈비크와 같은 유대인이 중요한 위치를 차지하고 있었습니다. 아마 브렁슈비크와 마르셀의 관심과 후원 없이는 레비나스가 파리 지성계에 발을 붙이기가 쉽지 않았을 것입니다.[34)] 그런데 레비나스의 철학에 결정적인 역할을 하는 것이 2차 대전이

---

33) [편집자 주] 이 절은 애초 강연에 없던 부분이다. 글의 완결성을 위해 강영안 교수가 나중에 추가한 것이다. 내용 중 일부는 강연 후의 질의·토론 과정에서 나온 것이다.

었습니다. 자신의 육신과 정신, 그리고 자신의 가족, 그리고 동족과 인류에게 미친 전쟁의 폭력과 고통은 레비나스에게 끊임없이 자극을 주었습니다. 그의 철학은 전쟁의 고통 없이는 생각할 수 없는 철학이라 할 수 있습니다. 서양철학은 그의 눈에는 전쟁의 철학이고 전체주의의 철학이며 제국주의의 철학입니다.

그런데 저는 레비나스가 겪었던 것처럼 그렇게 참혹하게 전쟁을 경험한 적이 없습니다. 그러나 제가 태어났을 때 이미 저의 집안은 6.25 전쟁으로 인해 엄청난 고통을 겪고 있었습니다. 아버지의 동생, 그러니까 아버지 아래로 둘째 동생이었던 삼촌은 국군으로 입대해서 전사했습니다. 저의 어머니의 유일한 혈육이었던 외삼촌은 의용군으로 끌려가 생사를 알 수 없었습니다. 어릴 때 저는 아버지 때문에 삼촌이 전사했다고 몇 번이나 할머니가 한탄하는 말을 들었습니다. 어릴 때는 버려진 탱크 위에서 놀기는 했지만, 전쟁이 직접적인 저의 삶의 경험은 아니었습니다. 오히려 전쟁 이후, 가난을 벗어나지 못한 가운데서, 일상이 주는 지루함과 한여름의 더움과 큰 변화 없는 삶이 오히려 저의 삶의 기분을 형성했다고 생각합니다.

유일한 탈출은 책이었습니다. 책은 '우리의 존재 방식'이란 레비나스의 말을 굳이 끌어들일 필요 없이 책은 일상으로부터 탈출할 수 있는 유일한 출구였습니다.[35] 그러다가 제가 만난 것이 기독교 신앙이었습니

---

34) 스트라스부르에서 박사 학위를 받은 뒤 파리 소르본에서 다시 공부하면서 레비나스가 적응해 가는 과정에 대해서는 마이 안느 레스쿠레, 『레비나스 평전』, 변광배·김모세 옮김, 살림, 2006, 145쪽 이하 참조.

35) 책에 대한 레비나스 사상에 관한 좀 더 긴 논의는 강영안, 『인간의 얼굴을 가진 지식. 인문학

다. 처음에는 박태선의 교회를 가기도 하고 어머니를 따라서 먼 친척이 되는 고모가 관련된 천리교에 가기도 했지만, 중학교 1학년 때부터 다니기 시작한 교회는 (이 교회는 장로교 고신측에 속한 교회였습니다) 저에게 삶의 기쁨이고 희망이고 학습의 장소였습니다. 그때는 성경조차 귀할 때였습니다. 서점에 가서 신약성경을 한 권 사서는 거의 닳도록 열심히 읽었습니다. 그러던 중 만난 책이 함석헌 선생의 자서전이었고, 나중에는 파스칼과 아우구스티누스와 키르케고르와 칼빈이었습니다. 물론 앞에서 이야기한 대로 이어령, 김형석, 안병욱 교수들의 책, 한국현대문학전집, 을유문화사에서 나온 세계문학전집, 그리고 고등학교 때부터 사서 모으기 시작한 『현대문학』과 『사상계』는 삶의 벗이 되어주었습니다. 부산에서 잠시 대학을 다닐 때는 호주머니에 조금이라도 돈이 생기면 찾아가던 곳이 보수동 골목입니다. 본회퍼의 『저항과 복종』(*Widerstand und Ergebung*), 오스카 쿨만의 『신약 성서 입문』(*Einführung in das neue Testament*), 파울 틸리히의 『경계에 서서』(*Auf der Grenze*) 등을 사서 읽게 된 곳도 이곳입니다.

어떻게 보면 저의 삶은 읽는 삶이었습니다. 저는 정치나 경제나 현실적인 삶에 사실 크게 관심이 없습니다. 소위 '사상' 때문에 거의 망하다시피 한 집안 내력 때문인지 모르겠습니다. 지루함의 극복, 떠남, 초월, 이야기에 대한 기다림, 만남, 이러한 것들을 품고 읽고 또 읽었는지 모릅니다. 한 이십 년 전, 연구실에 앉아 있는데 적막한 마음이 든 적이 있었습니다. 뭔가를 손에 잡고 읽으려는 데 읽을 것이 없었습니다. 온 방이 책으로 에

의 철학을 위하여』, 소나무, 2002, 179~183쪽 참조.

위싸여 있는 데 막상 붙잡을 책이 없었습니다. 칸트도 있고, 하이데거도 있고, 비트겐슈타인도 있고, 플라톤도, 아리스토텔레스도 바로 곁에 있었습니다. 그런데 이런 책들에는 손이 가지 않았습니다. 결국, 제 손이 간 곳은 아우구스티누스의 고백록이었습니다. 대학 시절 어느 친구가 저에게 선물한 최민순 신부가 번역한 책이었습니다. 저는 그 책을 읽어 내려갔습니다. "님 위해 우리를 내시었기에 님 안에 쉬기까지는 우리 마음이 찹찹하지 않습니다."[36] 라틴어로는 'Quia fecisiti nos ad te et cor nostrum inquietum est donec requiescat in te'입니다. 우리는 'cor', 곧, 마음, 심장, 가슴을 가진 존재인데, 우리의 삶의 여정은 우리의 집이요, 우리의 고향인 하나님에 이르러야 비로소 끝난다는 말이겠지요. 하나님은 우리에게 타자이지만, 나보다 더 나에게 가까운 타자라는 것이 아우구스티누스의 깨달음이었습니다. 이 타자로 향한 마음, 그것이 신앙의 동력이고 '영혼의 움직임'(motus animi)입니다. '영혼의 움직임'을 곧 초월로 이해한 사람이 아우구스티누스였습니다. 읽음은 이러한 초월을 경험할 수 있는 가능한 한 장소임을 저는 삶 속에서 체험합니다.

　　로티는 자신의 삶과 타인의 삶을 철저히 구별한 사람입니다. 자기 자신을 만들어 가고 가꾸는 것, 곧 '자기 창조'는 타인에게 관심을 가지는 것, 곧 '연대'와는 별개의 문제라고 보는 것이지요.[37] 그것이 오늘 자유주의 세계관의 기초인지 모릅니다. 모두 자기 집의 성주가 되어 살아가려고 애씁니다. 가끔, 어쩌다가 마치 한 섬과 섬이 그것을 이어주는 배를 통해

---

36) 아우구스티누스, 『고백록』, 최민순 옮김, 성 바오로 서원, 1965년 초판, 1973년 6판, 1쪽.
37) Richard Rorty, *Contingency, Irony and Solidarity*, Cambridge : Cambridge University Press, 1989, pp.189~198 참조.

만나듯이 그렇게 나와 타인이 만나는 것이 삶의 현실인지 모릅니다. 하루에도 수십 명을 숨길이 닿을 정도로 가까이 접하면서 살아가면서도 아무에게도 마음의 문을 열지 않을뿐더러 아무도 받아들이지 않고 살아가는 것이 우리 삶인지 모릅니다. 그런데 로티는 기독교만이 유일하게 타인을 위한 삶을 통해 자신의 삶을 돌보는 것을 가르친다고 말합니다. 저는 로티의 관찰에 동의합니다. 기독교는 나와 타인의 삶을 서로 동떨어진 것으로 보지 않고 로티의 용어를 그대로 쓰자면 '자기 창조'와 '연대'를 상호 관련된 것으로 봅니다. 타인 사랑, 이웃 사랑, 하나님 사랑은 나를 진정으로 사랑하는 길이라 보는 종교기 제가 이해하는 기독교입니다. 저는 레비나스를 통해서 기독교 신앙인이 어떤 '주체'인가 하는 것과 사랑이 지닌 자기희생을 얘기할 수 있는 철학적 가능성을 배웠다고 말할 수 있습니다. 고통에 대해 무관심할 뿐 아니라 더구나 타인의 고통에 대해 무관심한 우리의 문화 속에서 레비나스의 목소리는 과거 이스라엘 사람들에게 소리쳤던 이사야나 예레미아의 목소리처럼 귀에 설게 들릴 수 있지만 그래도 귀 기울이지 않을 수 없는 목소리가 아닌가 생각합니다.

2장 _ 왜 레비나스 철학인가?

문성원

1.

나도 명색이 철학자다 보니 가끔 과학자들이 기존의 철학에 대해 논평하는 구절들을 대할 때마다 무심히 흘려버리기 어렵다. 철학에 대해 호의적인 어구들이 없는 것은 아니나, 대부분은 철학의 한계를 지적하는 것들이다. 그 가운데 좀 심하다 싶은 예를 들어 보자.[1]

> 과학에서의 철학은 섹스에서의 포르노그래피와 같습니다. 더 싸고, 더 쉽고, 어떤 사람들은 더 좋아하기도 하죠.[2]

세계적인 유전학자라는 스티브 존스의 말이다. 다분히 도발적이긴 하나 그 함의를 파악하기가 어렵지는 않다. 과학과 철학을 아우르는 학문

---

1) 여기서부터 69쪽까지의 내용은 「철학의 슬픔」(『시대와 철학』 2016년 가을호, 한국철학사상연구회)의 일부 내용과 겹친다
2) 제레미 스탱룸 엮음, 『세계의 과학자 12인, 과학과 세상을 말하다』, 김미선 옮김, 출판사 지호, 2009, 26~7쪽.

의 영역에서 철학은 일종의 가짜, 좋게 말해 보완적 가짜라는 비아냥거림이다. 반면에, 우리의 지식을 확장하고 진보를 이룰 수 있는 실질적으로 중요한 활동은, 즉 진짜 학문은 사실과 마주하여 씨름하는 경험 과학이라는 얘기다. 철학은 그러한 수고를 마다한 채 짐작과 사변의 영역에 머문다. 이러한 철학에 존스는 불확실한 논의 영역을 배당한다. 예컨대 유전자가 정확히 무엇을 의미하냐 따위에는 철학적 논란의 여지가 남아 있다. 그러나 "생화학자들은 철학자들이 유전자를 어떻게 생각하는가에는 눈곱만큼도 관심이 없을 것" 같다.[3]

물론 가짜라고 하더라도 다 쓸모가 없지는 않다. 진짜를 탐구하는 과학자들은 가짜가 왜 생겨나며 어떠한 역할을 하는지도 연구한다. 포르노그래피를 보는 것이 진짜 섹스를 체험하는 것은 아니지만, 그것도 나름의 기능과 효용이 있지 않은가. 그런 까닭에 포르노그래피에 관한 생리학적 연구나 경제학적 연구가 가능해진다. 마찬가지로, 철학과 종교 따위가 진짜 현실을 다루지 못한다 하더라도, 그러한 정신활동의 연원과 기능을 밝히는 일은 경험적 사태에 관한 학문적 탐구로서 성립할 수 있다. 오늘날 급속도로 발달하고 있는 신경생리학과 뇌과학 계통에서는, 그 연원과 기능을 우리 두뇌의 해석 성향에서 찾는다. 인간의 두뇌는 확실한 정보가 부족한 사태에 대해서도 그것을 나름대로 해석하여 이해하려는 장치를 갖추고 있다는 것이다.

뇌과학자 마이클 가자니가에 따르면, 우리의 좌뇌에는 우리가 경험하는 사건들을 이해할 수 있게끔 사실들의 함의를 확장하여 믿음을 형성

---

3) 스탱룸, 『세계의 과학자 12인, 과학과 세상을 말하다』, 26~7쪽.

하는 역할을 하는 부분이 존재한다.[4] 그는 이 기능을 맡는 부분을 일종의 모듈로 보고 그것을 '해석자'라고 부른다. 이 좌뇌의 '해석자'는 어떤 사태를 실제로 일으킨 원인을 모르는 처지에서도 자신이 이용할 수 있는 기존의 지식을 활용하여 그럴듯한 설명을 만들어 내려고 한다. 이것은 의식이 자신이 마주하는 사태와 행동에 일관된 의미와 방향을 부여하고 그 자신을 통일된 단위로 받아들이기 위한 기능이라고 할 수 있다. 이런 두뇌의 기능과 연관하여 보면, 대부분의 철학이나 종교사상은 비록 다층적 복잡성을 가지고 있다고 해도 이와 같은 '해석자' 모듈이 만들어 낸 믿음의 꾸러미라고 해야 할지 모른다. 다시 말해, 그것들은 한정된 경험 탓에 우리가 제대로 입증하지 못하는 포괄적인 사태를 해석하기 위해 체계적이고 정교하게 꾸며내진 이야기일 수 있다는 것이다.

그런데 이렇게 꾸며낸 이야기가 어느 때나, 또 누구에게나 절실하게 필요한 것은 아니다. 우리가 잘 모르는 사태에 대한 일관되고 체계적인 해석과 설명이 강력하게 요구되는 것은 어려움을 무릅쓰고 그 사태를 어떻게든 견디거나 이겨내야 할 때다. 일반적으로 이야기란 우리가 직접 경험하지 못하는 사태들과 그 사태들 사이의 연관을 간접적으로 경험할 수 있게 해 주는 효과가 있다.[5] 하지만 이야기들의 종류와 무게는 다양해서, 동화나 설화처럼 다소 가벼운 것이 있는가 하면, 신화처럼 꽤 무거운 것

---

4) 마이클 S. 가자니가, 『윤리적 뇌』, 김효은 옮김, 바다출판사, 2009, 196쪽 이하. 또 마이클 가자니가, 『왜 인간인가?』, 박인균 옮김, 추수밭, 2009, 382쪽 이하 참조.
5) 요즘 유행하는 진화론적 견지의 설명에 따르면, 이야기는 소규모로 살아가던 인간이 그 집단의 규모가 커지고 복잡해짐에 따라 당면하게 된 여러 인지적·사회적 문제들을 해결하기 위해 등장한 적응 형태다. 브라이언 보이드 지음, 『이야기의 기원』, 남경태 옮김, 휴머니스트, 2013, 참조.

도 있다. 종교사상도 이야기의 일종이라면, 그것은 사회 제도의 뒷받침을 받는 가장 무거운 이야기 중 하나일 것이다. "종교처럼 시간과 에너지와 생각을 소비할 만큼 정교한 것은 세속적 유용성이 없다면 존재하지 않았을 것이다. 종교는 주로 혼자서 이룰 수 없는 것을 함께 이루기 위해 존재한다."[6] 철학에도 이와 유사한 면이 있다. 알다시피, 철학의 이데올로기적 기능이 부각되는 것은 일정한 인간 집단이 통일된 생각에 따라 주어진 난관을 헤쳐 나가거나 적어도 그것을 인내하도록 해야 할 경우다. 해석체계 또는 이데올로기로서의 철학이 사회의 변환기에 크게 발전하고 융성하는 것도 같은 이유에서다.

그러나 보통 우리는 불확실한 사태를 불확실한 채로 받아들이고 살아간다. 누구나 삶을 어떻게 이해하여야 하는지 때로 질문을 던지며, 세계의 궁극적 모습이나 의미에 대해 때로 의문을 갖는다. 하지만 항상 이런 문제들에 매달려 사는 사람은 드물다. 오늘날 그런 것들에 계속 집착하다 보면 정신병자 소리를 듣기 십상이다. 아닌 게 아니라, 현대의 한 정신분석학자는 이렇게 말한다. "누구나 이런 질문[삶을 어떻게 이해해야 하는지]에 대해 생각해 볼 수 있다. 그러나 이 질문을 진심으로 중대하게 여기는 사람은 정신병자로 그는 언제나 신념체계를 세우는 사람이다."[7] 그런 사람은 흔들리지 않는 신념체계를 통해 스스로를 보호해야 할 만큼 주변 세계에 대해 취약한 자일 것이다. 그래서 그는 자신의 신념체계와 어긋나는 사태들을 무시하거나 왜곡하기도 하는데, 이럴 때 신념체계는 망

---

6) 데이비드 슬론 윌슨, 『종교는 진화한다』, 이철우 옮김, 아카넷, 2004. 가자니가, 『윤리적 뇌』, 204쪽에서 재인용.
7) 대리언 리더, 『광기』, 배성민 옮김, 까치, 2012, 97쪽.

상이 된다.

내가 여기서 몇몇 과학자들이 시사하는 바를 좇아 철학이 일종의 망상이라고 주장하려는 것은 물론 아니다. 그러나 대부분의 철학에 사태의 불확실함을 메우려는 해석의 노력이 들어가는 것이 사실이고, 또 그 해석이 우리가 흔히 의식하지 못하는 삶의 이해(利害)와 결부되기 쉬운 것도 사실이라면, 적어도 철학의 서식지에 망상의 유혹과 위험이 도사리고 있다는 점은 인정할 수 있다. 하지만 이 유혹과 위험으로부터 우리를 지켜 내기 위해서는 과학적 이성을 강조하는 것으로 충분할 것인가?

근래의 역사는 그렇다고 답하기 어렵다는 것을 보여 준다. 종교적·형이상학적 믿음과 도그마에서 벗어나 과학적 이성을 내세운다던 서구의 근대 문명은, 역사상의 다른 어떤 시기 못지않게 자기중심적 폭압을 다른 문명권에 행사했을 뿐 아니라, 그 내부에서도 패권을 둘러싼 전체주의적 싸움을 격화시켰다. 물론 이러한 사태는 과학적 이성 자체가 촉발한 것이 아니라 오히려 그러한 이성이 부족했던 탓에 생겨난 것이라고 강변할 수 있을 것이다. 그러나 충분히 입증되지 않은 주장이나 명제를 받아들이지 않고 의문시하는 것이 과학적 이성의 태도라면, 과학적 이성은 언제나 불충분한 것일 수밖에, 즉 언제나 빈자리와 빈틈을 허용하는 것일 수밖에 없다. 과학도 이 공백을 메우는 것은 잠정적 해석이고 가설이며 외삽(外揷)이다. 과학적 이성의 유한함 또는 결함이 해석의 여지를 제공하는 셈이다. 이 해석의 자리에 과학의 이름을 앞세운 이러저러한 사고방식과 이데올로기가 파고들어 자기 확장의 전횡을 부려온 것이 근대 이래 역사의 어두운 한 부분을 이룬다.

혹시 과학의 유한함은 그 유한함의 경계를 함부로 넘어서지 못하게 할 능력조차 갖추지 못한 것이 아닐까? 애당초 해석이 생겨나는 이유가 불확실한 지식밖에 가지지 못한 처지에서 그 지식이라도 활용하여 당면한 상황에 대응해야 할 필요에 있는 것이라면, 해석의 부당한 횡포를 막는 길은 상황의 절박함을 완화함과 아울러 특정한 해석이 고정적이고 절대적인 것으로 취급받지 못하도록 하는 데 있을 것이다. 그런데 이런 노력은 과학적 작업 안에서 수행되기보다는 오히려 철학이 담당하는 반성적 비판을 통해 더 잘 이루어지는 것이 아닌가? 과학적 작업이 검증이나 반증의 절차를 요구하는 것이라 해도 그것이 국지적인 영역에 머무는 것인 한, 해석의 과잉과 전횡에 직접 대항하기는 어렵다. 더욱이 과학자라고 해서 모두가 경험적 증거에 충실한 탄력적 태도를 보이는 것은 아니다. 새로운 자료가 등장해도 과학자들이 기존의 견해를 바꾸는 것은 전도사들의 경우보다 더 느리다는 지적[8]이 있을 정도니까 말이다.

일찍이 맑스가 일갈했듯[9] 이제껏 철학에서 해석이 주요한 부분이었다면, 그 주된 까닭 중 하나는 세계에 대한 우리의 지식이 불확실하고 부분적이며 그 연결망이 무척 성겼던 데 있을 것이다. 하지만 철학은 해석과 아울러 그 해석에 대한 비판 또한 줄기차게 수행해 왔다. 특히 과학을 앞세운 '계몽적 이성'의 시대가 식민지 침탈과 제국주의 세계대전으로 귀착하고 난 20세기 중반 이후, 철학의 큰 흐름은 그 이성의 전체주의화를 비판하고 개방성을 확보하려는 노력에 모아졌다. 때로 포스트-모던이나 해체주의라는 이름으로 속류화한 취급을 받기도 하지만, 그런 노력은

---

8) 가자니가, 『윤리적 뇌』, 195쪽.
9) 「포이어바흐에 관한 테제」(1845)의 마지막 문장을 상기하라.

오늘날까지 이어져 질서의 획일화와 사고방식의 고착화에 저항하는 사회적·문화적 움직임을 끌어가는 데 힘을 보태고 있다. 이러한 비판적 철학은 망상을 형성하는 것이 아니라 오히려 망상을 깨는 데 기여한다.

그러므로 철학을 포르노그래피에 견주는 것은 이와 같은 비판적 역할에 대한 합당한 대우가 아니다. 비판적 철학은 포르노그래피적 탐닉을 부추기지 않으며 또 (과학적 이성을 내세우는 몇몇 과학자들과는 달리) 그것을 무책임하게 방기하지도 않는다. 해석의 위험에 맞서는 길은 해석을 무시하거나 외면하는 데 있지 않다. 경험 과학적 탐구가 자의적 해석을 비판하는 기준을 세우는 데 도움을 준다 하더라도 그 기준에 따라 비판을 수행하는 것은 과학적 탐구라기보다는 철학적 작업이다. 더구나 우리는 경험 과학이 충분한 도움을 주지 못하는 곳에서도 판단하고 행위하지 않을 수 없다. 이 판단과 행위의 규범을 모색하고 사유하는 일은 여전히 철학의 중요한 임무로 남아 있다. 여기에 해석이 불가피하게 개입하고 그래서 금세 진위가 가려질 것 같지 않은 논란이 되풀이하여 벌어진다 해도 이를 피할 수는 없는 노릇이다.

2.

이 글의 제목이 시사하듯 여기서 나는 레비나스 철학이 갖는 의의가 무엇인지를 나름대로 얘기해 보려고 한다. 그런 의도에 비쳐 보면 앞의 서두가 좀 엉뚱하다고 여겨질지 모르겠다. 그러나 철학에 대한 부정적 이미지와 레비나스 철학의 의의가 무관한 것은 아니다. 레비나스는 그런 부정적 이미지, 즉 해석으로서의 철학이나 전체론으로서의 철학에 해당하는 특성을 비판하고 극복하고자 하기 때문이다. 물론 전체론 비판은 레비나스의 전유물이 아니다. 이미 말했다시피 그것은 현대 철학의 주요한 한 흐름이다. 레비나스에게 큰 영향을 준 철학자이면서 그의 주된 비판 대상이 된 후설과 하이데거가 그런 흐름의 중요한 줄기라고 할 수 있다. 또 사유를 고정된 것에 대한 집착으로부터 해방시켰다고 레비나스가 상찬한 베르그송[10] 역시 이 같은 흐름에 큰 기여를 했다. 그보다 앞서 니체의 이성 비판은 이런 현대적 흐름의 물꼬를 텄다고 할 만하다. 그러나 레비나스는 이전까지의 모든 존재론을 물리치고 존재론 아닌 윤리를 제1 철학으로 내세운다는 점에서 이 흐름 가운데 독특한 자리를 차지한다.

철학이 본래 우리 삶의 문제를 이성적으로 탐구하는 것에서 시작된다고 할 때, 우리 자신을 포함하는 세계에 대한 이해와 해석이 철학의 중심이 되는 것은 일견 당연해 보인다. 무릇 존재론이란 이런 이해와 해석을 체계적으로 정리한 것이라 할 수 있다. 비록 경험 과학이 그 가운데 많은 부분을 점유해 버렸다고 해도, 세계에 대한 근본적이고 포괄적인 탐구는 여전히 존재론이라는 이름에 어울린다. 만일 증거가 부족한 사변과 과도한 일반화를 통해 전체론적 해석이 생겨나고 번져가는 것이 문제라면, 그러한 면을 경계하거나 제거하면 될 일이다. 후설이 인식 주관의 작용을 더욱 철저히 궁구함으로써 세계에 대한 경험과 의미부여 방식을 재정립하려 한 것도, 하이데거가 존재자의 고정된 규정들로는 포착할 수 없는 존재의 개방적 차원을 부각하려 한 것도 전체론의 위험을 넘어서려는

---

10) 예컨대 「『전체성과 무한』의 독어판 서문」, *Entre nous: Essais sur le penser-à-l'aure*, Livre de Poche, 1991, 231쪽 참조. 이 서문은 원래 불어로 쓰여졌고, 인용한 책자에 재수록되었다.

시도였다고 볼 수 있다.[11] 20세기 후반에 들어와서도 그러한 시도들을 찾기는 어렵지 않다. 현대의 집합론을 원용하여 존재의 영역 자체가 언제나 공백과 초과의 비완결성을 지닐 수밖에 없음을 주장하려 한 바디우라든지, 동일성이나 본질의 확고함이 아니라 차이와 생성의 유동성이 세계의 더 근원적 모습임을 드러내려 한 들뢰즈 같은 이들은 우리에게도 잘 알려진 반(反)전체론적 존재론의 주창자들이다. 그런데도 레비나스처럼 굳이 존재론을 통째로 문제 삼고 물리쳐야 할 이유가 있을까?

사실 꼭 그래야 할 이유가 있다고 하긴 어렵다. 반드시 그래야 한다면 레비나스의 주장이야말로 우리 시대의 유일하게 올바른 철학이라는 말이 될 텐데, 이것 자체가 또 하나의 획일주의적인 함의를 갖는 것처럼 들리지 않는가. 그보다는 차라리 다양함을 내세우고 스스로도 그 다양의 한 부분임을 인정하는 자세가 오늘에 걸맞은 철학적 태도일는지 모른다. 또는 해체론이라는 이름으로 잘 알려진 데리다의 작업처럼, 기존 철학 체계들의 주요 개념을 해부하여 정합적인 것처럼 보이는 주장들이 실제로는 다의적이고 모순적임을 드러내는 시도가 존재론의 전체론적 특성을 경계하고 극복하는 데는 더 효과적이지 않겠는가.

그러나 이런 식의 견지만으로는 상대주의의 틀을 벗어나기 힘들다. 물론 상대주의의 관점을 취하면 안 된다는 법은 없다. 그러나 철학이 우리의 사고와 행동이 지향해야 할 방향을 모색하기 위한 것이라면, 상대주

---

11) 하이데거의 철학에 도리어 전체론적 요소가 있다는 주장은 하이데거와 나치즘 사이의 관계 문제와 더불어 오랫동안 논란이 되어 왔다. 이런 논의에 대해서는 박찬국, 『하이데거와 나치즘』, 문예출판사, 2001 참조. 곧 언급하겠지만 레비나스는 이 문제와 존재론 자체의 결함이 무관하지 않다고 생각한다.

의적 철학은 뚜렷한 약점을 안고 있다. 상대주의는 기존의 지배적 관점을 물리치거나 약화하기 위한 잠정적 단계에서 제 역할을 할 따름이지, 그 이후에는 무력해지기 쉽다. 이런 문제는 데리다식의 해체론적 발상과 관련해서도 곧잘 제기된다. 모든 철학 체계의 불완전함이나 비완결성 또는 내적 모순을 폭로한다고 해도 그다음에는 어떻게 하자는 것인가? 우리에게 체계적 철학이 꼭 필요하다는 말은 아니다. 가령 우리는 데리다를 좇아 해체를 받아들일 수 있다. 완결성을 추구하는 철학 체계들이 이미 그 내부에 자신을 스스로 허무는 요소나 개념들을 지니고 있음을 들춰낼 수 있다. 나아가, 우리에게 주어질 수 있는 것은 여러 잠정적 체계들 또는 텍스트들뿐이며 이것들을 규정하는 어떤 확고한 외적 기준도 존재하지 않는다고 여길 수도 있다. 그러나 그렇더라도 철학은 우리의 사고와 행동에 어떤 방향과 목표를 시사해 줄 수 있어야 할 것이 아닌가? 만일 그렇지 못하다면 해체 이후의 철학은 우리에게 무슨 소용이 있겠는가? 그 경우 결국 철학이 도달하는 곳은 철학 자체의 해체가 아니겠는가?

하긴 철학의 해체도 하나의 방향이고 지향점일지 모른다. 철학을 광기나 포르노그래피 정도로 보는 견지에서는 그것이 바람직한 길일 수도 있겠다. 우리가 사태에 대한 부분적 지식이나 다양성에 대한 초점 없는 인정 따위로 별문제 없이 살아갈 수 있는 세상이라면 그런 생각도 설득력이 있을 수 있으리라. 하지만 알다시피 오늘의 처지는 그렇지 못하다. '큰 이야기'가 몰락해 버린 포스트-모던의 시대라고 하지만, 세계에는 아직 해결해야 할 갈등과 충돌이 넘치며, 또 이것이 고만고만한 '작은 이야기들'의 균질적 힘의 공간에서 벌어지고 있는 것도 아니다.

내가 보기에 레비나스 철학의 강점 가운데 하나는 반(反)전체론의 조류 속에서 상대주의로 떨어지지 않을 수 있는 나름의 길을 제시했다는 데에 있다. 그 길은 다른 존재론에서처럼 존재의 영역이 전체화 불가능함을 주장하는 것에서가 아니라, 아예 존재론의 지평을 넘어 더 근원적인 삶의 영역을 거론하는 데서 찾아진다.

레비나스에 따르면, 존재론은 제아무리 변형된 형태를 도입한다 하더라도 동일자의 평면을 벗어날 수 없다. 그러한 한, 그것은 전체화와 상대주의의 가능성을 함께 안고 있다. 존재의 평면에서 어떻게든 세계를 파악하고 포섭하고자 하면 지배 지향과 전체화의 위험에 빠질 것이고, 또 이를 피하려 존재의 차원에 다양성이나 공백 따위를 도입하면 상대주의에 빠질 위험에 처한다. 하이데거가 말하는 것처럼 스스로를 감추면서 여는 존재라 해도 이런 위험을 피하지 못한다. 우리가 존재를 포착하건(존재이해) 존재로 나아가건(탈-존) 존재의 지평에서 노는 것은 마찬가지일 테고, 그러한 한 우리는 근본적으로 동일화의 굴레를 벗어날 수 없다. 우리의 파악이나 이해에 대해 존재가 우선적인 것이라 하더라도 그 존재의 중립성과 익명성이 문젯거리가 된다.[12] 그러한 중립성 탓에 존재론은 결국 삶의 절실한 요구를 외면하는 상대주의적 그늘에서 벗어나기 어려워진다.

여기에 반해 레비나스가 내세우는 윤리는 타자와 관계하는 영역이다. 윤리는 세계를 포착하여 자기화하는 데서가 아니라 타자의 호소에 응답하고 책임을 지는 데서 성립한다. 이 타자의 호소는 직접적이고 구체적이며 절실하다. 그러므로 타자는 내게 결코 무차별적이거나 중립적이지 않다. 게다가 타자는 우리의 응답에도 불구하고 타자로, 즉 낯선 자로 남

---

12) 레비나스는 『전체성과 무한』 결론 장의 7번째 절에서 이런 논의를 간단히 요약한다.

아 있다. 이런 점들로 해서 타자와의 관계인 윤리는 전체화와 상대주의 양자를 넘어선다.

존재론에서도 타자나 낯선 것이 다뤄질 수 있고 또 윤리도 따지고 보면 하나의 자기 영역이 아니냐는 반론이 있을 수 있겠다. 그러나 레비나스가 볼 때 존재론은 타자를 알기 위한, 최소한 낯선 것으로서라도 알기 위한 작업이다. 존재론에서 타자가 타자로, 낯선 것이 낯선 것으로 남아 있다고 할 때도, 또는 존재의 지평에서는 새로운 타자나 낯선 것이 계속 등장할 수밖에 없다고 할 때도, 논의의 중심은 여전히 이 타자나 낯선 것을 그러한 것으로서 알고 파악하는 데 맞춰져 있다. 그러므로 존재론의 관심은 언제나 동일자에게, 사유하는 주체의 인식 지평에 놓이며, 그러한 한 진정으로 타자 자체가 부각될 수 없다는 것이 레비나스의 생각이다. 반면에 레비나스가 내세우는 윤리의 경우에는 중심이 동일자에 있는 것이 아니라 타자에 있다. 그래서 윤리는 또 하나의 자기 영역이 아니게 된다.

타자의 부름과 호소에 응답하고 책임을 지는 것도 내가 아니냐, 윤리라는 것도 결국 내가 어떻게 행위를 할 것인가가 관건이 아니냐, 따라서 윤리 역시 자기중심적인 영역이 아니냐고 묻는 것은, 윤리를 일종의 선택 문제로 보는 데서 오는 반응이다. 그러나 레비나스에게서 윤리는 선택함이 아니라 선택됨의 문제다.[13] 나는 타자에 의해 불리어지며 선택되고 소환된다. 물론 나는 이 부름을 무시하거나 회피할 수 있을 것이다. 그러나 그것은 마땅히 응답해야 할 부름으로부터, 마땅히 책임져야 할 호소로부

---

13) 레비나스는 『존재와 달리, 또는 존재성을 넘어』에서 이 점을 강조한다. 특히 4장(「대신함」)을 보라.

터 잠정적으로 도망가는 것에 불과하지, 참된 의미의 선택일 순 없다. 엄밀히 말해 나의 선택이란 내가 관장할 수 있는 범위 내에서만 이루어질 수 있을 뿐인데, 타자와의 관계는 그 범위를 벗어나기 때문이다. 궁극적으로 나는 타자에게서 도망칠 수조차 없다. 타자는 나보다 높은 자인 까닭이다. 나 또는 우리가 동일자의 영토로 확보하고 가꾸어 낸 영역이 얼마나 넓고 풍요롭건 간에, 그것은 유한한 영역일 따름이다. 반면에 그 너머는 무한하며, 그것이 타자의 영역이다. 타자는 무한하기에, 나와 타자의 관계에서 내가 주도권을 갖는 것은 애당초 불가능하다. 나는 기껏해야 내 영역에서, 내 집에서 주인 행세를 할 수 있을 뿐이다.

그런데 사실 바로 여기서 우리가 겪는 대부분의 문제가 생겨난다. 나는 내 영역을 중심으로 삶을 꾸려가려 하기 때문이다. 내가 알고 있고 내가 관장할 수 있는 유한한 영역이 특권적인 것이 되고 그 안의 규정들이 힘과 가치를 갖게 되며, 그렇지 못한 것들은 낯선 것으로, 타자로 밀려나 경계의 대상이 되거나 빈한한 것으로 취급된다. 타자가 본격적으로 문제로서 대두하는 것은 이때부터다. 이런 점에서 나와 타자는, 즉 동일자와 타자는 더불어 성립하는 셈이다. 비록 나와 나의 세계가 내 바깥 또는 내가 아닌 것에 의해 그것과의 관계 속에서 형성된다 하더라도, 타자가 타자로서 문제 삼아지는 것은 나의 성립 또는 동일자의 성립 이후다.[14]

애당초 동일자는 자기 아닌 다른 것들에 둘러싸여 살아나가지만, 이

---

14) 『전체성과 무한』에서 레비나스는 이러한 동일자의 성립을 '분리'(séparation)라고 부른다. 하지만 이것을 전체에서 부분이 떨어져 나오는 것으로 이해하면 곤란하다. 전체가 성립하는 것은 분리와 함께이기 때문이다.

옥고 자신의 영역을 확보하고 그 안에서 안정을 도모하기에 이른다. 거주지가 마련되고 소유물이 생겨나며 이를 확충하기 위한 노동이 행해진다. 이렇게 하여 내 영역과 거기에 동화될 수 있는 것의 기준이 자리 잡게 되면, 그 기준에 따라 세계가 파악되며 구획되기 시작한다. 동일자 중심의 세계관과 그에 따른 세계가 등장하는 것이다. 그리고 이러한 세계가 모든 것을 적어도 본질적으로 포괄할 수 있으리라는 발상이 대두하면, 이른바 전체성의 관념과 그것을 실현하기 위한 노력이 나타난다. 이제 타자는 전체성의 지배를 위한 폭력의 대상이 된다.

그러나 이렇게 성립한 유한한 전체가 무한을 고갈시킬 순 없다. 유의해야 할 것은 이때의 무한이란 양적인 기준에 의한 것이 아니라는 점이다. 양적인 것은 어디까지나 동일자에 속한다. 그러므로 무한을 유한보다 더 크거나 더 많은 어떤 것으로 생각해서는 곤란하다. 무한은 물리적인 규정에 해당하는 것, 예컨대 무한한 우주 따위가 아니다(더욱이 물리학자들에 따르면 우주도 유한하다고 하지 않는가). 동일화의 테두리가 미치지 못하는 것, 말 그대로 끝이나 한정(fini)이 없는 것이 무-한(in-fini)이다. 그러므로 타자가 무한하다는 말은 동일자가 타자를 도저히 포착할 수 없다는 뜻이다. 동일자란 그 동일성에 의해 한정되는 것이니만큼 이것은 당연한 말이기도 하다. 타자는 이 동일성과 다르기에 동일성의 견지에서는 낯선 것일 수밖에 없다. 더욱이 무한한 타자는 지금은 낯설지만, 조만간 낯설지 않게 될 수 있는 그 무엇이 아니다. 다시 말해, 무한한 타자는 잠정적인 타자나 잠재적인 동일자일 수 없다. 그렇기에 무한한 타자 또는 타자의 무한성은 어떤 동일한 기준이 적용될 수 있는 존재의 차원에서 성립하지 않는다. 그것은 존재 너머의 절대성의 차원에서, 윤리의 차원에서 성립한다.

하지만 이렇게 절대적 타자 운운하는 것은 논의를 철학적이기보다는 종교적인 발상 쪽으로 끌고 갈 공산이 있어 보인다. 절대적 타자란 곧 신을 의미할 수도 있지 않겠는가. 그러나 레비나스는 철학적 논의 지평에서 제시되는 자신의 주장이 종교적 교의와 혼동되어서는 곤란하다고 생각한다. 그가 타자와의 관계를 종교라고 일컫는 경우들도 있지만,[15] 그것은 종교(religion)라는 용어를 그 어원[religio]과 연관하여 관계라는 뜻으로 해석하는 한에서다. 신이라는 말도 그의 철학적 텍스트에서는 신앙의 맥락에서가 아니라 추론의 맥락에서 사용될 따름이다.[16] 그렇다면 절대적 타자란 어떻게 이해되고 받아들여질 수 있는가?

사실 절대적 타자란 이해의 대상이 되기 어렵다. 우리가 무엇을 이해하거나 안다고 할 때, 그것은 우리가 그 대상의 어떤 성질을 포착한다는 뜻이고, 또 그 성질과 연결되는 무엇인가가 우리 안에 있다는 뜻이다. 다시 말해, 그 대상과 나 사이에 공통적이고 동일적인 어떤 것이 있어야 앎이나 이해가 가능해진다. 그런데 타자의 타자됨은 이 동일적인 것을 벗어나는 데서 성립한다. 더구나 절대적 타자란 이 벗어남이 절대적이라는 것, 즉 어떤 방식으로도 이 벗어남이 극복될 수 없다는 것을 함축한다. 물론 우리는 타자의 몇몇 부분을 이해하고 알 수는 있다. 그러나 그렇게 알려진 부분들이 타자의 중심이거나 핵심일 수는 없다. 만일 그렇다면 그

---

15) 예컨대 『전체성과 무한』에서 레비나스는 이렇게 말한다. "우리는 전체성을 구성하지 않은 채 동일자와 타자 사이에서 성립되는 관계(lien)를 종교라고 부르고자 한다."(*Totalité et Infini*, Martinus Nijhoff, 1974, p.10)

16) 이 점에 대해서는 문성원, 「이웃과 정의」, 『해체와 윤리』, 그린비, 2012, 96쪽 참조.

타자는 이제 타자가 아닌 동일자에 속하게 될 것이기 때문이다. 따라서 레비나스처럼 절대적 타자성을 운위할 때에는 그 타자를 인식이나 이해의 지평에 놓을 수 없다. 레비나스가 말하는 윤리는 근본적으로 이해의 지평에 서 있지 않다.

언뜻 생각하면 이런 점은 치명적인 약점인 듯싶다. 이해되지 못하는 윤리가 어떻게 윤리란 말인가? 그래서야 어떻게 윤리적 원리가 갖춰야 할 보편성을 기대할 수 있다는 말인가? 하지만 이 약점은 다른 한편에서 근원성과 직접성이라는 강점과 맞닿아 있다. 인식과 이해 너머에서 더 근원적으로, 더 직접 나오는 타자의 호소와 명령이 레비나스적 윤리의 출발점이기 때문이다. 그가 말하는 '헐벗은 타자의 얼굴'은 이러한 호소와 명령의 직접성을 드러낸다. 그러나 이것은 어떤 시각적인 이미지나 형태를 가리키는 것이 아니다. 형태는 인식의 대상이요 따라서 동일성에 흡수되어 버리는 것이기 때문이다. 얼굴은 차라리 직접적 호소로서의 다가옴 자체를 나타낸다. 헐벗음이란 무엇보다도 동일성의 규정들에서 벗어나 있음을 뜻한다. 그것은 동일자의 기준에서 보면 빈한함이지만, 그 동일자의 한계 너머라는 점에서 보면 높고 귀함이다. 그러므로 벌거벗은[17] 얼굴은 직접적인 호소임과 동시에 나의 테두리를 넘어선 높이와 깊이의 현현(顯現)이 된다. 레비나스에서 윤리는 언제나 이런 대면성(對面性)에 바탕을 두고 있다.

타자에 대해 흔히 제기되는 우려, 즉 타자가 나를 위협하거나 해칠

---

17) '헐벗은'이나 '벌거벗은'은 모두 프랑스어 'nu'에 해당한다. '벌거벗은'이 중립적이고 무난한 역어지만, 타자의 호소와 관련한 그 함의 면에서는 '헐벗은'이라고 새겨서 좋은 때가 많다.

수도 있지 않으냐는 우려를 불식시키는 역할을 하는 것도 이 대면성과 헐벗음이라고 할 수 있다. 벌거벗은 얼굴로 다가오는 타자가 나를 위협한다고 보기는 어렵지 않겠는가. 내가 가진 사물이나 가치의 기준에서 보면 그는 가난한 자일 따름이다. 그는 그 기준 아래서는 아무런 힘이 없다. 만일 나의 것과 동일한 기준에서 내게 힘을 행사할 수 있다면, 그는 타자가 아니라 동일자에 해당할 것이다. 타자의 호소가 명령이면서도 강제나 지배가 아닐 수 있는 이유가 여기에 있다. 타자의 명령은 강제와 지배의 힘이 통용되는 차원에서 성립하는 것이 아니다. 타자는 철저히 무력한 채로 내게 요구를 하며 그런 점에서 그것은 호소일 수밖에 없다. 하지만 그 호소는 내 영역 너머의 높이에서 오며 그래서 그것은 또한 명령이다. 이 명령을 나는 동일자의 영역에서 묵살할 수 있을지 모르지만, 궁극적으로는 회피하거나 거부할 수 없다. 그 명령은 나에게서가 아니라 타자에게서 비롯하기 때문이고, 나는 이 타자를, 타자의 무한을 없애거나 제어할 수 없기 때문이다.

"죽이지 말라." 이것은 레비나스가 거듭해서 거론하는 타자의 호소이고 명령이다. "죽이지 말라." 벌거벗은 얼굴은 내게 이렇게 호소하며 명령한다. 물론 인간들은 무력한 다른 사람들을 죽일 수 있고 또 죽여 왔다. 그렇게 해서 영토를 넓히고 재물을 축적했으며 저항을 압살해 온 것이 인류의 역사다. 하지만 우리는 이 호소나 명령 자체를, 또 타자를 없애지 못한다. 타자는 벌거벗은 얼굴로 끊임없이 또 매번 절실하게 우리에게 다가와 우리의 책임을 일깨운다. 우리는 타자를 죽일 수 없다. 우리가 죽이는 것은 말하자면 동일자적 세계의 인간이며, 이 죽임의 행위를 중단하라고 호소하고 명령하는 것은 무한한 타자로서의 인간의 얼굴 곧 타인의

얼굴이다.[18]

레비나스가 말하는 이 "죽이지 말라"가 홀로코스트를 주된 배경으로 하고 있음은 부인할 수 없다. 또 그가 내세우는 벌거벗은 얼굴이 일종의 신적인 현현, 이를테면 예수의 현전과 닮았음도 쉽게 알아챌 수 있다. 가장 고귀하고 무한한 것이 가장 누추하고 보잘것없는 곳에 깃든다는, 언뜻 보기에 배리적인 사태라는 점에서 그렇다.[19] 하지만 그 유래가 어떠하든 대면적 윤리의 직접성과 근원성에 대한 레비나스 식의 뒷받침은 오늘날에도 강한 호소력을 지닐 수 있지 않을까? 특히 뚜렷한 방향성을 내세우지 못하는 상대주의적 철학들에 대해서, 또 이타성(利他性)을 결국 이기성의 변형으로 해석해 버리는 계산적 사고방식들[20]에 대해서 말이다.

3.

여기서 내가 레비나스적 윤리의 호소력을 운위한다고 해서 우리가 타자 중심의 태도나 사고방식으로 완전히 전환해야 한다거나 또 그럴 수 있다고 생각하는 것은 아니다. 가령 입속에 든 빵을 떼어 내어 타자에게 줄 정

---

18) 레비나스에게서 '타인'에 해당하는 용어는 'autrui'다. 'autrui'는 타자가 인격성을 가질 때에 주로 사용되는데, 레비나스의 논의 맥락에서는 타자와 타인을 등치할 수 있는 경우가 대부분이다. 타자에 해당하는 'Autre'가 그렇듯 무한성을 강조할 때는 'Autrui'라고 표기되곤 한다.

19) 얼굴 자체에 대한 레비나스의 강조는 기독교보다는 유대교적 전통에 기대고 있다고 할 수 있다. 특히 로젠츠바이크(Franz Rosenzweig)의 영향이 많이 논의된다. 이런 점에 대해서는 Peter Kemp, *Levinas une introduction philosophique*, encre marine, 1997, p.38 이하 참조.

20) 예를 들어, 대커 켈트너, 『선의 탄생』(하윤숙 옮김, 옥당 2011), 최정규, 『이타적 인간의 탄생』(뿌리와 이파리, 2009) 등을 보라. 이런 사고방식을 본격적으로 유포시킨 고전적 저술로는 리처드 도킨스의 유명한 『이기적 유전자』(*The Selfish Gene*, 1976)를 들 수 있다.

도로 나를 타자를 위한 존재로 여겨야 한다든지,[21] 나를 타인을 위한 볼모이자 타인에 의해 박해받는 자로, 나아가 타인을 위해 속죄하는 자로 받아들여야 한다든지[22] 하는 따위의 언급이 현실에서 곧이곧대로 실현될 수 있다고 보지 않는다. 오히려 나는 말년의 데리다가 우려한 것처럼[23] 레비나스의 이런 언급들이 탈정치화의 정치적 맥락에서 악용될 수도 있다는 점을 경계하는 편이다. 레비나스가 말하고자 한 초점은 우리의 형성과 됨됨이가 철저히 타자에 힘입고 있음을 깨우치자는 데 있지, 세상의 모든 문제나 잘못이 내 탓이라고 보고 그 책임을 다 떠맡으라는 데 있지 않다. 오히려 그렇게 떠맡으려 하는 것은 자신의 독자성을 과신하는 자기중심적 태도를 벗어나지 못한 소치일 수 있다. 그것은 레비나스가 강조하듯 '존재성 너머'로 나아가는 것이 아니라 여전히 존재성의 차원에 머무는 것이다.

다른 한편, '존재와 달리'나 '존재성 너머'를 지향한다고 해서 존재(esse)나 이해관계(inter-esse)를 내팽개치자는 얘기로 받아들여서도 곤란하다. 그래서야 우리 자신의 존립 자체가 아예 불가능하지 않겠는가. 그것보다는, 이해관계와 결부된 영역에 매달리는 삶의 자세를 근본적으로 문제 삼고 그것의 폭력적 확장에 제동을 거는 시도로 받아들이는 것이 바람직할 것이다. '존재와 달리'나 '존재성 너머'는 그 준거로 작용한다. 그러니까 '존재성'과 '존재성 너머'는 배타적인 선택지가 아니라 겹쳐지는

---

21) 이런 식의 표현은 『존재와 달리, 또는 존재성을 넘어』(특히 3장)에 자주 나온다.
22) 『존재와 달리, 또는 존재성을 넘어』의 4장을 보라.
23) 「레비나스와 데리다」(*Magazine littéraire* 2003년 4월호 수록된 자크 데리다와 알랭 다비드의 대담), 『세계의 문학』, 2006년 봄호 참조.

두 차원으로 보아야 옳겠다. 물론 우선성은 존재성 너머에 두어지지만, 존재성에서의 질서가 무시되지는 않는다. 레비나스가 대면적 관계와 함께 공평함의 문제에 관심을 쏟게 된 이유도 이런 점과 관련이 있다.

레비나스는 『전체성과 무한』에서는 정의(正義)를 대면적 관계로서 다룬다. 다시 말해 정의란 내가 타자의 호소에 응답하는 책임의 관계다. 물론 이것은 시혜(施惠)가 아닌데, 왜냐하면 이 관계에서 우선적이고 더 높은 것은 내가 아니라 타자이기 때문이다. 되풀이되는 얘기지만 이 타자는 동일자의 기준에서는 낯선 자고 약한 자다. 그러니까 이때의 정의는 약자의 호소에 응답하는 것, 즉 약자를 돕는 것이다. 나아가 정의는 그런 책임을 통해서 나의 한계 너머와 관계하는 것이고 그럼으로써 내 세계를 변화시키는 것이라 할 수 있다. 이와 같은 함의가 크게 부각되는 것은 동일성의 세계, 곧 내 세계가 변화를 요구받고 있을 때다. 현재의 상태 그대로는 견디기 어렵다는 자각과 변화를 향한 열망이 널리 퍼져 있을 경우다. 나는 타자와의 관계를 강조하는 레비나스 철학이 근래에 주목을 받은 데는 이런 사회적 분위기가 큰 역할을 했다고 생각한다.[24]

내가 보기에 레비나스의 이 정의 개념이 특히 유의미하게 다가왔던 것은 이른바 신자유주의가 팽배한 현실 속에서였다. 자유가 여전히 우리에게 중요하고 핵심적인 가치인 것은 분명하다. 하지만 그것이 개인주의와 결합한 채 무전제적 원리 행세를 하며, 표면적인 무차별성을 내세우는 자본주의적 경제활동을 뒷받침하게 될 때, 그 같은 자유는 자칫 폭력적인 자기 확장의 수단이자 틀로서 작용하기 쉽다. 이미 우리는 한동안 위세를

---

24) 문성원, 「해체와 윤리」, 『해체와 윤리』, 106쪽 이하 참조.

떨치던 신자유주의의 우려스러운 결과들을 목도하고 있지 않은가. 자기중심적 자유의 전횡은 권리로서의 자유를 당연한 출발점으로 전제하는 자유주의적 정의관을 의문시하게 한다. 자유가 아니라 선함이, 또 선함으로서의 정의가 우선적이라는 레비나스의 주장이 직접적인 호소력을 지닐 수 있었던 것은 이런 배경에서였다. 레비나스에게서 선함은 곧 타자를 향한 공경이고 열망이며, 정의는 타자에 대한 응답이고 책임이다. 레비나스가 말하는 정의는 나의 자유에서 출발하지 않는다. 자유는 타자와의 관계 위에 자리 잡는 분리된 존재의 특성일 뿐이다. 그러므로 레비나스에서는 정의가 자유에 앞선다.

레비나스가 나중에는 정의를 타자와의 직접적인 관계와 구별하여 논의하기 시작하였다고 해도 정의 문제의 바탕에 대면적 윤리가 놓여 있다는 점에는 변화가 없다. 대면적 관계는 여전히 우리의 이해(利害)나 존재성을 넘어서는 궁극적 의미를 지닌다. 그러나 우리는 삶에서 직접적 대면 관계만이 아니라 간접적인 관계들도 겪게 마련이다. 유한한 우리는 응답해야 할 이웃들을 한꺼번에 대면할 수 없기 때문이다.[25] 그렇다면 내가 직접 대면하지 못하는 이웃들 사이에 충돌이나 갈등이 일어나는 경우 나는 어떻게 해야 하는가?

타자는 모든 이웃을 다 포괄할 수 있겠지만, 나는 제한된 방식으로만 타자를 만날 수 있을 뿐이다. 즉 나는 내가 대면하고 있는 이만을 직접적으로 만난다. 물론 내가 타자와의 관계에 의해 형성되는 한, 타자는 이미

---

25) 사실 이 유한함이야말로 존재성의 특징이고 기반이다. 우리가 한정되어 있다는 말은 곧 존재성을 지니고 있다는 뜻이다.

내게 파고들어 와 있고 근접해 있다고 할 수 있다. 그런 점에서 타자는 애당초 나의 이웃이기도 하다. 하지만 나와 타자의 접촉은 나의 유한성 탓에 제한된다. 나는 타자 모두[26]를 만날 수 없고 이웃의 이웃을 제삼자로서 남겨두게 된다. 그러므로 엄밀히 말해 타자에게는 내가 직접 대면할 수 없는 잠재적 이웃인 제삼자가 포함되어 있는 셈이다. 유한한 나는 이 제삼자와 관련된 문제를 대면적 직접성이 아닌 간접적 방식으로 처리할 수밖에 없는데, 이때 활용되는 것이 바로 기억이고 추상이며 비교이고 계산이다.[27] 요컨대 직접성에서 벗어나는 제삼자는 의식에 의한 규정들로 다루어지는 동일자의 세계에 속하게 되는 것이다. 물론 누구든 내게 이웃으로 다가올 때는 타자로서의 우선성을, 동일성 너머의 깊이와 높이를 지닐 수 있다. 그러나 지금 나와 대면하지 않는 제삼자는 기억과 재현으로, 인식과 의식을 통해 다루어진다. 그러므로 우리는 실제의 삶 가운데서 동일자의 세계와 관련을 맺지 않을 수 없다. 따지고 비교하고 공평함을 추구하는 정의가 불가피하게 요구되는 것이다. 다만, 그와 같은 정의는 언제나 제한된 것이며 그 바탕에 무한한 타자성을 전제하는 것임을 잊지 말

---

26) 타자는 전체화 불가능하므로 이 말은 내가 만날 수 있는 제한적 방식 너머의 타자를 가리킨다고 이해하여야 한다. 타자가 내게 현현하는 그때그때의 경우와 그 인격적 면모를 들어 여러 타자, 여러 타인을 이야기할 수는 있고, 그런 점에서 닫힌 집합과는 다른 의미로 모든 타자를 운위할 수는 있다. 여기서 우리는 우리가 그때마다 대하는 다른 타자들 사이의 관계 문제에 봉착하게 된다. 우리가 타자에게 충실히 응답하려 한다 해도 그때마다 타자가 다르고 그 호소나 요청이 다르다면 그에 대한 응답이나 책임은 상충할 수 있다. 이런 아포리아를 데리다는 '모든 타자는 모두 다르다'(tout autre est tout autre)라는 함축적인 말로 표현한 바 있다. 여기에 대해서는 문성원, 「책임과 타자」, 『해체와 윤리』, 70쪽 이하 참조.
27) 레비나스에 따르면 시간이 여기에 개입하는 것은 당연하다. 시간이란 단적으로 말해 유한이 무한과 관계하는 방식이기 때문이다. 에마뉘엘 레비나스, 『신, 죽음, 그리고 시간』, 김도형 외 역, 그린비, 2013 참조.

아야 한다. 레비나스에서는 동일성의 정의 안쪽에 또는 그 이편[28]에 무한한 타자성에 입각한 정의가 놓인다는 얘기다.

사실 이런 비대칭적 겹쳐짐의 구도가 레비나스 철학의 핵심적인 특징을 이룬다. 그가 『전체성과 무한』에서 다룬 외재성과 내재성도 공간적으로 나눌 수 있는 배타적인 영역이 아니라 이렇게 겹쳐지는 두 차원으로 이해해야 할 것이며, 시간적인 면에서 종말론에 관한 논의[29]도 어떤 시점(時點)에서의 종말이 아니라 동일성이 지배하는 세계의 시간과 타자의 우위 속에서 성립하는 시간이 겹쳐지는 것으로 이해해야 할 것이다. 이런 점에서 보면 우리의 시간에는 이미 종말의 시간이 삼투해 있다고 할 수 있다.[30]

4.

나는 오늘날의 처지에서도 철학의 이데올로기적 면모를 애써 부인하려 할 필요는 없다고 생각하며, 레비나스 또한 그렇게 여기리라고 본다. 전체성을 비판하고 타자에 대한 책임을 일깨우는 일은 우리가 놓인 상황으로부터 요구되는 것일 수 있다. 이런 요구를 받아들이고 거기에 대응하는

---

28) 레비나스는 'en deçà'라는 표현을 쓴다. 이것은 저편 또는 피안(彼岸)을 가리키는 'au-delà'라는 표현과 대비하여 이편 또는 차안(此岸)을 뜻하는 말이다. 윤리의 지평은 존재를 넘어선다는 점에서 존재의 저편이지만, 이 세상과 구별되는 또 다른 세상을 가리키는 것은 아니라는 점에서 그것은 또한 존재의 이편이라고 할 수 있다.

29) 대표적으로 『전체성과 무한』의 「서문」참조.

30) 이것은 벤야민이 말하는 메시아적 시간이자 '지금 시간'(Jetztzeit)으로서의 시간 이해와 통한다고 보겠다. 발터 벤야민, 「역사의 개념에 대하여」, 발터 벤야민, 『역사의 개념에 대하여/ 폭력비판을 위하여/ 초현실주의 외』, 최성만 옮김, 도서출판 길, 2008 참조.

것도 우리의 한계를 인정하고 타자성을 수용하는 일환이지 않을까 한다. 물론 나는 이렇게 넓게 해석된 타자성과 레비나스가 말하는 직접적 대면 관계에서의 타자를 등치시킬 생각은 없다. 그럴 때 레비나스 철학의 중요한 특징인 직접성에 대한 강조가 희석될 수 있기 때문이다. 하지만 우리의 사유가 원래 내가 아닌 것과의 관계에 의해 촉발되는 것이며, 철학적 사유는 그러한 관계에 대한 파악을 통해 내 삶의 근본적 됨됨이를 정위하는 데 기여해야 하는 것이라면, 철학의 이데올로기적 특성을 인정하는 것과 레비나스 식으로 타자의 우위를 받아들이는 것 사이에는 분명 상통하는 면이 있다. 나의 세계와 동일성이 독립적인 것이 아니듯이 철학적 사유 또한 그런 것일 수 없다. 의존적 면모로서의 이데올로기적 특성을 인정하는 것은 오히려 그러한 면이 허위의식이나 과도한 해석으로 나아가는 위험을 방지하는 데 도움을 준다. 이런 점에서 보면 철학뿐 아니라 경험 과학에서도 자기 영역의 자립성에 대한 과신은 경계해야 할 요소라고 할 수 있다.

모름지기 모든 유의미한 철학에는 언제나 초점이 있기 마련이다. 철학은 쉽게 입증할 수 없는 문제들에 대해 끈질기게 사유하지만, 우리가 모든 타자와 한꺼번에 만날 수 없듯이 그 모두를 한꺼번에 다루지는 못한다. 어쩌면 우리는 타자의 얼굴처럼 다가오는 철학적 문제들과 마주한다고 할 수 있을지 모르겠다. 레비나스를 쫓아 우리가 대면할 수 있는 문제는 바로 이런 사유의 한계 문제이기도 하다. 그는 우리의 사유가 동일성의 한계를 지니고 있으며 동시에 그 한계 너머와 관계한다는 점을, 그리고 그것은 그 한계 너머가 사유 이상이자 사유 이전의 지평이기에 가능하다는 점을, 나아가 그렇기에 우리의 사유는 궁극적으로 자립적일 수 없고 자기중심적일 수 없다는 점을 일깨운다. 말하자면 그는 사유를 통해 사유 바깥을 가리키는 셈이다. 타자와 타자의 얼굴은 레비나스가 제시하는 이 한계 너머의 개념이며 그것의 현현 방식이라고 할 수 있다. 우리는 그의 이러한 사유 작업을 매개로 사유 저편이자 사유 이편의 삶의 차원과 만난다. 레비나스 철학은 이렇듯 우리를 사유의 경계 너머로 이끌며 그것과 대면하게 하고 그 직접적이고 근원적인 관계에 대해 다시 사유하게 한다. 그럼으로써 레비나스의 철학은 마치 타자의 얼굴처럼 우리의 응답을 촉구하고 있는 것 같다.

3장_ 윤리와 종말론[1)]

『전체성과 무한』의 「서문」 읽기

문성원

1.

"우리는 도덕에 속기 쉽지 않을까? 그 여부를 아는 것이 매우 중요하다는 데는 누구나 쉽게 동의할 것이다."[2)] 레비나스는 자신의 대표적 저작인 『전체성과 무한』(1961)의 「서문」 첫 구절을 이렇게 시작한다. 우리도 비슷하게 시작해 보자. 윤리학에 속기는 쉽지 않을까? 그것이 레비나스의 윤리학이라도 말이다.

철학의 영토가 자꾸 줄어가는 와중에서도 윤리학은 여전히 고유한 철학적 영역으로 취급받는다. 사실이 아니라 규범을 다룬다는 이유에서다. 논리학이 사유 규범을 다룬다면 윤리학은 행위 규범을 다룬다. 그러한 한, 윤리학은 경험과학이 넘보기 어려운 분야라고 할 수 있다. 사실에

---

1) 이 글은 『시대와 철학』 2013년 겨울호에 게재된 바 있다

2) "On conviendra aisément qu'il importe au plus haut point de savoir si l'on n'est pas dupe de morale"(Emmanuel Lévinas, *Totalité et Infini: Essai sur l'extériorité*, Martinus Nijihoff, 1974[이하 TI로 표기], p.IX). 이 구절을 직역에 가깝게 옮기자면 다음과 같다. "사람들이 도덕에 잘 속지 않는지를 아는 것이 매우 중요하다는 것을 사람들은 쉽게 인정할 것이다."

서 당위를 도출할 수 없다는 무어(G. E. Moore)의 '자연주의적 오류' 테제
가 이런 방패막이의 한 근거가 되어 준다.

하지만 그렇다고 해서 윤리학이 철학의 영속적 터전이 될 수 있으리
라고 속단하기는 힘들다. 그렇게 낙관하기에는 최근 과학자들의 도전이
여간 거세지 않다. 도덕이나 윤리적 현상은 이제 진화론적 과학이 심심찮
게 다루는 단골 영역이 되었다. 특히 뇌과학자들은 우리가 도덕적인 판단
을 할 때 어떤 뇌 부위가 활성화되는지, 만일 그런 부위에 이상이 있으면
인간의 판단과 행위에 어떤 일이 일어나는지, 또 그런 사태가 인간이라는
집단적 생명체의 안위에 어떤 영향을 미치는지 등을 연구한다.[3] 그래서
그들이 도덕이나 윤리적 현상에 대해 내리는 결론은 대체로 이렇다. 오랜
세월의 진화 과정을 거쳐 우리에게 자리 잡은 유전적 구조의 바탕 위에서
형성되고 발현하는 집단적 사유와 행위의 패턴이 도덕이고 윤리라는 것
이다. 물론 거기에는 보편적인 것으로 보이는 특징들도 있다. 하지만 그
것이 절대적인 것은 아니다. 진화론적 생존과 관계없는 영원한 기준이나
순수한 도덕이란 있을 수 없기 때문이다.[4] 이와 같은 견지는 적절한 이타

---

3) 이런 영역에서 큰 활약을 펼치는 대중적 영향력이 있는 과학자들과 국내에 이미 소개된 그들
의 저작들에는 다음과 같은 것들이 있다. 안토니오 다마지오, 『스피노자의 뇌』, 임지원 옮김,
사이언스북스, 2007 ; 마이클 S. 가자니가, 『윤리적 뇌』, 김효은 옮김, 바다출판사, 2009 ; 빌라
야누르 라마찬드란, 『뇌가 나의 마음을 만든다』, 이충 옮김, 바다출판사, 2006.

4) 프란트 M. 부케티츠, 『도덕의 두 얼굴』, 김성돈 옮김, 사람의무늬, 2013, 225쪽 참조. 또 마이클
가자니가, 『뇌로부터의 자유』, 박인균 옮김, 추수밭, 2013, 260쪽 참조. 여기에는 경험 과학적
으로 추출해 낸 보편적 도덕 모듈 다섯 가지가 소개되어 있다. 그것은 "고통(남을 도와줘야지
해쳐선 안 된다), 호혜(여기서 공정함이라는 감각이 발생한다), 위계(노인을 공경하고 정당한
권위를 존중할 것), 공동체 의식(당신이 속한 집단에 충성할 것), 그리고 순수성(깨끗함을 찬양
하고 병의 전염과 성적인 행위를 부끄럽게 여길 것)"이다. 이 다섯 가지 항목의 비중은 문화적
환경에 따라 달라질 수 있고 그래서 다양한 도덕적 견지들이 등장한다고 한다.

주의가 집단의 생존에 도움을 준다는 진화론적 게임이론의 논리[5]와 결합하여 윤리 현상을 해명하는 강력한 도구가 된다.

이런 시도들도 결국 현상의 문제를 다루고 있을 뿐이라고, 다시 말해 사실의 영역을 벗어나지 못하고 있다고 생각하는 것이 철학자들에게 큰 위안이 될 수 있을까? 하기야, 어떤 사태를 알고 그 사태에 대해 사실적 판단을 내리는 것과 그 판단에 따라 행위를 하는 것이 별개의 문제라는 지적은 오래전부터 있었다. '지행합일'은 당연히 전제되는 것이 아니라 일종의 당위로서 요구되는 것이었다. 알면서도 행위로 옮기지 못하는 것은 실제로 잘 알지 못해서라는 소크라테스 식 생각은 실행력과 관련되는 의지의 영역 또는 기개(氣槪)의 영역을 도외시했다는 비판을 받는다.[6] 하지만 의지나 의지력의 문제까지 생리학의 영역과 관련하여 탐구하는 요즘의 추세에서[7] 이런 구래의 입론이 얼마나 힘을 발휘할 수 있을까? 의지력의 발휘와 윤리적 당위는 엄연히 다른 문제라고 재차 주장해야 할까? 옳은 것은 그것이 실행에 옮겨지지 않더라도 여전히 옳은 것이라고 주장해야 옳을까?

레비나스에 따르면, 윤리학은 가장 우선적인 철학의 분야, 곧 제일철학이다.[8] 그런데 이 윤리학은 사실이나 이해관계의 영역에서가 아니라 그 너머에서 성립한다. 만일 그렇다면 윤리학은, 또 그와 더불어 철학은, 경험

---

5) 잘 알려진 국내의 저작으로 최정규,『이타적 인간의 출현』, 뿌리와이파리, 2009 참조.
6) W. K. C. 거드리,『희랍철학입문』, 박종현 옮김, 1981, 139쪽 참조.
7) 예컨대, 새뮤얼 M 매클루어,「두뇌는 우리가 하는 행동의 이유를 알고 있다」, 맥스 브로크먼 엮음,『퓨처 사이언스』, 문학동네, 2013, 151쪽 ; 마이클 가자니가,『뇌로부터의 자유』, 301쪽 ; 안토니오 다마지오,『스피노자의 뇌』, 179쪽 이하 등 참조.

과학의 손이 미치지 않는 곳에 자리 잡을 수 있다. 그러나 어떤 근거에서 우리는 레비나스의 주장을 받아들일 수 있을까? 윤리학을 사실 영역 너머에 놓은 것은 물론 레비나스가 처음이 아니다. 그런 전례로 우리는 누구보다도 칸트를 들 수 있다. 레비나스가 칸트처럼 윤리의 보편성을 전면에 내세우는 것은 아니지만, 적어도 현상의 영역 너머에 도덕을 놓았다는 점에서 칸트는 레비나스의 든든한 원군이 된다. 이 점은 최고선을 모든 현상을 초월한 궁극의 자리에 놓은 플라톤도 마찬가지다. 그러나 유사한 전례가 있다는 것이 어떤 입론의 직접적 근거가 될 수는 없는 노릇이다.

레비나스가 '도덕에 속기 쉽지 않을까?'라고 스스로 제기한 질문에 대해 내놓는 답을 살피는 것에서 힌트를 얻어 보자. 레비나스는 도덕을 전쟁과 대비시킨다. 전쟁은 냉혹한 현실이다. 이 냉혹한 현실, 이해관계의 현실, 정치적 현실은 도덕을 무력화하고 도덕을 비웃는다. 그러나 '도덕에 속기 쉽지 않을까?'라는 질문은 여기서 한 걸음 더 나아가야 한다. 그것은 도덕이 실제로는 이 현실의 한 부분으로서 기능할 수 있고 또 그렇게 하고 있다는 점을 일깨운다. 그러니까 '도덕에 속는다'는 것은, 현실 속에서 무력할 수밖에 없는 도덕을 무턱대고 믿다가 기만당하고 손해 본다는 것만 뜻하지 않는다. 도덕은 전쟁의 현실 가운데서 대립하는 개인이나 집단의 사고와 행동을 통제하고 이해관계를 잠정적으로 조정하는 데 기여하기도 한다. 그래서 도덕은 때로 평화 상태를 이루어낸다. 하지만

---

8) 그래서 윤리학은 『전체성과 무한』에서 '형이상학'이라는 별칭을 얻기도 한다. 그러나 그 뒤로는 레비나스가 윤리학을 형이상학이라 부르는 일은 거의 없다. 존재론의 극복을 지향하는 이후의 입장에서는 형이상학이라는 이름이 지닌 구래의 존재론적 함의가 마땅치 않아서였을 것이다.

그 평화는 일시적인 것이며, 사실상 전쟁의 한 부분이고 전쟁의 이면이다. 그러한 한, 도덕은 궁극적으로 우리를 속인다. 전쟁의 현실을 직시하는 자들은 도덕의 기능을 받아들이기는 하나 그것을 적절히 이용할 줄 안다. 전쟁과 평화, 이해관계의 현실과 도덕 사이에서 후자는 전자에 종속된다. 그런데도 어리석은 자들은 도덕과 도덕이 제공하는 평화에 과도한 기대를 건다. 평화와 도덕을 절대화하여 믿는 것은 도덕의 기능에, 그리고 그 기능을 활용하는 자에게 놀아나는 것이며, 그래서 속는 것이다.

그렇다면 우리에게 참된 평화는, 즉 전쟁에 종속되지 않는 평화, 전쟁의 현실을 진정으로 극복한 평화는 불가능하다는 말인가? 물론 전쟁의 양상은 달라질 수 있다. 무기를 동원한 집단적 살상이 오늘날까지 이 지구 상에서 그친 적이 없지만, 꼭 그런 양태가 아니더라도 이해관계를 둘러싼 다툼은 상대방을 밀어내고 해치는 갖가지 전쟁의 면모들을 빚어낸다. 전쟁과 다툼은 우리 인간의, 아니 자연의 불가피한 특성임을, 화해와 협력은 그 바탕 위에서 일시적으로 성립하는 것임을 현대의 진화론적 견지는 보여주고 있지 않은가? 그리고 그것이 오늘날의 사회 현실을, 국지적인 규모에서 세계 전체의 차원에 이르기까지 잘 설명해 줄 수 있지 않은가? 정치란 이런 현실에서 각자(개인 또는 집단)에게 유리하게 사태를 이끌려는 시도들이 빚어내는 갈등과 조정의 장이며, 도덕이란 이와 같은 이해관계의 조정을 안정화하기 위해 틀지어지고 습관화한 행동과 사고 방식들, 그것도 불균형한 힘의 관계를 그 내용으로 담을 수 있고, 그래서 우리를 속일 수 있는 형식들이 아니겠는가.

그렇게 볼 수도 있을 것이다. 안타깝지만 그 같은 현실을 받아들이고 거기에 적응하는 것이 최선이라고 생각할 수도 있을 것이다. 하지만 레비나스는 그런 식의 현실론에 머물지 않는다. 그는 참된 평화가, 정치에 종속되거나 속지 않는 도덕이 가능하다고 생각한다. 그러나 어떻게? 레비나스는 일견 뜻밖의 대답을 내놓는다. 그는 '종말론'을 운위한다.

2.

종말론이라니? 대체 어떤 종말론인가? (레비나스의 답변에 우리가 속는 것은 아닌지 의심의 고삐를 놓을 이유는 없지만, 우선 그의 견해를 들어보도록 하자.) 레비나스의 따르면, 그것은 "메시아적 평화의 종말론"이고, "예언적 종말론"이며, "심판의" 종말론이다. 이런 종말론에 의해서만 도덕은 정치에 맞설 수 있고 또 정치를 넘어서서 자신을 보편적으로 내세울 수 있다. "평화에 관해서는 종말론밖에 있을 수 없다."(TI, p.XII) 그러나 레비나스는 이것이 철학적 명증의 대상도 아니고 종교적 신앙의 대상도 아니라고 한다.

철학적 명증을 내세우는 종말론으로야 헤겔 류(類)의 견지를 우선 생각할 수 있다. 넓게 보면 맑스나 후쿠야마의 견해도 여기에 들어간다. 역사발전이 이르는 지점을 절대정신의 완성으로 잡느냐, 계급사회의 종식으로 잡느냐, 자유주의의 궁극적 승리로 잡느냐는 차이가 있을 뿐이다. 명증의 근거로 개념의 연관성보다 경험적 자료를 앞세우면서 그 명증이 철학적이 아니라 과학적임을 강변한다 하더라도, 이들이 근본적으로 다른 '명증성'을 제시한다고 보기는 어렵다. 실제로는 원망(願望)과 결부된 불확실한 주장을 개진한다는 혐의가 있기 때문이다. 오히려 이들 견지의 중요한 공통점은 역사가 근본적인 변화를 멈추는, 그래서 완성 단계라 할 법한 종국에 도달한다고 여긴다는 데 있다. 반면에, 레비나스가 말하는 종말론이 함축하는 바는 이런 식의 '역사의 종말'이 아니다. 레비나스가 볼 때, 역사란 이해관계와 싸움의 터전이며, 거기에서 명백함이나 명증을 추구한다는 것은 사태에 대한 전체론적 이해(理解)를 구하는 것이고, 그래서 그와 같은 방식은 결국 인간의 삶과 세계에 대한 지배를 획책하는 전쟁과 정치 위주의 관점에 굴복하는 것이기 때문이다.

종말론의 참된 함의는 다른 데 있다. 종말론은 목적론적 체계를 전체성에 도입하지 않는다. 종말론은 역시의 방향을 가르쳐주는 네서 성립하지 않는다. 종말론은 **전체성 너머에서** 또는 역사 너머에서 존재와 관계하는 것이지, 과거와 현재 너머에서 존재와 관계하는 것이 아니다. 종말론은 전체성을 둘러싸고 있을 법한 공허와 관계하지도 않는다. 그런 공허 속에서 사람들은 자신이 원하는 것을 자의적으로 믿을 수 있을 테고, 그럼으로써 바람과도 같은 자유로운 주관성의 권리들을 키워갈 수 있을 테지만. 종말론은 **언제나 전체성에 외재적인 잉여**와 맺는 관계다. 그것은 이를테면, 객관적 전체성이 존재의 참된 척도를 채우지 못하는 사태, 어떤 다른 개념 — 무한의 개념 — 이 전체성에 대한 초월을, 즉 전체성 속에 포함될 수 없으며 전체성과 마찬가지로 본래적인 이 초월을 표현해야 하는 사태인 셈이다.(TI, pp.X~XI)[9]

그러니까 레비나스가 말하는 종말론적인 것은 역사에 외재적이고

---

9) 강조는 원문에 따름. 이하 마찬가지.

초월적이다. 그것은 역사 바깥에, 역사 너머에 놓인다. 하지만 이렇게 바깥과 너머를 말한다고 해서 그가 이 세계를 떠난 또 다른 세계를, 어떤 피안(彼岸)을 지향한다고 생각하면 곤란하다. 레비나스가 내세우는 바깥과 너머는 이 세계가 끝난 다음에 오는 것이 아니며, 이 세계와 단절된 지평에서 성립하는 것도 아니다. 또 그것은 이 세계를 둘러싸고 있는 빈자리와 같은 것도 아니다. 그런 것이라면 그 바깥은 이 세계에 아무런 영향을 미치지 못할 것이고, 우리가 평화를 확보하거나 윤리적 삶을 사는 데 아무런 역할도 하지 못할 것이다. 그러므로 바깥이나 너머는 전체성이 포착할 수 없는 어떤 영역으로서의 잉여이지 공허일 수 없다. 이 표현들의 공간적 이미지에 현혹되지 않는다면 이 잉여는 전체성의 너머와 바깥에서 전체성과 겹쳐 있다고 할 만하다. 물론 이 겹침은 대칭성을 함의하지 않는다. 오히려 이 겹침에서는 전체성을 이루는 한정과, 그 잉여의 한정되지 않음, 곧 무한함 사이의 비대칭성이 두드러진다.

　무한이라는 개념이 한정 또는 유한이라는 개념과 동근원적이라는 점에 대해서는 설명이 필요 없을 것이다. 우리가 한정함을 통해 세계를 규정짓고 이해하면서 살아가는 이상, 레비나스가 말하는 전체성의 영역은 성립하기 마련이다. 문제는 이렇게 한정되고 규정 받을 수 있는 영역—그것이 얼마나 확장되어 가건 간에—이 전부라고 여기는 데 있다. 지금은 확보하지 못했지만, 앞으로 우리가 포착해서 이해하고 장악할 수 있을 것이라고 간주되는 지평도 모두 이 전체성에 속한다. 레비나스가 말하는 종말론은 이 영역이 한계를 지닐 수밖에 없음을, 그리고 우리의 삶은 이 영역 바깥으로부터 영향을 받음을 지시하는 것이다.

　그런데 왜 하필이면 '종말론'인가? 그 이유는 아마 '역사적으로' 볼 때 전체성의 역사를 넘어선 곳으로부터 우리의 삶에 영향을 미치려는 시도가 종말론이라는 이름 아래 이루어졌던 예들이 있기 때문이며, 또 그래서 온 세상을 포섭하려는 전체론적 역사의 바깥을 가리키는 데 이 명칭이 효력을 발휘하기 때문일 것이다.[10] '예언적', '메시아적' 등의 표현도 이렇게 탈(脫)전체론적이고 탈(脫)역사적인 영역으로부터의 영향을 나타내기 위한 것이라고 보아야 한다. 레비나스에서 예언과 메시아는 시간 계열상의 한 지점이나 그 끝으로서의 종말과는 무관한 것인 까닭이다.

그러므로 레비나스가 말하는 종말론에서의 바깥과 너머는 이미 우리 삶에 영향을 주고 있는 것으로 여겨져야 옳다. 그 바깥과 너머는 이 세계의 내면에, 역사 안에 반영된다. 갈등과 다툼이 벌어지는 이 세계의 곳곳에, 또 그런 역사의 순간순간에 관여하는 것이다. 하지만 이때의 관여는 다툼의 와중에 끼어들어 이해관계의 운동에 작용하는 식으로 이루어지지는 않는다. 그것은 일종의 개입이지만, 그 개입 방식은 존재의 다툼 가운데 한 부분을 차지하는 것이 아니다. 그것은 차라리 심판이라고 할 만한 것이다.

역사를 총체적으로 심판에 맡김으로써, 역사에 종말/목적을 새기는 전쟁들 자체의 외부에서, 종말론적인 것은 매 순간 이 순간 자체에 충만한 순간의 의미화를 복원한다. 모든 소송은 심의받을 준비가 되어 있다. 중요한 것은 최후의 심판이 아니라, 우리가 살아 있는 자들에게 판

---

10) 사실 레비나스가 종말론을 논의하는 경우는 많지 않다. 오해의 소지가 큰 탓일 것이다. 철학적 저작에서 종말론을 집중적으로 거론한 것은 『전체성과 무한』의 「서문」이 유일해 보인다.

결을 내리는 바로 그 시간 속 모든 순간의 심판이다. 심판의 종말론적 이념은 (역사의 심판 —— 헤겔은 이것을 통해 심판을 부당하게 합리화하였다 —— 과는 반대로) 존재들이 영원에 '앞서서', 역사의 완성에 앞서서, 시간들이 만료되어 버리기에 앞서서, 아직 시간이 있는 동안에, 하나의 정체성을 갖는다는 점을 함축한다. 그 존재들이 물론 관계 속에서 실존하지만, 전체성으로부터가 아니라 자기로부터 실존한다는 점을 함축한다.(TI, p.XI)

이처럼, 레비나스에서 심판은 천상의 나팔 소리와 함께 오는 것도 아니며 세상이 회색빛으로 물들 때 오는 것도 아니다. 오히려 이 심판에 대한 논의는 벤야민의 '지금시간' 개념을 떠올리게 한다. 목적론적 역사와 진보의 관념에 반하여 순간의 의미를 복원시키고자 한다는 점에서다.

벤야민의 유명한 「역사의 개념에 대하여」에 따르면, 우리가 주목하여야 할 현재는 어떤 보편적 전개 과정에 내맡겨진 부분이나 계기가 아니라 "그 속에서 시간이 멈춰 정지해 버린" 순간으로서의 '지금시간'인데, 여기에는 이른바 "메시아적 시간의 파편들"이 박혀 있다.[11] 메시아란 물론 구원의 염원과, 또 억압에서 벗어나려는 투쟁과 연관되는 표상이지만, 레비나스에게서 그렇듯 벤야민에게서도 메시아적인 것은 어떤 발전 과정의 종국에 오는 것으로 여겨지지 않는다. 그것은 도리어 그런 역사를 중단시키는 것으로, 그러면서도 모든 역사적 사건과 순간들을 완성하는

---

11) 발터 벤야민, 「역사의 개념에 대하여」, 『역사의 개념에 대하여, 폭력비판을 위하여, 초현실주의 외』(발터 벤야민 선집 5), 최성만 옮김, 도서출판 길, 2008, 347쪽, 349쪽.

것으로 받아들여진다. 이 완성된, 또는 구원된 순간은 고립된 점적인 것이 아니라 과거와의 연관들을, 소위 성좌적(星座的) 구조를 담아내는 단자와도 같은 것이다. 이런 점에서 벤야민의 '지금시간'은 레비나스의 종말론적 심판의 순간, 다시 말해 모든 순간에서 이루어지는 종말론적 심판과 유사하다.

우리는 벤야민과 레비나스의 이런 발상들이 목적론적 발전이나 진보를 내세운 역사관에 대한 반발과 비판으로서, 특히 나치즘을 그런 역사관의 귀결로 바라보는 가운데 등장했다는 점을 어렵지 않게 짐작할 수 있다. "파시즘이 승산이 있는 이유는 무엇보다 그 적들이 역사적 규범으로서의 진보의 이름으로 그 파시즘에 대처하기 때문이다."[12] 같은 지평에서 움직이고 부딪혀서는 그 지평을 주파하는 속도나 방식에 변화를 가져올 수 있을지언정, 그 지평 자체의 한계를 극복할 수는 없다. 사실, 메시아적 종말론이라는 구상의 호소력은 여기에서 온다. 그 구상의 일차적 의미는 전쟁과 고통이 점철되는 이 지평 너머와 바깥을 제시하는 데 있다. 그 너머와 바깥은 이 지평과 연속적일 수 없지만, 이 지평과 관계해야 한다. 자칫 그 지평에 말려들어 포섭되지 않을 수 있는 방식으로. 그 지평의 실체적 움직임과 직접 엮이지 않는 방식으로. 심판이나 구원이 그런 방식이라고 할 수 있다. 이를 통해, 같은 차원에 종속되지 않는 의미 부여가 가능해지는 까닭이다.

심판이라는 자못 위압적인 표현에도 불구하고 레비나스의 관계 방식은 벤야민에 비해[13] 희망적이고 긍정적으로 보인다. 그 심판이 전체성

---

12) 벤야민, 「역사의 개념에 대하여」, 337쪽.

에 매몰되지 않은 존재자의 '자기'를 일깨우기 때문이다. 심판은 우리를 역사 너머의, 그러니까 이해관계 너머의 재판으로 불러내어 그 소환에 응답하도록, 책임을 지도록 촉구한다. 레비나스에 따르면, 평화는 이렇게 응답하고 책임지는 자들을 통해 성립한다. 반면에 역사는 존재자들에게 익명의 법칙에 따른 역할을 부여할 뿐이다. 종말론적 심판은 이러한 전체성의 역사를 깨뜨리는 것이지, 어떤 종교적 주장에서처럼 우리의 삶을 종식하거나 다른 세상으로 옮겨 놓는 것이 아니다.

종말론의 비전은 발언을 허용하지 않는 전쟁과 제국의 전체성을 파열시킨다. 그것은 전체성으로 파악된 존재 속에서 역사의 종말을 겨냥하지 않는다. 오히려 그것은 전체성을 넘어서는 존재의 무한과 관계한다. 종말론의 첫 번째 '비전'(그러므로 실정 종교들의 계시된 억견과는 구별되는 비전)은 종말론의 가능성 자체에, 다시 말해 전체성의 파열에, **컨텍스트 없는 의미화**의 가능성에 이른다. 도덕의 경험은 이 비전에서 흘러나오지 않는다. 그것은 이 비전을 **완수한다**. 윤리는 하나의 시각이다. 그러나 이미지 없는 '비전', 일람하여 객관화하고 전체화하는 비전의 미덕을 갖추지 못한 비전, 전혀 다른 유형의 관계 또는 지향성이다[…](TI,

---

13) 벤야민의 메시아적 종말론과 그것의 허무주의적 특징에 대한 흥미로운 논의로, 야콥 타우베스, 『바울의 정치신학』, 조효원 옮김, 그린비, 2012의 제7장 참조. 타우베스는 벤야민이 1921년에 쓴 「신학적-정치적 단편」을 주로 분석하고 있다. 「역사의 개념에 대하여」를 중심으로 한 호의적인 소개로는 Peter Osborne, *The Politics of Time*, Verso, 1995의 제4장, 특히 p.144 이하를 참조. Osborne은 같은 장 첫 부분에서 레비나스의 종말론을 비판적으로 다루고 있지만, 그 이해는 다소 피상적이어서 '역사'에 대한 레비나스의 거부를 주로 부각시키고 이를 벤야민의 '지금시간'(역사 속의 메시아적 시간)과 대비시키는 데 초점을 맞추고 있다.

그러니까 레비나스에서 종말론이란, 우리와 관계하는 무한, 곧 전체성의 바깥이 전체성을 깨뜨리고 윤리적 삶을 불러일으킨다는 점을 나타내는 용어다. 그렇기에 이 종말론은 기존의 종교에서 찾아볼 수 있는 종말론적 내용을 담고 있지 않다. 전체성을 파열시켜 종말론을 성립시키는 것이 이 종말론의 주요한 역할이다. 그 내용을 채워서 완성하는 것은 우리의 도덕적 경험에 맡겨진다. 물론 이 도덕적 경험과 그것의 원리인 윤리는 이해관계와 다툼을 규정하는 객관화와 전체화의 틀을 따르지 않는다. 그러므로 이렇게 도덕과 윤리의 지평을 열어주는 종말론은 일종의 해체적 역할을 한다고 볼 수 있다. 하지만 이것은 데리다의 해체론적 견지와는 다른데, 왜냐하면 레비나스는 이 종말론을 통해 '컨텍스트 없는 의미화의 가능성'을 내세우기 때문이다.

꼭 데리다가 아니더라도 텍스트나 컨텍스트를 벗어나는 의미의 성립 가능성을 인정하기는 쉽지 않을 것이다. 데리다는 일찍이 레비나스를 알리는 데에도 큰 기여를 한 논문인 「폭력과 형이상학」(1964)에서, 그리스적 로고스를 넘어서고자 하는 레비나스의 시도가 (그것이 적어도 철학인 한에서) 그리스적 전통의 철학적 개념화에서 자유로울 수 없음을 보여주고자 했다. 또 그는 지금 우리가 살펴본 바와 같은 레비나스의 역사와 전체성 개념도 유지되기 어려운 것임을 지적하고자 했다.[14] 데리다의 입장에서야 완결적이지 않은 맥락 속에서 성립하는 고정되지 않은 의미화만이 가능할 것이다. 데리다는 종말론에 대해서도 그것이 어떤 체계나 현실 자체의 비완결성을 지시하는 한에서는 그 함의를 받아들이지만, '바갵'과 '너머'의 적극적 영향이나 작용은 인정하지 않는다.[15] 사실, 이런 데리다의 견지가 사유의 일관성 면에서는 더 안전하고 부담이 적을 수 있을 것이다. 그러나 레비나스는 종말론을 '전혀 다른 유형의' 의미화와, 너머 또는 바깥의 현현(顯現)과 연결시킨다.

이 의미화는 앞서 말한 순간의 심판과 다른 것이 아니어서, 여기서 우리는,

> 전체성의 경험으로부터 전체성이 부서지는 상황으로 나아갈 수 있는데, 이 상황이 전체성 그 자체를 조건 짓는다. 이러한 상황은 타인의 얼굴에 나타난 외재성의 또는 초월의 섬광이다. 이 초월의 개념을 엄밀하게 발전시켰을 때 우리는 그것을 무한이라는 말로 표현하게 된다.(TI, p.XIII)

---

14) 자크 데리다, 『글쓰기와 차이』, 남수인 옮김, 동문선, 2001의 4장 참조. 데리다는 특히, 초기 저작에서 후설의 '무역사성'을 비판했던 레비나스가 세월이 흐른 뒤 종말론을 통해 역사 너머를 운위하여 놀라움을 주고 있다고 밝힌 다음, 이렇게 쓰고 있다. ['전체성 즉 역사 너머'라는] "이것은 다시 한 번, 전체성이 유한하다고(이 점은 전체성의 개념에는 전혀 들어 있지 않다) 전제하며, 있는 그대로의 역사가 유한한 전체일 수 있다고, 또 유한한 전체를 넘어서는 역사는 없다고 전제한다. 우리가 앞서 시사했던 것처럼, 다음과 같은 점들을 보여줄 필요가 있을 것이다. 역사란 유한한 전체성 속에서는 불가능하며 의미를 가질 수 없다는 것, 역사란 적극적이고 현재적인 무한성 속에서는 불가능하며 의미를 가질 수 없다는 것, 그리고 역사는 전체성과 무한 사이의 차이 가운데 유지된다는 것, 역사는 레비나스가 초월과 종말론이라고 부른 바로 그것이라는 것. 하나의 **시스템**은 유한하지도 무한하지도 않다. 구조적 전체성은 그 작용에서 이 양자택일을 벗어난다. 구조적 전체성은 고고학적인 것과 종말론적인 것을 벗어나며 그것들을 자기 자신 속에 새겨 넣는다"(197~8쪽. 번역은 수정했음).

15) 이런 점은 데리다가 '환대'를 중심으로 레비나스의 개념과 관점을 상당 부분 수용했다고 할 수 있는 말년의 시기에도 본질적으로 달라지지 않지만, 그는 레비나스의 종말론적 견지를 정치적인 것을 넘어서는 정치, 순수히 정치적인 것일 수 없는 평화를 사유하는 방식으로, 나아가 메시아주의 없는 메시아성과 관련되는 것으로 해석해낸다. Jacques Derrida, *Adieu à Emmanuel Lévinas*, Galilée, 1997, 특히 p.143 이하, p.204 등 참조.

이렇듯 현현에 초점을 맞추어 볼 때 부각되는 것이 바로 타인의 얼굴이다. 따라서 이 얼굴은, 적어도 너머와 바깥의 현현으로서의 얼굴은, 다툼과 이해관계의 영역에 속하지 않는다. 이 얼굴은 한정되지 않은 것과 관계하기에, 우리에게 익숙한 규정들의 견지에서 보면 벌거벗은 것이지만, 언제나 장악 불가능한 높이와 깊이를 지닌다. 그래서 레비나스에 따르면, 우리는 타인의 얼굴이 호소하고 명령하는 바를 궁극적으로 외면할 수 없다. 다툼의 힘이나 강제에 의해 한정되지 않기에 이 호소와 명령은 더욱, 비할 바 없이, 직접적으로 내게 다가온다. 이와 같은 직접성이야말로 얼굴의 중요한 특성이다.

이 얼굴의 직접적 호소와 명령, 그리고 거기에 대한 응답과 책임이 의미화의 궁극적 원천이 된다. 우리가 주체로서의 존재자로 성립하는 것은 이런 책임과 의미화를 통해서고, 전체성이 존립할 수 있는 것도 이렇게 주체가 존재자로서, 분리된 존재로서 성립하기 때문이다. 그러므로 전체성이 부서지는 상황, 즉 전체성 너머가 드러나는 상황이 다름 아닌 전체성의 조건을 이룬다고 할 수 있다. 달리 말해, 폐쇄적 유한의 세계가 깨지는 상황이야말로 그 세계의 유한한 테두리가 마련되는 바탕을 보여 준다는 것이다.

그런데 이제 한 번 물어보자. 왜 하필이면 얼굴인가? 한정됨이 한정되지 않은 것을 전제하며, 따라서 한정된 것으로서의 전체성이 한정되지 않은 잉여로서의 무한과 어떤 방식으로든 관계를 맺을 수 있다고 해 보자. 또 그 관계의 방식이 전체성의 깨짐으로서, 그것도 매 순간의 파열로서 나타난다고 해 보자. 그렇더라도 왜 그 파열이 얼굴을 통하여 드러나는가? 또는 왜 그 파열의 섬광이 나타나는 장소를 굳이 얼굴로 한정하는가? 왜 그 파열이 일어나는 지평은 존재론적인 것이어서는 안 되고 윤리적인 것이어야 하는가?

3.

레비나스는 자신의 견해가 독단적인 것이 아니며 믿음에 의존하는 것도 아니고 비이성적인 것도 아니라고 주장한다. 그러나 다른 한편으로, 자신이 내세우는 바가 객관적 경험의 용어로 말해질 수 없으며 사유 대상과 합치하는 명료한 사유로 제시될 수 없다고 말한다.(TI, pp.XIII~XV) 레비나스가 거론하는 것은 한정된 것으로서의 사유가 담을 수 없는 무한의 차원과 관계하는 것이기 때문이다. 무한과의 관계는 자기 동일적인 것을 사유하는 사유를 넘어선다. 무한이란 도대체가 유한자의 견지에서는 온전히 파악 수 없는, 그래서 그 관계의 편린만이 언제나 불완전한 방식으로 주어지는, 또 그런 까닭에 고정된 틀과 재현의 형식을 늘 벗어나 버리는 그런 것이 아닌가.

　무한이라는 말이 자못 거창하게 들린다면 우리가 끝내 포착할 수 없는 바깥과 너머의 세계라고 바꿔 표현해도 마찬가지다. 실제로 우리는 그렇게 펼쳐진 세계를 우리 나름의 방식으로 한정하여 파악하고 이해하는 가운데 살아가고 있다. 우리가 갖추고 있는 파악의 틀을 칸트처럼 주관 내부의 고정된 것이라고 제한해 생각할 필요는 없다. 지난 세기에 구조주의를 통해 한껏 부각되었던 대로 언어를 위시한 상징적 체계나 문화적·이데올로기적 틀들도 그런 한정된 방식에 해당한다. 그 같은 방식이 다소간 가변적이고 불완전하다는 점 또한 이제껏 숱하게 지적되어 왔다. 낯설고 새로운 사태가 우리 삶에 등장하는 것은 한편으로 그런 불완전함의 탓이라고 볼 수 있다. 물론 우리는 그 낯섦을 기존의 틀을 수선하거나 변경하여 다시 규정해 내려 하지만, 그것 역시 불완전한 것일 수밖에 없는 이상, 이 과정은 근본적으로 종식되지 않는다.

어떻든, 무한에 대한 관심은 바깥에 대한 관심과 겹친다. 낯섦을 익숙함으로 바꾸려는 시도가 동일화이고 전체화라면, 무한과 바깥에 대한 관심은 탈(脫)동일화와 탈(脫)전체화의 일환인 셈이다. 동일성과 전체성의 질서에서 생겨나는 문제들을 그 질서의 테두리 내에서 해결할 수 없다고 여겨질 때, 우리는 바깥과의 관계에 적극적인 시선을 돌리기 마련이다. 이럴 경우, 예외적이고 낯선 사태의 도래가 기존의 폐쇄적 질서를 변화시키는 계기가 될 수 있다는 점에서 오히려 긍정적인 의미를 띠고 다가올 수 있다. 예컨대 하이데거에서의 '생기'[16]를, 알튀세르에서의 '조우'를, 바디우에서의 '사건'을, 지젝에서의 '실재'의 내습[17]이 함의하는 바를 생각해 보라.

그런데 이런 개념들이 지시하는 낯설고 새로운 변화는 기존의 파악 방식을 넘어서는 것이기에 이해하기 어려울 수밖에 없다. 레비나스처럼 한정됨 자체를 제거해 버린 '무한'을 거론할 때에는 더더욱 그렇다. 한정받지 않은 무한이 우리와 관계할 때 우리는 그것에 어떤 방식으로 접근할 수 있는가? 내게 무한의 관념이 놓인다는 사태, 즉 "자신의 동일성에 고정

---

16) '하이데거의 'Ereignis'는 생기'(生起) 외에 '사건'이라고 번역되기도 한다. 이 개념에 대한 레비나스의 설명으로는 에마뉘엘 레비나스, 『신, 죽음, 그리고 시간』, 김도형/문성원/손영창 옮김, 그린비, 2013, 45쪽 참조.
17) 문성원, 「유물론의 전회」, 『해체와 윤리』, 그린비, 2012, 294쪽 이하 참조.

된 분리된 존재가, 동일자가, 자아가, 자신의 동일성에 힘입는 것만으로는 도저히 포함할 수도 받아들일 수도 없는 것을 그럼에도 자신 안에 포함하고 있다는, 있을 법하지 않은 사태"(TI, p.XV)는 어떻게 일어나는가?

레비나스는 이러한 사태를 무한의 '무한화'라고 칭한다. 무한이 스스로를 무한한 것으로서 드러낸다는 점을, 그래서 우리가 모든 한정된 것의 바탕에 한정되지 않은 차원이 놓여 있음을 (객관적으로가 아니라 진정한 의미로) '경험'하게 된다는 점을 함의하는 표현이다. 이 표현이 '무화'(無化)나 '시성'(時成) 같은 하이데거의 용어를 연상시키는 것은 아마 우연이 아닐 것이다. 레비나스는 이 무한에 대한 경험 또는 무한의 드러남을 설명하기 위해 역시 하이데거의 영향이 강한 '사건'이라는 용어를 사용하기도 한다. 하지만 그는 이런 용법이 행여 그가 비판하는 하이데거에게서처럼 인식 우위의 지향으로, 그러니까 낯섦을 다시 파악하여 장악하려는 시도로 오해될까 봐 몹시 경계한다. 그런 탓에 레비나스에게서 이 '사건'은 그 정체가 환히 드러나는 '빛의' 사건이 아니라 "본질적으로 밤의" 사건이 되며(TI, p.XVI), 앎에 대해 덮개가 벗겨지는 '탈은폐'가 아니라 스스로를 실현하는 "생산"이 된다(TI, p.XIV).

그렇다면 이 무한화의 사건을 통해 생산되는 것으로 레비나스가 내세우는 내용, 곧 평화의 도덕이자 얼굴의 윤리는 어떻게 정당화되는가? 그것은 결국 밤의 어둠에 가려진 채, 불확실함과 애매함을 벗어나지 못하는 한갓된 주장으로 받아들여질 수밖에 없는가? 그 자의성(恣意性)을 의심받으면서도 이런 불명료함이야말로 또 하나의 폐쇄적 전체성을 피할 수 있는 특성이 아니겠냐고 억지로 위로하는 데 그쳐야 하는가?

중요한 것은 대상화하는 사유를 그 사유에 생명을 주는 망각된 경험이 넘어선다는 생각이다. 사유의 형식적 구조 — 노에시스의 노에마 — 의 파열은 이러한 구조가 은폐하는 사건들 속에서 — 그렇지만 이 사건들은 그 구조를 떠받치고 그 구조에 구체적 의미화를 회복시켜 주는 데 — 일어난다. 이러한 파열은 일종의 추론을 구성한다. 이 추론은 필연적이긴 하지만 분석적인 것은 아니다.(TI, p.XVII)

요컨대, 레비나스는 논변을 정당화하는 기존의 방식을 따를 생각이 없다. 그는 나름의 새로운 추론 방식을 내놓는다. 사유의 대상에 머물지 않고 그 사유를 떠받치고 있는 지평으로까지 나아가 사유에 앞선 경험을 끌어내겠다는 것이다. 또 그럼으로써 그렇게밖에 보여줄 수 없는 우리 삶의 필연적 연관을 제시하겠다는 것이다. 레비나스는 이러한 지향이 현상학의 기본 정신이요, 후설의 본질적인 가르침이라고 역설한다. 우리의 경험을 있는 그대로 다루기 위해서는 (흔히 후설 현상학의 요체라고 알고 있는) 노에시스-노에마의 구조가 깨지는 지점을 통과하여 더 깊은 차원에 도달해야 한다. 즉, 참된 현상학적 지향은 의식작용-의식대상의 인식론적 합치의 지평을 뚫고 더욱 근본적인 경험으로 나아가야 한다. 그럴 때 드러나는 것이 타인의 얼굴이 주는 의미화, 곧 타자의 호소에 응답하는 책임적 주체의 성립이다.

레비나스가 볼 때, 그가 제시하고자 하는 이런 근본적 경험을 그의 설명이나 '추론'에 앞서 미리 재단할 수 있는 이론적인 틀은 존재하지 않는다. 레비나스는 오히려 이론과 실천 사이의 전통적인 대립을 문제 삼는다. 근본적인 경험으로의 초월, 그런 의미에서 형이상학적인 초월은 이론과 실천의 위계나 대립을 넘어선다. 그러므로 이런 초월을 서술하는 일은 자칫 이론과 실천을 혼동하는 것처럼 보일 수도 있다. 하지만 이와 같은 서술은, 동일자적 명료함을 고수하려는 폐쇄적 전체성에서와는 달리, 바깥을 지향하는 열망과 바깥에 대한 존중으로 이루어진다. 레비나스는 이 것이 전혀 비합리적인 일이 아닐뿐더러 진정한 의미에서 진리를 구성하 는 길이라고 주장한다.(TI, p.XVII) '열망'이나 '존중'이 진리나 이성의 성 립과 깊게 결합된다는 것 자체가 이론과 실천 사이의 참된 관계를 보여 주는 것이다. 또 이런 관계가 이루어지는 차원은 윤리와 형이상학이 합치 되는 차원이기도 하다.

하지만 이론과 실천이 근본적인 층위에서 결합된다는 것이 주관성 이나 자의성이 전면에 나서거나 용인된다는 것을 뜻하지는 않는다. 레비 나스가 객관적 대상성을 문제 삼는 것은 그것이 폐쇄적 구조를 이루고 그 럼으로써 진정한 객관성이라 할 법한 바깥과의 관계를 은폐하거나 배제 하기 때문이지, 주관의 자기중심적 의도나 체험을 내세우기 위해서가 전 혀 아니다. 바깥에 대한 존중이란 주관적 자의성에 대한 경계(警戒)와 통 한다. 책임을 통해 성립하는 주체는 주관주의적인 것일 수 없다. 레비나 스는 윤리에 이르는 통로로서 종말론의 의미를 논하는 마지막 대목에서 도 이 점을 강조한다.

종말론의 비전은 한 개인이 자신의 개인적 이기주의를 내세우거나 심 지어 구원을 앞세워 행하는 항의를 전체성의 경험에 대립시키지 않는 다. 자아의 순전한 주관주의에서 출발하는 도덕의 그러한 선언은 전쟁 에 의해 논박된다. 전쟁이 드러내는 전체성에 의해, 객관적 필연성들에 의해 논박된다. 우리는 종말론적 비전에서 비롯한 주체성을 전쟁의 객관주의에 대립시킨다. 무한의 관념은 주체성을 역사의 심판으로부터 해방시켜서, 이 주체성이 매 순간 심판을 할 만큼 성숙해 있음을 보여주며, 또 앞으로 우리가 보겠지만, 이 주체성이 자신이 없이는 불가능한 그 심판에 참여하도록 부름을 받고 있음을 밝혀준다. 전쟁의 냉혹한 법은 존재로부터 떨어져 나간 무력한 주관주의에 맞서서가 아니라, 객관성보다 더 객관적인 무한에 맞서서 깨지는 것이다. (TI, p.XIV)

자신을 고수하고자 하는 주관주의의 주체성은 근거가 없는 것이기에 무력할 수밖에 없다. 그래서 그것은 결국 냉혹한 객관의 법칙에 굴복하여 그 객관성의 한 부분으로 흡수되고 만다. 전체의 심판에, 역사의 심판에 종속되는 것이다. 반면에 무한의 부름에 응답함으로써 성립하는 주체성은 그렇지 않다. 역사의 객관성보다, 전쟁의 객관성보다 더 객관적이고 더 근본적인 바깥의 차원에 근거하기 때문이다.

하지만 이러한 레비나스의 주장이 또 하나의 주관주의에 불과하지 않다고 어떻게 단언할 수 있는가? 기존의 기준으로 보면 당연히 불명료할 수밖에 없다는 레비나스의 자못 궁색해 보이는 해명을 받아들여가면서 우리가 그의 논의를 쫓아가야 할 까닭이 무엇인가? 우리가 다른 주관적 도덕에 속듯 레비나스의 윤리학에 속지 않으리라는 보장은 어디에 있는가?

4.

그런데 잠시 생각해 보자. 이런 물음을 던지면서 우리는 어떤 종류의 속음을 두려워하고 있는 것일까? 혹시 그것은 레비나스가 넘어서고자 하는 "이기적 항의"(TI, p.XIV)의 수준에 기초하고 있는 것이 아닐까? 만일 그렇다면, 속지 않으려는 이 의도 자체가 레비나스의 주장을 이해하는 데 걸림돌로 작용하고 있는 셈이다. 우리는 실상, 자기 이익을 챙기고 스스로를 고수하려는 다툼의 논리와 지평에 머문 채, 그곳에서 유리한 자리를, 최소한 불리하지 않은 자리를 차지하려는 의식적·무의식적 바람에 사로잡혀 있는 것일 테니 말이다. 바꿔 말해, 우리는 레비나스가 내놓은 종말론의 발상을 받아들일 준비가, 즉 다툼의 현실 너머로 발을 내디딜 준비가 아직 되어 있지 않은 것이 아닐까. 사실, 레비나스가 오랫동안의 궁구 결과를 『전체성과 무한』이라는 책자로 정리해 내놓으면서 그 첫머리에서부터 종말론을 이토록 집중적으로 논의한[18] 까닭도 아마 이런 준비 쪽으로 우리를 조금이라도 더 끌고 가기 위해서가 아니었을까.

이미 언급했다시피 종말론의 발상은 우리가 발 딛고 있는 현실 내부에서 사태의 본질적 개선을 이끌어낼 수 없다고 여겨질 때 힘을 얻는 법이다. 가령, 강력한 제국의 전방위적 압제에 간단없이 시달리는 시절에, 또는 온 세계를 질식시키려는 듯 파시즘의 광풍이 몰아치는 시대에, 그리고 끝없이 진격하는 자본주의의 집요한 발걸음이 세계의 구석구석을 눌러 밟고 있는 매 순간에, 절망적 현실을 극복하고자 하는 시도는 그 현실의 테두리 바깥을 지향할 수밖에 없다. 아도르노는 이런 상황에 처한 철학적 사유의 모습을 다음과 같이 묘사한다(다소 길지만 인용해 볼 가치가

---

18) 『전체성과 무한』 본문에서는 종말론이 책 전체를 통해 딱 한 번 언급될 뿐이다. "역사는 종말론이 아니다."(TI, p.219)

있다).

절망에 직면해 있는 철학이 아직도 책임져야 할 것이 있다면 그것은 오직 사물들을 구원의 관점에서 관찰하고 서술하려는 노력이 아닐까 한다. 인식이란 구원으로부터 지상에 비추어지는 빛 외에는 어떠한 빛도 가지고 있지 않다. 다른 모든 것은 추수(追隨)적인 재구성에 지나지 않는, 단순한 테크닉에 불과하다. 언젠가 메시아의 빛 속에서 드러날 세상은 궁핍하고 왜곡된 모습일 수밖에 없다면, 그러한 메시아의 관점처럼 세상의 틈과 균열을 까발려 그 왜곡되고 낯설어진 모습을 들추어내는 관점이 만들어져야 하는 것이다. 어떤 자의나 폭력도 없이, 오직 전적으로 대상과의 교감으로부터만 나오는 그런 관점을 획득하는 것이 사유의 유일한 관심사이다. 그것은 지극히 간단한 일인데 그 이유는 현 상황이 절대적으로 그러한 인식을 요청하기 때문이며, 또한 일단 시야에 포착된 완전한 부정성은 거울 속의 뒤집힌 상을 그려내듯 그 반대되는 모습을 재현할 수 있기 때문이다. 그러나 그것은 또한 전혀 불가능한 것이다. 왜냐하면, 그것은 현존하는 세상의 올가미에서 ── 눈곱만큼이라도 ── 벗어난 관점을 전제하는데, 모든 가능한 인식은 구속력을 얻기 위해서는 현존하는 세계로부터 쥐어 짜내져야 할 뿐만 아니라, 바로 그런 이유로 그 자신이 먼저 자신이 빠져나오려 했던 왜곡과 궁핍에 가격당할 수밖에 없기 때문이다. 사유가 제약 없는 것을 위해 자신의 제약성을 열정적으로 부정하려 들면 들수록, 사유는 자신도 모르는 채, 좀 더 치명적으로 세상의 손아귀에 떨어지고 만다. '가능성'을 위해 사유는 자신의 불가능성을 파악해야만 한다. 사유에 부과된 이러한 요청을 염두에 둔다면 구원의 현실성

이 있느냐 없느냐 하는 질문은 별로 문제가 되지 않는다.[19]

아도르노의 이런 지적은 벤야민에 대해서뿐 아니라 레비나스에게도 해당될 것이다. 구원과 초월을 지향하는 사유의 절박함은 이해할 수 있다. 그러나 현존하는 세계를 벗어나려는 사유는 바로 그 세계에 의해 제약된다. 탈출을 꿈꾸는 사유가 얻게 되는 관점은 바로 그 사유가 빠져나가고자 하는 세계의 역상(逆象)에서 생겨나며, 어쩔 수 없이 그 모태(母胎)의 한계를 이어받고 있다. 레비나스의 사유라고 해서 왜 그렇지 않겠는가? 레비나스에서 다툼과 지배를 넘어서는 타자와의 관계는 그가 말하는 대로 대상에 대한 인식의 지평을 뛰어넘는 근본적인 경험에서 비롯하는 것이겠는가, 아니면 거꾸로 대상적 인식에 대한 회의와 근본적 경험에 대한 요청이 이 다툼과 지배의 현실로부터 나오는 것이겠는가?

하지만 레비나스의 견지에서는 이러한 추궁마저 동일자의 테두리를 벗어나지 못하는 소치로, 타자의 부름에 응답하지 못하는 폐쇄의 문단속으로 비칠 것이다. 아닌 게 아니라 아도르노는 "근본적인 의미에서 어떤 도약도 불가능"하므로 "밖으로 탈주하는 사건"[20]이란 일어날 수 없다고 생각하지 않는가. 전쟁의 현실은 명백하고 평화는 불가능해 보인다. 그 '불가능'을 뚫으려는 사유의 노력에 대해서조차 아도르노는 그런 가능성

---

19) 테오도어 W. 아도르노, 『미니마 모랄리아: 상처받은 삶에서 나온 성찰』, 김유동 옮김, 길, 2005, 325~326쪽. 야콥 타우베스는 앞서 인용한 책에서 아도르노의 이 글을 벤야민의 관점과 대비하여 소개하고 있다. 타우베스에 의하면, 아도르노는 벤야민의 진지하고 절박한 메시아주의를 다분히 미학적인 것으로 바꿔 버린다. 야콥 타우베스, 『바울의 정치신학』, 176쪽 이하 참조.
20) 아도르노, 위의 책, 322쪽.

을 위해서는 현실에 매인 사유 자체의 고유한 불가능을 파악해야 한다고 말한다.[21] 어떻게 하자는 것인가? 레비나스의 눈에는 이런 입장이야말로 "적대적인 선(善)과 진(眞)에 동시에 달라붙은" "위선적인 문명"(TI Ⅶ)에 속하는 것으로 보이지 않겠는가.

한편, 우리는 레비나스의 종말론적 발상이 나치와 이차대전에 대한 경험에 의해서만이 아니라 시오니즘과 이스라엘 건국을 둘러싼 갈등에 의해서도 영향을 받았을 것이라고 짐작해 볼 수 있다. 1946년부터 동방 이스라엘 사범학교(파리 소재 유대인 학교)의 교장을 맡고 있었던 레비나스에게 이스라엘 문제는 여간 예민한 사항이 아니었을 것이다. 그는 이 문제에 대해 무엇보다 정치적 차원과 예언적 차원을, 즉 정치적 국가와 예언적 국가를 구분함으로써 대응한다.[22] 이러한 구분은 존재론과 윤리학을 대비하는 것으로, 또 현실에 종말론적 비전을 도입하는 것으로 연결될 수 있다. 그런데 이와 같은 구도가 활용될 수 있는 길은 한 갈래만이 아니다. 우리는 우선, 윤리적 태도로의 전환만이 진정한 평화를 가져올 수 있다는 레비나스의 본래 생각에 충실할 것을 기대할 수 있다. 이럴 때 그의 입장에서는 현실의 이스라엘을 직접적으로 옹호하기는 어려울 것이다. 그러나 레비나스의 실제 행적을 보면 그의 종말론적 평화 주장이 이스라엘에 대한 실질적 옹호와 관련되어 있다는 지적[23]을 근거 없는 것이라고 떨쳐버리기가 쉽지 않다. 그렇다면 레비나스는 그의 윤리학으로 우리를 속이고 있는 것일까? 아니면 그 스스로 자신의 윤리학이 넘어

---

21) 아도르노의 독어 원문에는 '가능성'(Möglichkeit)과 '불가능성'(Unmöglichkeit) 모두 따옴표가 없다.
22) Emmanuel Lévinas, *L'au-delà du Verset*, Minuit,1982, p.209 이하 참조.

가려 한 현실의 문턱에 걸려 넘어진 것일까? 또는 오히려 그러한 모습은 진정한 윤리와 종말론적 지향이 이 현실에서 겪어야 할 고충의 일단을 보여주는 것일까?

---

23) Howard Caygil, *Levinas and the Political*, Routledge, 2002, 5장, 특히 p.166 이하를 보라. 여기에 비해, 데리다는 현실적인 것과 종말론적인 것, 정치적인 것과 윤리적인 것에 대한 레비나스의 구분을 보다 긍정적인 견지에서 다룬다. 그는 레비나스의 침묵을 언급하며 이 두 차원의 관계 문제를 미해결 것으로 남겨둔다. Jacques Derrida, *Adieu à Emmanuel Lévinas*, p.177 이하 참조.

2부

레비나스와 철학자들

1장 _ 레비나스에 대한 데리다의 비판적 독해

손영창

1.

레비나스는『데카르트적 성찰』[1]을 번역하여 이미 1930년대에 현상학자로서 프랑스 철학계에 자신을 각인시켰고, 이후『존재자에서 존재자로』[2]와 같은 저서를 통해서 프랑스 독자들에게 그의 이름을 알렸다. 하지만 레비나스의 사상은 60년대 프랑스 지성계를 풍미하던 중심적 철학자인 레비스토로스, 라캉, 푸코 등과는 다소 거리가 있었기에 대중적인 명성을 얻지는 못하였다. 그럼에도 데리다는 비교적 일찍 레비나스에 관심을 갖는다. 그 대표적인 예를「폭력과 형이상학」[3]에서 우리는 볼 수 있다. 이 논문에서 데리다는 초기 저작인『시간과 타자』[4],『전체성과 무한 : 외재성에 대한 논고』[5]에 대한 면밀한 독해를 통해 레비나스의 사상적 가치와

---

1) Edmund Husserl, *Méditations cartésiennes. Introduction à la phénoménologie*, trad. par G. Peiffer et E. Lévinas, Vrin, 1947 (l'édition de poche, 1992).
2) 에마뉘엘 레비나스,『존재에서 존재자로』, 서동욱 옮김, 민음사, 2003.
3) 자크 데리다,「폭력과 형이상학」,『글쓰기와 차이』, 남수인 옮김, 동문선, 2001 (이하「폭력과 형이상학」으로 표기함. 남수인 번역은 경우에 따라서 부분적으로 수정하여 인용한다).
4) 에마뉘엘 레비나스,『시간과 타자』, 강영안 옮김, 문예출판사, 1999.

의의에 주목하고, 그의 타자윤리를 당대의 철학적 흐름 속에 위치짓는다. 이런 관심에도 불구하고 데리다는 「폭력과 형이상학」에서 레비나스의 타자성 개념에 대한 비판적 독해를 통해 그와 일정한 거리를 유지한 반면, 후기로 갈수록 그에게서 지대한 영향을 받는다. 우리는 데리다의 후기 저작들과 그가 다룬 주제들에서 레비나스의 흔적을 어렵게 않게 발견할 수 있다.[6]

이런 사상적 연관성 이외에도 우리는 이 두 철학자의 삶의 여정에서 일정한 유사성을 발견할 수 있다. 두 철학자 모두 출생지가 프랑스가 아니며, 이방인으로서 프랑스에 정착하여 자신들의 독특한 체험을 바탕으로 기존의 철학을 전면적으로 비판한 점에서 비슷한 이력을 갖고 있다. 특히 레비나스의 경우 타자와의 윤리적 관계를 통해 기존의 서구철학의 한계를 넘어서고자 했었고, 데리다의 경우는 서구철학에서 동일자의 순수한 현존의 논리를 비판함으로써 기존의 철학이 주장하는 논리적 정합성, 개념적 순수성을 해체시키고자 했다. 말하자면 우리는 이 철학자들이 전통 서구 철학과 대결을 통해 자신의 고유한 사상적 지평을 열었다는 점에서 이들의 강한 비판의식을 읽을 수 있다.

그러나 이러한 유사성에도 불구하고 우리는 이 두 철학자 사이에 존재하는 사상적 차이에 주목하고자 한다. 특히 「폭력과 형이상학」에서 볼

---

5) Emmanuel Levinas, *Totalité et Infini, essai sur l'extériorité*, Nijhoff/La Haye, 1971(le Livre de Poche)의 부제에서 알 수 있듯이 레비나스는 타자성을 외재성의 측면과 함께 사유한다. 이하 TI로 표기함.
6) 대표적인 예가 레비나스에 헌정한 Jacques Derrida, *Adieu : À Emmanuel Lévinas*, Galilée, 1997(이하 AD로 표기함)이다. 이 책에서 데리다는 자신이 다루는 환대, 책임, 타자, 무한한 정의와 같은 일련의 개념들과 레비나스의 사상과의 연관성을 밝힌다.

수 있듯이, 레비나스에 대한 데리다의 문제제기, 즉 근본적으로 레비나스의 사유는 자신이 비판한 서구의 사유형태를 벗어났는가에 대한 질문 속에서 두 철학자의 사상적 간극을 읽을 수 있다. 그리고 데리다의 이런 비판적 입장은 레비나스에 대한 관심의 증대와는 무관하게 그의 사유의 여정 내내 이어진다. 말하자면 데리다에게 레비나스의 영향이 있었다 하더라도 그것이 일방적인 것은 아니었으며, 언제나 이 두 철학자 사이에는 일정한 긴장관계가 존재했다.

이런 점에서 필자는 두 철학자를 단순히 비교하기보다 이 둘 사이의 논쟁을 중심으로 검토할 것이고, 특히 레비나스에 대한 데리다 입장을 면밀히 살펴봄으로써 레비나스의 타자철학의 의의와 한계뿐 아니라 데리다 사상의 독창성이 어떻게 성취되는가의 측면도 해명해보고자 한다.

2.

우선 우리는 다음의 질문으로 시작해 보고자 한다. 무엇이 데리다로 하여금 일찍부터 레비나스에 대해 깊은 관심을 갖도록 만들었는가? 어떤 사상적 이유에서 그는 레비나스를 주목했는가? 우리는 데리다가 주목한 레비나스의 사유의 특이성을 「폭력과 형이상학」 초반부에서 찾을 수 있다.

그리스어나 우리 언어, 그리고 언어 역사의 풍부한 충적토를 가진 어느 민족어에서…… 언어가 끊임없이 발휘하는 유혹의 힘을 자책하는 언어에서, 이 사유[레비나스의 사유]는 우리에게 그리스적 로고스의 해체를 요구한다.[7]

데리다는 레비나스의 철학적 기획의 의의를 기존의 철학에 머무는 것이 아니라 그리스적 로고스를 해체하고 넘어서고자 하는 시도에서 찾는다. 말하자면 레비나스는 기존의 철학과는 완전히 다른 새로운 언어를 추구하였고 모든 개념과 인식 너머에서 타자를 사유하고자 했다는 것이다. 그렇다면 레비나스가 말한 새로운 언어의 의미는 무엇일까? 우리는 이 물음을 풀기 위해서 레비나스가 왜 기존의 철학을 비판하였으며, 그가 말하고자 한 타자성의 의미가 무엇인가에 대해서 먼저 살펴보아야 할 것이다.

우선 레비나스는 기존의 철학적 사유를 '전체성'(Totalité)으로 규정하고 비판한다. 여기서의 전체성이라 함은 사유가 세계와 자기에 대한 앎을 통해 자기완결적 지식의 체계에 도달하는 것을 의미한다. 이런 사유의 완결성은 모든 외부를 자기 속에 포섭하여 그와 다른 존재자의 이질성을 제거하고자 한다. 물론 철학에서 인식활동이 이런 자기완결성만이 아니라 외부를 향한 운동의 성격도 갖고 있었다. 전통 철학을 동일성의 철학이라고 비판하는 레비나스도 이 점은 동의한다. 그래서 그는 "앎 또는 이론은 우선 존재와의 관계를 의미한다. 그 관계란 인식하는 존재가 인식되는 존재의 타자성을 존중해 주는 가운데 인식되는 존재가 스스로를 드러내게 하는 관계다"[8]라고 말한다. 즉 '인식하는 존재'가 '인식되는 존재'의 타자성을 존중하여 인식되는 존재가 스스로를 드러내게 하는 것이 인식론의 이상이었다. 하지만 타자에 대한 이런 인식론적 접근은 그것의 본래

---

7) 「폭력과 형이상학」, 136쪽.
8) TI, p. 13.

적인 의미를 온전히 실현할 수 없었다. 이는 인식의 구조에 있어 인식의 대상이 갖는 타자성을 제거하고, 인식의 한계 내에서 측정되고 파악될 수 있는 존재만을 그것의 대상으로 한정했기 때문이다. 그래서 레비나스는 "…… 인식하는 존재에 대해 인식되는 존재의 타자성이 사라지게 되는 방식으로 인식되는 존재에 접근하는 방식"[9]으로서 인식을 말한다. 이처럼 인식론을 인식주체에 의한 인식대상이 가진 타자성의 제거와 흡수라는 방식으로 규정하는 방식은 현상학자인 레비나스의 입장에서는 당연하다. 이를테면 현상학에서 세계의 존재는 그 자체로 존재한다는 소박한 실재론을 거부하고, 모든 존재가 실상에 있어 의식의 상관자로서만 존재할 수 있다는 점에서 출발한다. 그러기에 인식의 운동은 외재성에 열리는 개방이지만 한편으로 외재적 존재가 언제나 의식적 자아와의 상관적 관계 속에서만 그 의미를 가질 수 있다. 그 결과 "인식과정은 …… 인식하는 존재의 자유와 혼동"[10]에 빠지게 되었고, 결국 인식은 인식주체에 외재하는 인식대상인 타자를 인정하기보다 타자의 타자성을 지배하고 제거하고자 하는 주체의 활동과 자유를 확인하는 계기로서 자리매김하게 된다. 요컨대 인식에서 그 대상의 타자성이 제거되면서, 인식은 주체의 활동이나 주체의 자유의 전개로서 이해된다. 이렇게 인식은 전체성을 정립하는 과정으로 전개된다.

인식의 이런 폭력적 성격에 맞서, 레비나스는 타자에 대한 접근을 인식과는 전혀 다른 차원에서 논하고자 한다. 왜냐하면 타자는 일차적으로

---

9) TI, p.13.
10) TI, p.13.

인식과는 다른 방식으로 주체와 관계를 맺으며, 인식의 개념이나 보편으로 환원되지 않는 구체적인 존재자로 머무르기 때문이다. 이를 위해 그는 『존재에서 존재자로』[11]에서는 존재의 익명성을 벗어나서 존재자의 구체성이 어떻게 확립되는가를 보여 주었고, 『전체성과 무한』에서는 타인과 맺는 윤리적 관계가 어떻게 인식과는 다른 의미의 차원을 주체에게 가져오는 가를 제시했다.

그런데 타자와의 관계가 인식과의 단절을 전제한다면, 이 관계는 개념의 매개가 없는 직접적인 열림이 되어야 할 것이다.[12] 이 때문에 레비나스는 타자와 자아의 윤리적 관계를 개념이나 보편적 원리와 같은 매개물 없이 얼굴과 얼굴(face à face)의 직접적 대면으로 규정한다. 그리고 이런 대면을 통해 주체는 타자 앞에 세워지고, 타자에 의해 '문제 삼게'(mise en question) 된다.[13] 말하자면 대면적 관계 속에서 "**동일자의 자기중심적 자발성 안에서는 행해질 수 없는 동일자에 대한 문제 제기가 타자에 의해서 행해진다**"[14]는 점에서 대면관계는 레비나스 사상에서 타자관계의 출발점이다. 또한 이때의 대면은 타자의 요구 앞에서 어떤 보편적 법칙이나 원리의 매개 없이 타자의 요구에 유일하게 응답하는 자로서 주체의 직접적인 열림을 의미하기에, 타자의 요구는 어떤 원리에 의해 제약을 받지

---

11) 에마뉘엘 레비나스, 『존재에서 존재자로』, 93쪽 이하에서 '존재자 없는 존재'라는 이름으로 '있음'(Il y a)의 현상을 분석한다.

12) 데리다는 레비나스의 타자론에서 타자와의 관계를 개념적 언어의 매개가 없는 경험으로 규정한다.(「폭력과 형이상학」, 136쪽 참조)

13) TI, p.169. 레비나스에 따르면 "윤리적 관계는 자아를 문제시하는 것이다. 그리고 이러한 문제시는 타자에게서 시작한다."

14) TI, p.13.

않는다. 이로 말미암아 주체의 입장에서 타자의 요구 한도를 미리 한정할 수 없다. 이런 타자성의 무원리적인 측면이 주체에게는 언제나 과도함으로 나타난다. 결국 대면적 관계에서 주도권을 갖는 것은 타자이다. 말하자면 나를 문제 삼고 요구를 할 수 있는 권리는 타자에게만 허락되며, 나는 타자를 문제 삼거나 그에게 요구하고 그를 문제삼을 수가 없다. 이처럼 대면적 관계는 비대칭성(asymetrie)[15]의 관계다. 타자의 요구와 그에 대한 책임성 앞에 불러 세워진 주체는 이런 비대칭성으로 인해 누구도 대신할 수 없는 윤리적 주체성을 획득하게 된다.[16] 이렇게 타자의 윤리적 요구에 짓눌려진 자아는 마치 관찰자가 타자를 살펴보듯이 타자의 정체성에 대해 회의하거나 의심할 여지를 갖지 못한다.[17] 앞에서 타자와의 관계에서 인식의 계기를 배제했다고 한다면, 이번에는 타자에 대한 절대적인 책임과 의무로 인해서 자연스레 타자에 대한 의심의 질문 기회는 박탈당하게 된다는 것을 알 수 있다. 여기서부터 데리다의 질문은 시작된다.[18]

---

15) TI, p.190.

16) 『전체성과 무한』의 독일어판 서문에서 레비나스는 책임의 주체를 다음과 같이 말한다. "이 존재자는 그 영역이 펼쳐진 논리적 공통성 안에서는 아직 서로 교환 가능하지만, 이미 대체할 수 없는 자신의 유일성으로 일깨워져 있으며, 논리적으로는 식별 불가능한 모나드의 유일성에 이르도록, 선출된 유일성에 이르도록 명령을 받는다. 거부할 수 없는 책임 가운데에 있다."

17) Jean-Luc Marion, "D'Autrui à l'individu", *Positivité et transcendance, suivi de "Lévinas et la phénoménologie"*, PUF, 2000, p.298 이하. 장-뤽 마리옹은 이런 문제점을 분명히 하고 있다. 그에 따르면, 레비나스의 타자론에서 얼굴(visage)은 타자를 개별화하기보다 그를 현상하면서 동시에 은폐시킨다. 말하자면 얼굴은 구체적인 누구(qui)가 아니라 약자로서의 인격을 가리킨다. 그래서 타자에 대한 구체적인 개별성의 원리를 말할 뿐 타자가 구체적으로 누구인지, 어떤 자기성을 갖는지에 대해서는 해명이 없다. 우리는 레비나스의 "얼굴로서 얼굴의 에피파니는 인간성을 열어준다"(TI, p.189)라는 표현에서 이런 비판의 단초를 발견할 수 있다.

18) 「폭력과 형이상학」, 198쪽.

3.

데리다의 논문 「폭력과 형이상학」은 레비나스의 이후 사상의 궤적에 중대한 영향을 미친다. 이 논문에서 데리다는 절대적 타자성을 표방하는 레비나스 철학이 갖는 내적인 모순을 날카롭게 비판한다. 무엇보다 레비나스의 타자론이 절대적 타자를 논하고 있지만 여전히 동일자의 사유가 뿌리내리고 있는 현전이나 기원의 관념을 벗어나지 못했다는 점을 다양한 논거를 들어서 비판한다.

우리는 이런 비판의 내용을 좀 더 구체적으로 이해하기 위해서 레비나스 언어론으로부터 시작하는 것이 좋을 것 같다. 레비나스에 따르면 타자가 자신을 드러내는 것은 얼굴(visage)을 통해서다. 하지만 얼굴은 대상과 같은 방식으로 나타나는 것이 아니라 언어를 통해 자신을 알린다. 그래서 레비나스는 얼굴의 현상화를 얼굴이 말한다(parler)[19]로 규정한다. 레비나스가 자주 타자를 이방인, 고아, 과부와 같은 약자로 지칭했다면, 이런 타자의 얼굴과 그것의 표현이 나에게 윤리적 요구와 간청으로 나타나기 때문이다. 나에게 요구하며 간청하는 타자는 나에게 낯설고 부담스러운 존재이다. 낯선 타자의 타자성에 맞서, 주체는 자신의 전권적인 권력을 통해 타자를 지배하거나 제거하고자 한다. 이런 주체의 권력 앞에서는 타자는 살해의 위협에 시달린다. 말하자면 약자로서 나에게 부담을 주는 타자는 또한 '내가 살해하기를 바랄 수 있는'(pouvoir vouloir

---

19) E. Levinas, *Humanisme de l'autre homme*, Fata Morgana, 1973, p.48.

tuer) 유일한 자'[20]이다. 낯선 타자의 타자성에 맞서, 주체는 자신의 전권적인 권력을 통해 타자를 지배하거나 제거하고자 한다. 이런 주체의 권력 앞에서 타자는 살해의 위협에 시달린다.[21] 이런 살해의 위협 앞에서 타자는 '나를 살해하지 말라'(tu ne commettras pas de meutre)[22]는 윤리적 요구와 표현을 통해 주체의 힘/권력에 저항한다. 여기서 얼굴이 주체의 폭력에 대해서 행하는 저항은 '저항력 없는 자의 저항'이다. 즉 어떤 물리적 저항력을 갖지 못한 자의 윤리적 저항이다. 레비나스에 따르면 이런 윤리적 저항은 얼굴의 표현을 통해서 이뤄진다. 얼굴의 이런 저항을 통해 윤리적 관계는 열리게 된다. 이 점에서 우리는 레비나스의 언어관이 기존철학과는 확연히 다르다는 것을 알 수 있다. 이를 테면 기존의 철학에서는 언어의 분석은 주로 논증의 논리적 정합성이나 지시하는 대상과의 상응의 수준에서 논해지곤 했다. 반면에 레비나스에게서는 언어는 타자의 윤리적 관계 속에서 논해진다. 언어의 본질이 이런 정합성이나 지시성과는 다르게 타자의 간청과 이에 대한 응답이라는 측면에서 찾아지는데, 이는 윤리가 제일 철학인 한에서 언어도 다른 영역이 아닌 윤리에서 규정되어야 하기 때문이다. 윤리에서 출발한 언어의 이해는 언어를 개념적 규정이나 대상에 대한 지시와 같은 인지적 기능보다 더 근원적인 대면적 관계에서 찾는다. 말하자면 언어는 타자의 간청과 그것에 대한 응답에서만 제대로 이해될 수 있다. 이런 점에서 레비나스는 "…… 언어는 자신의 표현적

---

20) TI, p.173.
21) 레비나스는 얼굴에 대한 기술이 중점적으로 나오는 얼굴과 윤리의 장에서 살해의 문제를 주요하게 다룬다.(TI, p.172 이하)
22) TI, p.173.

기능 속에 그것이 전달되고, 호출하며 간청하는 타자를 유지하고 있다"[23] 라고 말한다. 이렇듯 레비나스에게서 언어는 윤리적 관계 속에서의 살해 금지의 간청과 그것의 표현이 함의하고 있는 타자성과 긴밀히 연결되어 있다.

이런 맥락에서 레비나스는 타자와의 언어적 관계를 대화(discours)[24] 라 부른다. 우리가 오해하지 말아야 할 것은 이때 '대화'는 대화의 상대자 가 의견의 일치나 이해에 도달하는 것이 주안점이 아니다. 대화를 의견의 일치로 이해하는 것이 주로 전통 철학의 방식이었다면, 레비나스는 대화 의 특성을 그것의 내용이나 구조로 수렴되지 않는 발화자의 위상에서 찾 는다. 즉 독백이 아닌 대화가 유지되기 위해서 각 대화자들은 분리된 상 태로 있어야 하며, 이때 표현하는 발화자는 대화의 내용으로 결코 수렴 되거나 포섭되어서는 안 된다. 발화자는 언제나 새로운 내용을 만들어 내 며, 의미를 산출하는 자로 남아 있어야 하며, 그런 한에서 그는 대화의 체 계 외부에 존립하는 것으로 전제되어야 한다. 말하자면 대화자, 대화 상 대자의 독립성 혹은 초월성이 대화의 필수적인 요소이다.[25] 이렇게 대화 상대자의 초월성으로 인해 발화자와 청취자 사이의 소통이나 이해와 같 은 두 주체 사이의 일치성보다는 절대적 타자의 외재성이 중시된다.

타자는 대화내용의 외부에 머물고 있고, 주체가 완전히 이해할 수 없

---

23) TI, p.45.
24) 『전체성과 무한』에서 레비나스는 "대화 속에서 타인에게 접근한다는 것은 …… 타인의 표현 을 받아들이는 것"이라고 말한다.(TI, p.43)
25) "실로 언어는 한 관계를 완성한다. 이 관계 속에서 항들은 인접해 있지 않으며, 타자는 동일자 와 맺는 관계에도 불구하고 동일자에게 초월적인 것으로 남아 있다."(TI, p.9)

으며 포섭할 수 없지만, 그렇다고 이런 초월성이 주체와 무관한 것은 아니다. 대화 속에서 타자는 언어적 표현을 통해서 구체적으로 주체에게 의미를 전달한다. 따라서 무한히 다른 자는 관념적 존재로 머무는 것이 아니라 언어적 표현을 통해서 구체적으로 주체와 관계를 갖는다.[26] 이 점에서 레비나스의 대화는 의식의 독백이나 관념의 소통과 달리 동일자가 포섭할 수 없는 절대적 타자의 외재성을 전제하면서 동시에 타자의 간청과 같은 얼굴의 표현을 통한 타자의 구체적인 현현(Épiphanie)을 전제한다. 부름과 간구를 통해서 타자는 자신을 드러낸다면, 타자의 이런 드러남은 배타적인 방식으로 주체에게만 전달된다. 요컨대 타자는 개념적으로 포착되거나 남김없이 이해될 수 있는 존재가 아니라 그런 개념과 이해를 넘어서는 무한히 분리된 존재이지만, 동시에 타자는 대화를 통해 직접적으로 자신을 표현하면서 주체와 구체적인 관계를 맺는 존재이다.[27]

레비나스의 대화의 또 다른 특징은 타자는 자아의 영역에 새로운 의미를 가져온다는 점이다. 그에 따르면, 홀로 있는 주체는 세계를 자신의 향유의 대상으로 삼으면서 자신의 욕구에 충족에 몰두하는 데 반해 언어는 어떤 기능도 하지 않는다. 하지만 타자가 등장하면서 상황은 달라진다. 레비나스에 따르면 타자와 주체가 근본적으로 구별되는 것은 권력의 유무에서다. 만일 타자도 주체와 동일한 권력과 힘을 가지고 있고, 그 또한 다른 타자를 억압하고 주체를 억압할 수 있다면, 이때의 타자는 또 다른 주체에 불과할 것이다. 레비나스에게서 주체와 타자는 근본적으로 권

---

26) 타자와의 관계는 "내가 그에게 말 건네는 대화 속에" 형성된다.(TI, p.169)
27) 레비나스는 대화를 "전체성의 재구성을 방해하는 근본적인 분리(séparation)"로 규정한다.(TI, p.29)

력에 있어 비대칭적이다. 그러니까 타자는 주체와 같은 권력을 가지고 있지 못하며, 주체의 폭력에 노출되어 있다. 주체의 위상에 이르지 못한 자라는 점에서 타자는 약자로서만 현현하며, 그는 자신의 향유를 위해 주체와 경쟁할 수 없다. 오히려 타자는 그의 연약함을 통해, 더 정확히는 비천함(humilité)과 벌거벗음(nudité)[28]을 통해 자기 자신을 표현한다. 벌거벗고 비천한 위치에 있는 타자가 주체의 폭력에 노출되어 있다는 점에서 우리는 그가 처한 상황의 긴박성을 유추해 볼 수 있다. 타자가 자신의 자연적 삶의 향유에 빠진 주체의 자유에 문제를 제기하고 주체의 부정의를 고발하는 것은 바로 상황의 긴급성 속에서다.[29] 이런 방식으로 얼굴은 표현되고, 윤리적 의미는 드러난다. 여기서 우리는 타자의 표현이 기존의 명제나 개념, 정합성을 추구하는 담론과는 확연히 구별되는 독특한 윤리적 상황 속에서 주체에게 전달됨을 알 수 있다.[30] 이런 타자와의 관계의 독특함으로 인해 윤리적 의미 혹은 윤리적 언어는 기존의 대상에 대한 인식이나 익명의 존재를 탐구하는 존재론적인 언어와는 전혀 다른 차원에서 주체에게 전달될 수밖에 없다.

그런데 이런 윤리적 언어의 중요성에도 불구하고, 우리는 데리다처럼 타자 자체를 있는 그대로 기술하는 존재 술어가 타자에게는 오히려 더 적합한 것은 아닌가 하고 질문해 볼 수 있다.[31] 말하자면 타자의 타자성

---

28) TI, p.174.
29) TI, p.54.
30) "대면이 언어를 세우는 것이라면, 얼굴이 최초의 의미화를 가져오고 의미화 자체를 존재 속에 수립하는 것이라면, 언어는 단지 이성에 봉사할 뿐 아니라 이성이다."(TI, p.182)
31) 「폭력과 형이상학」, 221쪽. "존재하게-두기는 단지 혹은 특권에 의해 비인칭적 사물에만 관련되지 않는다. 타자를 그의 실존과 그의 타자된 본질 속에 존재하게 방임하기, 이것은 본질

을 훼손됨 없이 기술하는 데 있어, 타자 그 자체로 존재하게 하는(laisser-être) 것이 더 우선한다고 주장할 수 있다.

존재를 이해한다는 것이 존재하게 놓아 둘 수 있는 능력(존재를 본질과 실존 속에서 존중하며, 또 그 존중에 책임지는 것)이라고 하면, 존재의 이해는 언제나 타자성에 관계되고, 무엇보다 특히 그 모든 독자성을 포함한 타인의 타자성에 관계된다. 요컨대 사람들은 자신이 아닌 것만을 존재하게 방임하고자 할 수 있다. 만일 존재가 언제나 존재하게 두는 데 있다고 하면, 만일 사유하는 것이 존재를 존재하게 방임하는 것이라고 하면, 존재는 참으로 사유의 타자이다.[32]

타자를 기술할 때는 타자와 자아의 비대칭성을 통해 타자를 우위에 두기보다 타자와 주체의 존재 자체를 다루는 존재론적 언어가 적합할 수 있다. 말하자면 타자에 무게중심이 쏠려 있는 윤리적 언어는 주체보다 타자의 초월성을 중시한다. 반면에 타자를 그 자체로 드러나게 하는 존재론적 언어는 타자의 타자성을 훼손함 없이 그 자체로 존재하게 한다는 점에서 윤리적 언어보다 더 타자를 존중하는 데 집중한다. 그러기에 이때의 존재론적 언어는 주체의 윤리적 책임이나 개입 없이 타자를 타자로서 존재할 수 있게 해준다. 이 점에서 데리다는 존재론적 언어를 타자의 타자

이 무엇인가 하는 것에, 그리고 실존이 무엇인가 하는 사유에 도달하는 것, 혹은 사유가 그 문제들에 도달하는 것을 의미한다."
32) 「폭력과 형이상학」, 226쪽.

성 자체를 드러낼 수 있는 비폭력적인 통로로 본다.[33]

　하지만 레비나스는 타자성이 존재론적 언어에 기반해야 한다는 주장에 결코 동의하지 않는다.[34] 왜냐하면 기존의 철학이 중립적 존재의 언어를 통해 타자를 기술하고자 했지만, 이 언어의 중립성이 타자와 동일자 사이의 근본적인 차이를 오히려 말소하는 역할을 했기 때문이다. 우리는 그 예를 하이데거에게서 볼 수 있다. 레비나스에 따르면, 하이데거의 존재 이해는 현존재의 자기이해와 밀접히 연결되어 있다.[35] 그런데 이때의 존재가 현존재의 존재이해에 기반하더라도, 인간론의 차원에 한정되지 않는다. 즉 존재자의 자기이해가 가능하기 위해서 존재에 대한 선이해가 필요하다는 것은, 존재자에 대한 존재의 우선성을 전제해야 한다. 이 점에 대해 레비나스는 "존재자를 말한다는 것, 존재자가 우리와 관련을 맺는 것은 존재의 계시로부터 시작되고 결국 존재에 열린 이 존재자는 이미 [존재의] 이해 속에 확립되었음을 전제하는 것은 아닌가"[36]라고 반문하면서 하이데거에게서 존재자에 대한 존재의 우선성을 명확히 한다. 말하자면 존재자의 이해는 존재의 선행하는 계시 없이는 불가능하다는 것

---

33) 데리다는 '존재하게 두기'(laisser-être)는 타자가 자신으로 존재하기 위한 근본적인 조건이라고 주장한다. 왜냐하면 타자가 타자로서 존재할 때에만, 그 자체로서의 타자성이 존중되기 때문이다. 이런 점에서 타자에 대한 존중의 첫 번째 조건은 타자로서 존재하게 내버려 둠이다. 반면 레비나스는 이런 중립적인 존재의 성격 자체를 문제 삼는다. 존재의 무관심성이 이미 책임의 방기라는 점에서 윤리의 망각에 다름 아니다. 이런 이유로 레비나스에게서는 타자에 대해서 비-무관심성 자체가 이미 책임의 조건이 된다.(「폭력과 형이상학」, 221쪽)

34) 레비나스에 따르면, "타자를 중립화하는 것, 그래서 타자가 주제나 대상이 되게하는 것, 타자를 분명하게 드러나게 하는 것은, …… 타자를 동일자로 환원하는 것이다."(TI, p.19)

35) E. Levinas, "L'ontologie est-elle fondamentale?", *Entre Nous:Essais sur le penser-à-l'autre*, 1993, p. 19.

36) *Ibid.*, p.18.

이다. 이로부터 우리는 존재자에 대한 존재의 우위가 일으키는 윤리학에 대한 존재론의 우위를 이해할 수 있다. 그리고 "존재자로서 존재자와 관계를 맺는다는 것은 하이데거에게는 존재자를 [그 자체로] 존재하게끔 하는(laisser-être) 것"이라는 레비나스의 언설도 이해할 수 있다.[37] 존재의 이런 우선성은 여타 존재자들 사이의 인간학적 차이가 아닌 존재론적 차이, 즉 존재자와 존재 사이의 차이에 특권을 부여한다. 이 때문에 인간에 대한 인간학적 규정 혹은 존재자에 대한 윤리적 규정은 기껏해야 협소한 형이상학적인 이해에 기반한 것으로 치부되며, 이런 규정들은 근본적으로 존재론적 차이를 망각하게 만든다는 점에서 비판과 극복의 대상이 된다.[38] 그러기에 참된 차이에 대한 이해는 형이상학이나 윤리학이 아닌 존재를 우선시 하는 존재론적 차원에서만 정당하게 사유될 수 있다. 하지만 존재론적 차이의 우선성은 결국에는 타인과 주체 사이의 차이를 무차별적으로 만들고 타인을 현존재의 파생태로 만든다. 이렇게 윤리적 문제는 존재론적 문제보다 부차적인 문제가 된다. 요컨대 존재론은 존재론적 중립성 속에서 타자와 주체를 고려하기에, 윤리적 차이를 사유하는 것이 불

---

37) *Ibid.*, p.17.

38) 하이데거는 "휴머니즘의 본질은 형이상학적이다"라고 단정적으로 주장한다. 이에 맞서 그는 탈-존을 주장하는데, 이때 "인간의 본질은 탈-존에 바탕을 두고 있다. 존재가 탈-존하는 자로서의 인간을 존재의 진리를 파수하도록 존재의 진리 자체에로 생기하는 한, 본질적으로 즉 존재 자체로부터 중요한 것은 이러한 탈존이다." 좀 더 정확히 말하면 이런 개념이 의미하는 바는 "인간의 본질은 존재의 진리를 위해 본질적 역할을 한다는 것"이다.(하이데거,「휴머니즘 서간」,『이정표 2』, 이선일 옮김, 한길사, 158쪽) 그러기에 하이데거는 존재자인 인간이 아니라 우선적으로 존재론적 차이 속에서 존재를 이해해야 한다. 이런 이해에 도달하는 것이 정통 형이상학을 극복하는 첫 단초가 된다. 넓게 보아서, 인간학의 일종인 윤리학의 본래 의미를 이해하기 위해서는 전통적인 형이상학적 인간 이해를 넘어서야 한다. 따라서 하이데거는 윤리의 근원적 의미인 에토스를 존재와의 상호연관 속에서 체류함으로 본다.(같은 책, 174쪽)

가능하게 된다.

반면에 레비나스가 말하고 있는 타자의 부름과 같은 '윤리적 언어'는 유일한 타자와의 관계를 우선시한다. 그래서 윤리적 언어는 단지 주체를 자신의 존재나 익명적 존재로 이끌기보다 타자의 타자성을 통해 전체성으로부터 주체를 끌어내어 윤리적 주체로 만드는 역할을 한다.

> 그를[타인을] '존재하게 두기' 위해선 대화의 관계가 필요하다. 순수한 '탈은폐'는 타자로서의 타인을 하나의 주제로 내세우는데, 그러한 탈은폐는 그를 존재하게 둘 만큼 충분히 그를 존중하지 않는다. **우리는 대화 속에서의 이러한 얼굴의 응대를 정의라고 부른다.**[39]

이렇게 타자를 타자로 맞아들인다는 것은, 레비나스에 따르면 약하고 무방비에 노출된 타자의 얼굴로부터 정의의 요구를 듣는 것이다. 레비나스에게는 윤리적 관계 밖에서 타자와의 관계를 찾는 것은 애당초 불가능하다. 타자의 대화 속에서 드러나는 타자의 언어는 기존의 존재론적 언어와는 근본적으로 다른 언어, 즉 윤리적 의미를 일깨울 수 있는 언어이다. 그리고 이와 같은 언어는 기존의 철학적 언어, 즉 존재론적 언어나 동일자의 언어와는 근본적으로 다른 비대칭적인 상황의 언어이다. 그것은 타자와의 관계를 중립적으로 기술하는 것이 불가능한 상황이란 전제에서 출발하기 때문이다. 결국에는 이런 윤리적 언어와 존재론적 언어와의 단절을 통해 레비나스는 자신의 윤리학의 임무를 그리스적 담론 혹은

---

39) TI, p. 43.

철학적 담론 속에 잊힌 의미를 탐색하는 것으로 규정한다.[40] 여기에 전체 담론의 역사를 뛰어넘는 일종의 '종말론적인 관점'이 도입된다.

　그런데 데리다는 이런 레비나스의 시도에 대단히 비판적이다. 데리다에 의하면, 타자의 부름과 열림은 "질문의 적나라한 열림, 그 침묵의 열림은 현상학적 로고스의 기원과 종말이 그렇듯 현상학을 벗어난다. 유한성과 폭력으로서의 역사에 관한 질문이 침묵 가운데서 열리며, 이 열림은 그 자체로 역사의 출현을 가능하게 한다. 이 열림은 종말론의 호소이고, 이 종말론은 그 열림이 알려지고 규정되자마자 자신의 소리로 이 열림을 덮어버린다. 이 열림은 초월적 불균형의 역전에서, 로고스, 유한성, 역사, 폭력으로서의 철학에 제기된 질문의 열림이다. 비-그리스인이 그리스인을 호출하는 것은 침묵의 지층으로부터, 말의 초-논리적인 정념의 지층으로부터, 그리스인들의 언어 속에서 잊히면서만 말해질 수 있는 질문의 지층으로부터다. 이것은 말과 침묵 사이의 기이한 대화"[41]이다. 여기서 데리다가 이해한 레비나스의 윤리적 언어는 전통적인 로고스의 질서의 외부에 있는 언어를 말한다. 말하자면 타자의 언어는 명제나 개념으로 정식화될 수 없는 언어이며, 기존의 철학적 언어나 담론과는 완전히 단절된 이질적인 언어다.[42] 결국 타자의 언어는 동일자의 언어, 존재론적 언어

---

40) 『전체성과 무한』의 도입부에서 레비나스는 전쟁과 평화 그리고 존재와 그 너머에 대한 문제틀을 정립하고서 종말론적 관점의 필요성을 역설한다. 즉 전체성의 형태로서의 전쟁 그리고 존재를 넘어서는 전혀 새로운 의미의 영역의 열림은 전체성으로 대표되는 역사의 외부를 필요로 한다는 것이다. 이 외부가 새로운 시각과 새로운 의미의 도래를 지시한다.(TI, p.XI) 같은 맥락에서 「폭력과 형이상학」, 136쪽 참조.
41) 「폭력과 형이상학」, 214쪽.
42) 데리다에 의하면, 레비나스가 말하는 의미의 근원은 모든 서술의 부재이거나 서술 너머에 관해 말하는 것이다.(「폭력과 형이상학」, 238쪽)

와는 전혀 다른 언어이기에, 이 두 언어 사이에는 소통은 불가능하고, 동일자에게 타자의 언어는 합리적으로 만들 수 없는 침묵의 지층에 갇힌 침묵의 언어이거나 정념적 웅얼거림과 같은 언어가 된다. 어찌 보면 타자의 언어는 기존의 동일자의 언어의 입장에서는 언어라 할 수 없다. 그래서 데리다는 레비나스가 말하는 타자의 언어에 대해 다음과 같이 규정한다. 타자의 언어가 행하는 "비폭력은 담론의 텔로스이지 담론의 본질은 아닌 것 같다. 혹자는 담론과 같은 것은 그 텔로스 속에 본질이 있으며, 그 미래 속에 현재의 현존을 가진다고 말할 것이다. 옳다. 그러나 담론의 미래와 텔로스가 비담론이라는 조건에서이다. 요컨대 말의 어떤 침묵, 말의 어떤 저 너머, 말의 어떤 가능성, 말의 어떤 침묵의 지평으로서의 평화일 조건에서이다".[43] 말하자면 레비나스가 주장하는 윤리적 언어가 기존의 철학들이 사용한 이성의 언어, 동일자의 언어를 넘어서는 새로운 언어라면, 이 언어는 기존의 담론이 아니라 아직 우리가 알지 못한 미래의 언어일 것이다.

그런데 이런 윤리적 언어의 종말론은 기존의 철학적 언어 너머의 어떤 가능성을 지시하는 한에서, 그리스가 우리에게 알려준 이성의 언어, 로고스 너머의 다른 언어인 한에서 매력적이지만, 이렇게 절대적 초월성에 머물러 있다면, 어떻게 기존의 언어와는 연관성을 가질 수 있을지에 대해서는 의문점이 남는다. 그러기에 우리는 정당하게 다음과 같이 물어볼 수 있다. 만일 기존의 철학 언어와는 다르게 절대적으로 이질적이며 초월적인 언어를 타자의 언어로 상정한다면, 이 두 언어 사이의 소통은

---

43) 「폭력과 형이상학」, 188쪽.

과연 가능할까? 여기서 문제가 되는 것은 타자의 언어가 순수한 타자의 언어가 된다고 가정할 때, 타자의 사유는 기존의 언어와 단절한 채 절대적 외재성을 추구할 것이고, 이는 타자의 언어를 모든 동일자의 언어, 기존의 철학적 담론으로 번역될 수 없는 이해불가능한 언어로 만들 수 있다는 점이다. 그리고 이로 인해 타자의 언어는 기존의 철학적 담론에는 전혀 낯선 침묵으로 여겨질 수도 있다. 즉 기존의 철학적 담론과 단절된 타자의 언어는 단지 모든 해석의 분쟁을 거부하는 어떤 "평화의 지평"이거나, 이런 이해 불가능성으로 인해 "무한정한 침묵"[44]에 빠질 위험에 처하게 된다. 데리다가 '말과 침묵 사이의 기이한 대화'라고 표현한 것은 바로 이런 문제 상황을 지적한 것이다.

그렇다면 이렇게 절대적으로 다른 언어는 과연 타자에게 무엇을 할 수 있을까? 다시 말해 "문장이 없는 언어가, 아무것도 말하지 않는 언어가 타자에게 무엇을 제공할 수 있는가?"[45] 나아가 우리는 다음과 같이 물어 볼 수 있다. "따라서 그 무언(無言)의 기원 속에서만, 언어는 존재 이전에 비폭력적일 것이다. 그러나 왜 역사인가? 왜 문장은 대두하는가?" 이에 대해 데리다는 "…… 우리가 무언의 근원을 근원 자체로부터 폭력적으로 떼어 놓지 않으면, 우리가 말하지 않기로 결정하면, 최악의 폭력이 평화의 관념과 함께 조용히 동거할 것이기 때문"[46]이라고 답한다. 그러니까 동일자의 언어와 단절되어진 순수 윤리적 언어를 상정한다면, 이런 언어는 회의하고 판단하며 인식하는 철학적 담론과 단절되어, 결국 이해불

---

44) 「폭력과 형이상학」, 238쪽.
45) 「폭력과 형이상학」, 237쪽.
46) 「폭력과 형이상학」, 238쪽..

가능한 언어가 되거나 일종의 침묵이 되고, 이런 침묵 속에서 '타자에 대한 폭력'이 '타자의 폭력'과 뒤섞일 수 있기에 윤리적 언어의 순수성은 최악의 폭력으로 퇴락할 수 있다. 그러기에 이런 최악의 폭력을 피하기 위해서는 반드시 이성의 언어가 필요하다. 데리다는 이 점을 좀 더 명확히 한다.

> …… 언어는 자체 내에서의 전쟁을 인정하고 실행함으로써 무한한 정의를 지향할 수밖에 없다. 폭력에 대항한 폭력, 폭력의 경제. 레비나스가 이 단어로 의미하고자 하는 것에 환원될 수 없는 경제. 빛이 폭력의 요소라 하면 최악의 폭력, 곧 담론에 선행하거나 담론을 억압하는 밤과 침묵의 폭력을 피하기 위해, 어떠한 다른 빛을 가지고 빛에 대항하여 싸워야만 한다. 이러한 각성(vigilance)은 역사를, 즉 유한성을 진지하게 취급하는 철학에 의해 최소의 폭력으로서 선택된 폭력이다.[47]

말하자면 이성의 언어, 동일자의 언어는 밤과 침묵의 폭력과 같은 최악의 상황을 방지하는 역할을 한다. 동일자의 언어는 최악의 상황을 피하기 위한 차악으로서 그 존재 의의를 갖는다. 하지만 이렇게 동일자의 언어들에 의존함으로 인해 타자의 절대적 타자성은 일반화되고 개념화되어 파괴되는 문제가 발생한다. 여기에 일종의 아포리아가 있다. 이런 아포리아에 직면해서 데리다는 그것을 해소하는 대신 적극적으로 타자 담론의 유한성을 해명하려는 것 같다.

---

47) 「폭력과 형이상학」, 188쪽.(필자 수정)

또한 우리가 데리다의 분석에서 주목할 점은 전통 철학에서 주장하는 것과 다르게 합리적 언설조차도 근원적으로 폭력성을 띠고 있다는 점이다.[48] 말하자면 빛, 이성이 폭력이며, 나아가 우리는 이런 폭력을 피할 수 없다는 것이다. 이것이 타자 담론의 '유한성'[49]이다. 데리다는 이성의 빛과 담론이 타자의 타자성을 훼손하는 것을 부인하지 않는다. 그래서 그는 전통적으로 서구철학에서 규정했던 것과 달리 담론과 폭력을 대립시키는 것이 아니라 담론 자체가 근원적으로 폭력적 성격을 갖고 있다고 본다.[50] 하지만 동일자의 담론이 폭력적이라고 하더라도 최악의 폭력을 피하기 위해서 이 담론을 거부할 수 없는 것이 우리의 운명이다.

데리다는 이런 상황 속에서 동일자 담론의 폭력성에 대한 해법을 일종의 지속적인 비판과 해체의 과정에서 찾는다. "담론이 근원적으로 폭력적이라면, 담론이 할 수 있는 것은 단지 스스로에게 폭력을 가하며, 자신을 부인함으로써 자신을 확립하고, 전쟁에 대해 전쟁을 거는 것밖에는 없다"[51]는 것이다. 말하자면 데리다는 일종의 전쟁 혹은 '폭력의 경제'를 제안한다. 여기서 타자성을 보호하기 위한 전략은 동일자 언어의 외부에 있을 다른 순수한 언어를 찾는 것이기보다 동일자의 폭력에 대해서 비판하고 그 담론의 폭력성을 폭로하는 것이어야 한다.

이런 담론의 유한성은 계몽주의적 전통과는 다른 맥락에서 담론의 위상을 파악한 것에서 기인한다. 계몽의 시대에 이성의 담론은 언제나 발

48) 「폭력과 형이상학」, 209쪽.
49) 「폭력과 형이상학」, 207쪽.
50) 「폭력과 형이상학」, 209쪽.
51) 「폭력과 형이상학」, 209쪽.

전의 측도였다면, 여기서 논의되는 담론은 더 이상 계몽과 해방의 역할을 감당할 수 없다. 오히려 그것은 타자의 담론에 폭력을 가하는 입장이다. 그러나 역설적이게도 이런 동일자의 폭력에 대항하거나, 그것의 폭력성을 고발하기 위해서라도 우리는 동일자의 언어를 사용할 수밖에 없다는 문제상황에 직면한다. 이를 데리다는 다음과 같이 말한다. "전체성의 언어 속에서 전체성에 비해 무한자의 편중을 말해야 할 필요, 동일자의 언어 속에서 타자를 말해야 할 필요, 진정한 외재성을 비외재성처럼, 즉 여전히 안-밖 구조와 공간적 은유를 통해서 생각해야 할 필요, 여전히 폐허가 된 은유에서 살아야 하고, 전통의 누더기와 악마의 넝마를 등에 걸쳐야 할 필요"[52]가 있다. 타자의 언어도 그 자체로서 존재하기보다 동일자의 언어로 번역되어야 한다는 점에서 동일자의 언어 속에 타자를 말해야 하는 필연성, 전체성의 언어 속에서 무한자의 편중을 말해야 할 운명을 지내고 있다. 이처럼 모든 타자의 언어는 전통의 누더기를 걸쳐야 하며, 전체성의 언어에 의존할 수밖에 없다. 여기서 순수 타자성의 언어는 불가능하며, 동일자의 언어의 폭력을 겪을 수밖에 없다. 이것이 데리다의 핵심적 주장이다.

마지막으로 우리는 타자의 언어와 동일자의 언어라는 주제를 통해서 타자성의 탈은폐와 은폐의 변증법을 생각해 볼 수 있다. 타자의 언어를 주제화하고 분절하여 이해가능하게 한다는 것은 한편에서 타자를 주제화(thématisation)하여 인식의 대상으로 만드는 것이다. 달리 말해서 인식으로 파악되지 않는 이 은폐된 존재를 인식하기 위해 대상화하고 드러

---

52) 「폭력과 형이상학」, 181쪽.

내려 할 때, 타자의 타자성 혹은 비현상성은 훼손할 수밖에 없다는 것이다. 그러기에 "그[타자]를 빛 가운데로 끌어내고 그를 벌거벗기"[53]는 것이 탈은폐를 의미하는 것은 아니다. 오히려 이런 주제화는 절대적 타자성을 상실케 하기에 타자성의 은폐로 귀결된다. 타자는 본질적으로 그 자체로서 현상하지 않기에, 타자의 "본질적인 은폐를 은폐하는" 가운데서만 나타날 수 있다. 그래서 타자는 인식되거나 개념에 의해 파악될 수 없다는 점에서 타자에 대한 인식과 개념화는 타자의 해명이 아니라 은폐에 불과하다. 요컨대 타자의 탈은폐는 타자에게는 또 다른 은폐에 불과하다. 여기서 데리다는 레비나스의 타자론과 하이데거의 탈은폐와 은폐의 변증법 사이의 어떤 유사성을 간취한다. 데리다에 따르면 "…… 하이데거에게서처럼 레비나스에게서도 언어는 나타남이고 동시에 유보이며, 해명임과 동시에 은폐이다. 둘 모두에게서 은폐는 개념적 몸짓"[54]이다. 말하자면 데리다가 볼 때, 레비나스는 자신이 생각했듯이 그렇게 하이데거로부터 멀리 있지 않다.[55] 존재든 타인이든 진정한 의미에서 차이의 사유는 자신을 은폐하는 가운데만 드러날 수 있다는 것이 데리다의 생각이다.

---

53) 「폭력과 형이상학」, 207쪽.

54) 우리는 레비나스의 타자 담론이 주제화되거나 합리적 담론 속에서 해명될 때 발생하게 되는 은폐와 탈은폐의 이중적 성격을 다음의 구절에서 살펴볼 수 있다. "반대로 레비나스에게 있어서 존재(개념처럼 이해된)는 **최초로 은폐하는 자요**(premier dissimulant), 따라서 존재와 타자의 무한한 타자성 ─ 존재자의 차이는 곧 완전한 차이 ─ 을 중성화시킬 것이다. 게다가 존재와 존재자의 차이론은 단지 무한자의 관념에 기초해서만, 완전히-다른 존재자의 예견 불가한 침입에 기초해서만 사유가 가능할 것이다. 그러므로 완전히-다른 존재자는 존재와 존재자의 차이에 선행할 것이고, 그 차이가 여는 서술적 타자성에 선행할 것이다. 하이데거에게서처럼 레비나스에게서도 언어는 나타남이고 동시에 유보이며, 해명임과 동시에 은폐이다. 둘 모두에게서 개념적 몸짓은 은폐라 하겠다."(「폭력과 형이상학」, 239쪽. 필자 수정) 다시 말해 이성적 담론은 타자의 언어에 대해 폭력을 행사함으로써만 자신의 언어로 해독하는 것이 가능하다.

그리고 레비나스의 논점도 타자의 타자성이 동일자의 언어, 이성의 언어에 의해 은폐되면서만 탈은폐된다는 점에서 하이데거의 그것과 유사하다. 정리해 보면 데리다는 레비나스의 타자론의 의의를 인정하면서도, 레비나스의 타자성이 기존 철학이 기반하고 있는 현전성과 기원의 사유에 대한 철저한 비판과 극복을 감행하지 못하고 있음을 지적한다.

그럼에도, 우리는 데리다의 레비나스 독해에 대해서 다음과 같은 의구심을 가질 수 있다. 「폭력과 형이상학」에서 데리다의 독해는 개념적 엄격함과 면밀함을 통해 설득력 있게 논증하였지만, 절대적 타자의 타자성을 적극적으로 논하기보다 레비나스의 타자 담론이 갖는 구조적 특징과 그 한계를 보여주는 데 그치는 것은 아닌가 하는 것이다. 이런 이유로 데리다의 논의는 타자의 가능 조건에 대한 분석에 한정되어 있는 것 같다. 더욱이 데리다의 분석은 레비나스의 타자성이 갖는 현전성의 측면을 명확히 해명했다는 점에서 의의가 있지만, 과도하게 타자의 비현전성에 집중함으로써 타자의 타자성이 어떻게 동일자에게 도래하고, 동일자의 전체성을 붕괴시키는지에 대한 해답을 찾기는 힘들다. 이와 같은 자신의 한계를 염두에 둔 탓인지, 데리다는 1990년을 전후하여 환대나 책임 그리고 정의와 같은 주제들과 관련해서 적극적으로 '타자의 도래'라는 주제를 다루고 있다.[56]

---

55) 우리는 『입장들』에서 데리다가 레비나스의 타자의 언어에 대한 했던 방식과 유사한 논법을 하이데거의 차이에도 적용하고 있음을 확인할 수 있다. "…… 하이데거는 형이상학을 해체하는 순간에도 형이상학의 언어에 속하는 통사론적이며 어휘론적인 자원들을 경제적으로 전략적으로 차용해야 했음을, 그리고 그래야 함을 인정하고 있기 때문이다."(자크 데리다, 『입장들』, 박성창 옮김, 솔, 1994, 33쪽)

56) 유독 데리다의 후기 사상에서 '타자의 도래'라는 주제가 많이 다뤄지는 것도 이런 연유에서 기인한 것으로 볼 수 있다.(자크 데리다, 『법의 힘』, 진태원 옮김, 문학과 지성사, 2004, 56쪽 ;

4.

데리다는 레비나스 타자론의 구조적 약점을 비판했던 초기의 입장에서 그의 사유를 적극적으로 수용하는 입장으로 선회하는데, 우리는 데리다가 윤리적·정치적 주제를 다루는 『아듀 레비나스』와 『환대에 대하여』[57] 그리고 『법의 힘』 등에서 이런 변화를 확인할 수 있다. 그 중에서 우리의 관심을 끄는 것은, 내용적인 면에서 레비나스의 절대적 타자의 타자성과 깊은 연관성을 가진 '환대'의 개념이다.

먼저 데리다의 환대 개념에서 특이한 점은 그가 환대를 다룰 때 여타 사회·윤리 이론 중의 하나가 아니라 모든 사회·윤리의 이론의 근원적 토대로 이 개념을 규정했다는 것이다. 다시 말해서 "환대는 윤리학의 한 영역이 아니라 윤리학의 원리 자체를 의미한다"[58]는 것이다. 그렇다면 데리다는 어떤 이유에서 환대를 윤리에 있어서 중심적인 개념으로 보았을까?

데리다가 환대를 윤리학의 중심 개념으로 여긴 것은 타자의 위상이 윤리의 근간을 이룰 만큼 중요하기 때문이다. 이와 관련된 그의 입장을 좀 더 명확히 하기 위해서 근대적 환대 개념과 비교하는 것이 필요하다. 가령 칸트가 제안한 근대적 환대론은 코스모폴리탄적 관점을 유지하고 있지만, 그 근간은 상업적 교류에 기반하는 정도에 머문다. 이 때문에 근

De quoi demain... Dialogue, co-ed. par Elisabeth Roudinesco, Flammarion, 2003, p.90 이하, 이하 DQ로 표기함 ; 지오반나 보라도리 엮음, 『테러시대의 철학 : 하버마스와 데리다의 대화』, 손철성·김은주·김준성 옮김, 문학과 지성사, 2004, 166~167쪽, 179쪽 참조.)

57) 자크 데리다, 『환대에 대하여』, 남수인 옮김, 동문선, 2004.
58) AD, p.94.

대적 환대론은 참된 의미의 타자의 수용이 아니라 환대자의 주권성을 훼손하지는 않는 수준에 한정된다. 그래서 환대자 혹은 환대국의 이익에 위배되는 환대는 자연스레 배제된다. 말하자면 근대적 환대는 언제나 국민국가의 틀에서, 즉 국가의 주권성 내에서 고려되어 왔다.

> 주인 측에게, 맞이하는 측에게 초대할 사람을, 방문객을, 손님을 요컨대 비호를 제공하거나, 방문 올 권리나 환대받을 권리를 부여하기로 결심한 이들을 선택할 필요성, 선출할 필요성, 선별한 필요성, 선정할 필요성이다. 자기-집에 대한 자기의 지상권이 없으면 고전적 의미에서 환대란 없다.[59]

이처럼 근대적 환대가 타인을 선택하거나, 선별할 필요성을 가지고 여전히 자신의 집에서 지상권 혹은 주권성을 주장한다면, 이런 환대는 주체에 의해 지배되고 통제되는 타자만을 수용할 뿐이다. 결과적으로 이렇게 수용된 타자는 이미 주체의 기준에 부합하는 동일자화된 타자에 불과할 것이다. 역으로 근대적 환대 속에서 주체의 주권성과 독립성은 훼손될 수 없는 원리로서 남게 된다. 환대하기 위해서 주체는 자신의 집에서 주인으로 있어야 하며, 타자의 선택권은 언제나 주체에게 제공된다.[60] 하지

---

59) 『환대에 대하여』, 89쪽.

60) "법의 도착, 타락 가능성이란 다름 아니라 자기 자신에 대한 환대를 가능하게 해주는 자기만의 자기-집을 보호하기 위해서, 또는 보호하겠다는 주장에 의해 잠재적으로 이방인 혐오자가 될 수 있다는 점이다. …… 나는 나의 집에서 주인(ipse, potis, potens……)이고 싶고, 나의 집에 내가 원하는 사람을 맞이할 수 있기를 원한다. 나는 나의 '내-집'을, 나의 자기성(ipséité)을, 나의 환대 권한을, 주인이라는 나의 지상권을 침해하는 이는 누구나 달갑지 않은 이방인

만 이런 방식으로 환대가 나의 집에 오는 타자에 대한 통제와 지배를 전제해서 논의된다면, 이때의 타자는 이미 타자성을 상실하여, 주체에 동화된 타자에 불과한 것은 아닐까? 데리다의 환대론은 이런 문제의식에서 시작한다. 그는 근대적 환대이론이 주체의 주권성 너머에서 전면적으로 타자를 수용할 가능성에 대한 검토를 애초에 차단했다고 본다. 그래서 진정한 환대가 가능하기 위해서는 주체 측이 주도권을 넘어서야 함을 주장한다. 타자의 타자성에 대한 존중이 바로 데리다의 환대론의 핵심이며, 그런 한에서 환대론은 윤리적 함의를 지니고 있다.

이런 맥락에서 데리다는 주체가 주도권을 갖고 있는 초대(invitation)보다 타자 측이 주도권을 갖는 방문(visitation)을 중시한다.

> 하지만 순수한 환대나 무조건적 환대란 그 같은 초대("나는 당신을 초대합니다. 나는 당신을 내 집으로 환대합니다. 단 당신이 나의 언어와 전통, 기억 등등에 따라서 내 영토의 법률과 규범들에 순응하는 조건에서")가 아닙니다. 순수하고 무조건적 환대는, 환대 그 자체는 기대되지도 초대되지도 않은 모든 자에게, 절대적으로 낯선 방문자로서 도착한 모든 자[일어난 모든 것]에게, 신원을 확인할 수 없고 예견할 수도 없는 도착자에게, 사전에 미리 개방되어 있습니다. 이를 초대(invitation)의 환대가 아니라 방문(visitation)의 환대라 부릅시다. 물론 방문은 매우 위험할 수 있고, 이 사실을 받아들이지 않아서도 안 됩니다.[61]

으로, 그리고 잠재적으로 원수처럼 간주하는 것으로 시작한다."
61) 『테러시대의 철학』, 234쪽.

타자성에 개방된 환대를 명확히 하기 위해, 데리다는 환대를 무조건적 환대와 조건적 환대로 구별해서 설명한다. 조건적 환대는 근대적 형태의 환대로 주인이 자신의 주권성을 통해 타자를 선택하고 통제하는 것을 의미한다. 그러기에 이런 환대에서는 주인의 기준에 맞는 타자, 동일자화된 타자만이 받아들여진다. 말하자면 주체에게 모든 이질성을 무장해제당한 타자만 주체에게 맞아들여지고, 그 결과 타자는 더 이상 자신의 타자성, 즉 낯섦을 유지할 수 없다. 이때의 타자는 환대의 주체에게 위험한 존재가 아니다. 이렇듯 조건적 환대에서는 환대의 주체가 타자를 선별하고, 통제하여, 이질성을 모두 제거한 채로 맞아들인다는 점에서, 엄밀한 의미의 타자와의 만남은 일어나지 않는다.

이에 반해, 무조건적 환대는 이미 동일화된 타자가 아니라 여전히 타자성을 가진 타자를 맞아들일 것이다. 이는 타자를 어떤 제한이나 측정없이 무조건적으로 맞아들일 때 가능하다. 말하자면, "순수 환대의 사유(그 나름의 방식으로 그 역시 하나의 경험인 사유) 없이는, 타자에 대한 관념, 타자의 타자성에 대한 관념, 다시 말해, 초대받지 않고도 당신 삶으로 들어오는 그 혹은 그녀에 대한 관념을"[62] 가질 수 없다. 이처럼 환대 개념은 그것이 조건적이건 무조건적이건 간에 근본적으로 이질성과의 만남이나 개방을 전제로 할 때에만 가능하다. 이 점에서 무조건적 환대는 가능한 모든 환대의 최소한의 조건이다. 즉 "이런 순수하고 무조건적인 환대를, 환대 그 자체를, 최소한 사유해 보지도 않는다면, 우리는 환대 일반의 개념을 갖지 못할 것이며 …… 조건부 환대의 규준조차 정할 수 없을 것이

---

62) 『테러시대의 철학』, 234쪽.

다."[63] 이렇듯 환대는 타자성과는 분리해서 생각할 수 없는 개념이다. 타자의 이질성이 제거된 환대는 실제적인 의미에서 환대가 될 수 없다는 것이 데리다의 근본적인 입장이다. 그런데 우리가 무조건적 환대에서 주목해야 할 것은 무조건적 환대를 하려면 집주인은 더 이상 타자에 대한 어떤 선택권이나, 주도권을 가질 수 없다는 조건에서 출발한다는 점이다. 이런 예를 타자의 지위에 대한 질문들과 연관지어 생각해 볼 수 있다.

> 외국인은 우선 환대의 의무, 비호권, 그 한계, 그 기준, 그 치안 등이 명시되어 있는 법의 언어 앞에서 이방인이다. 그는 정의상 그 자신의 언어가 아닌 언어로, 집주인, 주인[접대인], 왕, 영주, 권력, 국민, 국가, 아버지 등이 자신에게 강요하는 언어로 환대를 청해야 한다. 주인은 그에게 자기 자신의 언어로의 번역을 강요하는데, 이것이 첫 번째 폭력이다.[64]

데리다에 따르면 환대의 주체가 타자에게 행하는 첫 번째 폭력은 타자에게 '그가 누구이며', '어디에서 왔는가'에 대해 집주인의 언어, 즉 주체의 언어로 말할 것을 요구하는 것이다. 그러기에 진정한 환대가 이뤄지기 위해서는 소통하기 이전에, 주체가 요구한 질문에 응답하기 이전에 타자를 맞아들일 것을 요구한다. 만일 집주인의 언어로 타자를 이해하고 분석한 뒤에 타자를 맞아들인다면, 이는 타자를 동일자의 언어로 해석하며 지배하는 것에 불과할 것이다.[65] 그리고 이런 지배는 동일자의 언어를 통

---

63) 『테러시대의 철학』, 235쪽.
64) 『환대에 대하여』, 64쪽.

해서 타자를 이해하고 해석하도록 타자를 강요하는 것이며, 결국에는 타자를 동일자의 인식과 이해의 대상으로 전락시킬 것이다. 그래서 무조건적 환대는 타자와 동일자 사이의 공통된 언어와 인식에 앞선 무조건적 수용을 전제한다. 달리 말해서 무조건적인 환대는 인식·이해 너머를, 혹은 인식적 계기의 배제를 이미 함의하고 있다. 이처럼 무조건적인 환대는 어떤 기준이나 규칙 없이 수용하는 것이며, 타자의 방문에 대해 전면적으로 열려 있는 것을 뜻한다. 나아가 무조건적인 환대가 인식과 이해를 넘어선다는 것은 어떤 규칙이나 원리를 매개하지 않은 채 작동된다는 것을 의미한다. 만일 규칙이나 의무에 따라서(pflichtmässig) 한다면, 그것은 순수 의무가 나에게 부여한 범위에 한정되어서만 행하는 것이다. 그래서 데리다는 이런 의무(devoir)가 어떤 원리나 원칙이 정한 한도, 한계를 넘어서야 할 의무임을 강조한다.[66]

이처럼 타자는 어떤 대상이나 규칙의 매개 없이 받아들여지는 자이다. 따라서 모든 타자들에게 동시에 적용할 만한 어떤 규칙이나 원리를 불가능하게 만든다. 말하자면 일반화의 외부에서 도래하는 타자의 출현은 절대적 사건(événement)이라 할 수 있다. 사건으로서 타자의 출현은 범주나 규칙에 의존하지 않은 채 매번 새롭게 일어난다. 이 점에서 타자는 '매번 유일한 자'로서 등장한다.[67] 우리는 일반적 원리나 범주의 매개

---

65) 『환대에 대하여』, 65쪽. "외국인에게 언어라는 용어의 모든 의미에서, 그 모든 가능한 확대된 의미에서 우리말을 이해하라고, 우리 언어를 말하라고 요구해야만 하는가라는 문제에서 시작한다."

66) 이를 '의무를 넘어선 의무'라고 데리다는 표현한다.(『테러시대의 철학』, 242쪽)

67) 데리다는 자신의 이디엄(idiom)으로서 "Tout autre est tout autre"라는 표현을 사용한다. 이 표현은 두 가지로 해석될 수 있는 데, 하나는 전통적인 해석으로 '완전히 다른 자', 즉 신은 완

없이 그를 매번 새로운 타자로서, 유일자로서 맞아들여야 한다.

이렇게 사건으로서의 환대는 주체가 자신의 것으로 만들 수 없는 유일한 타자의 맞아들임이고, 이질성의 체험이며 시련이 된다. 타자를 통제하거나 관리할 규칙이나 원리가 정지된 상태로 그를 맞아들여야 한다. 이 점에서 참된 의미의 환대는 절대적 낯선 자에게 자신의 집을 완전히 개방하는 것이고, 그의 이질성에 열리는 것을 의미한다. 나아가 환대를 위해서 주체는 더 이상 자기 집의 주인이 아니며, 자신의 통제권 밖에 있는 자에게 자신의 집을 개방하기에 자기 집에서 포로(otage)가 될 수도 있다.[68] 또한 자신의 집과 자신의 고유한 영역에서 주체가 갖는 주권성을 포기한다는 것은 근본적인 수동적 성격을 함의하고 있다.[69] 그리고 이런 수동성은 주도권이 더는 주체에게 있는 것이 아니라 타자에게 넘어갔음을 의미한다. 요컨대 무조건적 환대는 단순한 주체의 개방성만이 아니라 더 근본적으로는 주체의 주권성 자체의 개방을 함의하고 있다.

그런데 문제는 이런 개방이 타자의 통제를 불가능하게 만드는 한에서, 주체는 절대적 타자가 가져올 위험에 노출될 수밖에 없다는 것이다. 그렇기에 무조건적 환대를 이상화하거나 이타주의적 원리로 만드는 것이 아니라 이런 환대가 가져올 위험을 고려하는 것이 필요하다. 앞서 보

전히 다른 존재라고 해석할 수 있다. 다른 하나는 '모든 타자는 모두 다르다', 즉 모든 타자는 각각이 다른 타자이다라고 해석할 수 있다. 특히 두 번째 해석을 통해 데리다는 타자의 유일성을 강조하고자 한다.(Derrida, *Donner la mort*, Galilée, 1999, p. 116)

68) 데리다는 레비나스가 주체를 포로(otage)로 규정한 것을 언급하면서, 포로로서의 주체는 자신이 자신의 집을 정하기 전에 이미 자신의 거주지에서 선택되어 타자에 의해 의문에 놓이며(mise en question), 비난받고(accusé), 사로잡힌(assiégé) 포로와 같은 존재임을 강조한다.(AD, p. 103 이하)

69) "결단이란 …… 타자에 의한 결단"이라고 데리다는 규정한다.(『테러시대의 철학』, 239쪽)

았듯이 일차적으로 무조건적 환대는 타인의 신분에 대한 질문과 의심을 배제한다. 그 결과 타자의 신원에 대해 확인할 기회가 배제된다. 한편 타자를 확인하고 판단할 가능성의 배제는, 미지의 존재인 환대의 타자를 위장한 적과 선량한 이웃 사이에서 미규정인 상태에 놓이게 한다. 결과적으로 무조건적인 환대에서는 잠재적으로 타자는 위장한 적이 될 수 있는 가능성을 언제나 내포하고 있다. 이런 무조건적 환대의 특징을 부각하기 위해서 데리다는 벵베니스트의 어원론적 설명을 참조하면서 라틴어 hosti와 프랑스어 hôte[70]와의 연관성에 주목한다. 또한 환대 내에 적대적 관계로의 이행가능성이 언제나 열려 있다는 점에서, 환대(hospitalité)와 적대(hostilité)를 동시에 함의할 수 있는 hostipitalité라는 새로운 조어(造語)를 제안한다.[71] 우리는 이 신조어를 통해 적대와 환대는 완전히 분리되지 않으며, 무조건적 환대 내에 적대의 위험이 항상 내재해 있음을 읽어낼 수 있다. 피환대자가 선한 이웃인지 혹은 가장한 적인지 모른다. 정확히는 무조건적 환대에서는 이러한 타자를 판단하고 감시할 인식의 계기들이 배제되었기에, 타자에 대한 해석은 열린 채로 있다.[72]

이렇듯 주체가 타자를 통제하거나 스스로를 보호할 방어막을 포기

---

70) 프랑스어로 hôte는 '손님'과 '주인'을 동시에 의미하고 있다.

71) 『환대에 대하여』, 83~84쪽. 데리다는 손님과 적을 동시에 의미하는 라틴어 hosti가 환대의 관계와 적대적 관계를 동시에 의미하고 있음을 환기시킨다.

72) 『환대에 대하여』, 104쪽. 데리다는 이방인의 범위를 좀 더 넓은 의미에서 생각하기 위해서 도래자라는 명칭을 부여한다. 우리는 다음의 전언에서 피환대자를 인간에게 한정하는 것이 아님을 알 수 있다. "일단 도래자에게라고 하자. 이러저러한 한정 이전에, 예상 이전에, 신분 확인 이전에, 문제되는 것이 이방인이든 이민자이든 초대한 사람이든 불시의 불청객이든 아니든 간에, 도래자가 다른 나라의 시민이든 아니든 간에, 인간 존재이든 동물 존재이든 신적 존재이든, 산 자이든 죽은 자이든, 남성이든 여성이든 간에."

하고 타자에게 전면적으로 개방되면서, 무조건적 환대는 무질서와 타자의 무차별적 폭력의 가능성에 노출될 위험에 놓이게 된다.[73] 이 때문에 근대적 환대는 나름의 합리성 속에서 무조건적 환대를 용인하지 않았던 것이다. 왜냐하면 "…… 사람들은 익명의 도래자에게, 또는 이름도 성도 가족도 사회적 위상도 없어서 이방인[외국인]으로 취급되지 못하고 야만적 타자로 취급되어 버리는 사람에게는 환대를 베풀 수 없기 때문이다".[74] 이와 달리 데리다가 주장하는 타자에 대한 무조건적 환대는 환대자를 위협할 수 있는 적(敵)조차 환대할 수 있어야 한다. 타자성에 열리기 위해서는 이런 위험을 감내해야 한다.

그런데 여기서 우리는 곧장 무조건적 환대의 문제를 해결하고자 하거나 데리다의 입장을 옹호하기보다 우선 몇 가지 의문을 제기하고자 한다. 첫째 무조건적인 환대가 환대의 근본적인 조건이라면, 논리적 측면, 즉 초월논증과 같이 환대의 가능조건으로서 무조건적인 환대를 논하면 되는 것 아닌가? 왜 굳이 무조건적 환대를 논하면서 다시금 무조건적 환대가 일으킬 문제점을 지적하는 것인가? 둘째 이렇게 피환대자의 신분에 대한 질문이나 회의가 생겨나게 된 이유는 어디에서 기인하는가? 이를테면 무조건적인 환대 속에 절대적 신뢰만이 있다면, 환대가 배반당할 가능성은 고려의 대상이 아닐 것이다. 그러기에 무조건적 환대 속에 조건적 환대가 개입하게 된 과정과 이유를 살펴보아야 한다.

우리는 무조건적 환대에서 타자의 위상에 대한 질문, 즉 그가 가져

---

73) 『테러시대의 철학』, 234쪽.
74) 『환대에 대하여』, 70쪽.

올 위험에 대한 우려가 발생하게 된 원인을 데리다가 재해석한 제삼자 개념(le tiers) 개념에서 찾고자 한다. 우선 제삼자 개념은 『존재와 다르게 혹은 존재성 너머』(*Autrement qu'être ou Au-delà de l'essence*)에서 등장하는데, 여기서 제삼자는 대면적 관계, 절대적 신뢰의 이자적 관계 이후에 등장하는 의심과 판단 그리고 앎의 계기로서 등장한다. 달리 말해서 제삼자는 타자에 대한 절대적 신뢰보다 그를 의심하고 판단하며, 그의 정체성을 알기 위해서 다른 타자들(les autres)과 동등한 거리에서 그를 측정하는 자를 의미한다.[75] 그래서 대면적 관계에서 타자는 언제나 유일자이며 비교불가능한 자(l'incomparable)로서 내가 책임을 져야 할 자였다면, 제삼자는 이런 타자를 여러 다른 타자들 중의 한 명으로, 즉 비교가능한 자(le comparable)로 만든다. 그러기에 이런 제삼자의 등장은 타자와의 관계 속에서 전제되었던 절대적인 신뢰성을 붕괴시키고, 타자에 대한 회의를 유발한다.[76] 이것을 데리다는 제삼자가 제기할 수 있는 타자의 위증

---

75) 레비나스는 제삼자의 위상을 타자와 주체를 한 장소에 함께 있게 하는 것(ensemble-dans-un-lieu)이며 비교불가능한 것의 비교로 본다.(E. Levinas, *Autrement qu'être ou Au-delà de l'essence*, Martinus Nijhoff, The Hague, 2004[Le Livre de Poche], pp. 245~246.)

76) 레비나스의 타자론에서 타자와 자아의 이자적 관계 이후에 등장하는, 제삼자가 유발하는 문제에 관해서는 데리다가 인용한 다음의 구절을 통해서 대략적으로 이해할 수 있다. "다른 인간을 위한 책임은 **직접성** 속에서 **모든 질문에 선행한다**. 그러나 만일 제삼자가 주체인 나의 복종이 이웃에 대한 복종이 되는 이 둘이 있는 이런 외재성을 훼방한다면 어떻게 책임이 강제할 것인가? 제삼자는 이웃의 타자이지만 또한 다른 이웃이고 타자의 이웃이지 단지 타자와 유사한 자는 아니다. …… 인간-사이에서 첫 질문은 정의의 질문이다. 그렇기에 앎이 필요하고, 공통된 지식/의-식(con-science)이 필요하다. 유일한 것과 비교할 수 없는 것과 나와의 관계에는 비교가 겹쳐진다. 공평과 평등의 관점에서 무게, 사유, 계산이, 비교할 수 없는 것들의 비교가, 존재의 중립성(현전 혹은 재현), 얼굴의 주체화와 가시성이 겹쳐지게 된다."("Paix et proximité", *Emmanuel Levinas*, Cahiers de la nuit surveillée, 1984, p. 345[AD, p. 65에서 재인용])

(parjure)[77]의 문제와 연결 짓는다. 사실 타자와의 대면적 관계에서는 타자에 대한 질문이 배제되기에, 주체는 타자로부터 일방향적으로 질문과 요구에 응답해야 할 의무에 직면한다. 하지만 제삼자의 등장으로 타자도 판단의 대상이 된다. 이때부터 그의 얼굴의 표현에 대한 진위 여부(위증 여부)가 문제가 된다. 이와 같이 위증에 대한 의식은 제삼자의 등장과 함께 발생한다.

그런데 제삼자의 등장과 관련하여 레비나스와 데리다의 입장에는 미묘한 차이가 있다. 레비나스는 타자와 주체 사이의 이항적 관계 이후에 제삼자의 등장을 위치시키지만,[78] 데리다는 제삼자를 이항적 관계 속에 이미 존재하는 것으로 본다. 그래서 데리다는 "위증은 우연적이거나 이차적인 것이 아니라 얼굴의 경험만큼이나 근원적"이라고 말한다.[79] 이런 이유로 데리다는 타자와의 대면적 관계에 이미 위증의 가능성에 대한 의혹이 제기되고 있으며, 무조건적 환대가 가져올 위험성에 대한 질문이 제기될 수 있다고 본다. 실제로 무조건적인 환대나 대면적 관계에서 타자에 대한 절대적인 신뢰만이 있다면, 환대의 위험성이나 위증의 문제와 같은 회의는 없거나 부차적인 문제가 될 것이다. 하지만 무조건적 환대 속에 그 결과에 대한 회의와 불신이 있다는 것은 이미 그 속에 환대의 결과

---

77) AD, p.68.

78) 레비나스는 『존재와 다르게 혹은 존재성 너머』에서 제삼자(le tiers)의 등장을 근접성 (proximité)의 기술(記述) 이후에 위치시킨다. 여기서 우리는 제삼자는 타자와 나 사이의 근접성이 발생한 이후에 등장한다는 점에서, 자연스럽게 제삼자는 근접성으로 대표되는 타자와 나의 대면적 관계 이후에 등장한다는 것을 알 수 있다.(*Autrement qu'être ou Au-delà de l'essence*, p.245 이하 참조).

79) AD, p.67.

를 판단하고 평가할 수 있는 의식의 계기가 있다는 것을 전제하고 있음을 의미한다. 그리고 이런 의식의 계기는 타자의 타자성을 존중하기보다 그를 의심하며 판단하려는 쪽으로 나아갈 것이다. 결국 무조건적 환대에 대한 문제의식, 혹은 위험성에 대한 판단은 잠재적으로 무조건적 환대 속에 그것을 판단하고 측정할 수 있는 일반적이며 제도적인 계기로서의 조건적 환대가 이미 개입되어 있다는 것을 의미한다. 물론 이런 인식, 판단 그리고 일반적인 규칙 등이 반드시 부정적인 것만은 아니다. 오히려 그것들은 무조건적 환대의 과도함과 폭력성을 인지하게 해주는 긍정적인 역할도 한다.[80)]

이상의 논의에서 우리는 데리다 타자론의 궤적을 살펴보았다. 그의 타자론은 일차적으로 무조건적 환대를 규정하고, 무조건 환대와 조건적 환대의 차이를 부각시킨 뒤에, 무조건적 환대에 있어 조건적 환대의 필요성을 설명하는 방식으로 전개되었다. 여기서 우리는 다음과 같은 의구심을 가질 수 있다. 그렇다면 데리다는 종국에 있어 무조건적 환대와 조건적 환대가 적절히 화해될 수 있는 절충주의적 입장을 취하는 것인가? 그의 주장은 무조건적 환대를 강조하지만, 결국에는 조건적 환대와의 연관성을 놓치지 말아야 한다고 주장하는 것인가? 데리다는 두 환대가 서로 밀접히 연결되어 있다고 말하지만, 절충하는 입장을 취하지 않는다. 대신에 그는 무조건적인 환대의 법과 조건적인 환대의 법, 혹은 절대적 환대

---

80) 로고진스키는 보편적인 법이나 원리가 없이 타자와의 만남 속에서 윤리적 요구, 윤리의 가능성을 정초하고자 하는 태도는 논리적 비약이며, 결국 일종의 신비주의로 귀결될 수 있다고 본다. 그리고 이런 관점에서 보편적인 도덕규칙 없는 타자의 요구에 대한 응답은 맹목적일 수 있는 위험이 있다.(J. Rogozinski, *Le don de la loi: Kant et l'enigme de l'ethique*, PUF, 1999, p.210)

와 제한적인 환대의 관계를 "모순적이고 이율배반적"이라고 본다.

> 환대의 무조건적 법은 본래대로의 법이기 위해서 이처럼 법들을 필요로 한다. 자신을 부정하는 그 법들을, [부정까지는 아니더라도] 하여간 자신을 협박하고 때로 부패시키거나 타락시키기도 하는, 게다가 언제나 그렇게 할 수 있어야만 하는 그 법들을 필요로 한다. 사실 이 타락 가능성은 본질적이고 비환원적이며 필수적이기도 하다.[81]

말하자면 비록 조건적 환대가 무조건적인 환대를 타락시키고 부패시키지만, 이런 무조건적 환대가 제대로 작동하기 위해서, 그것의 위험성과 의미가 제대로 파악되기 위해서는 무조건적 환대는 조건적 환대를 필요로 한다는 것이다. 그래서 데리다는 이 "두 법 체제가 서로를 포함하며, 동시에 서로를 배제"[82]함을 강조한다. 이는 마치 앞 장에서 다룬 절대적 타자의 언어가 동일자의 언어로 번역될 필요성과 유사한 논리이다. 순수한 타자성, 순수한 무조건적 환대는 그 자체로 현상하는 것이 아니라 언제나 동일자의 담론, 조건적 환대를 필요로 한다. 이 점에서 무조건적 환대와 순수한 타자성이 동일자 담론이나 조건적 환대에 의존해 있다는 것은 타자성을 기원이나 현전으로 사유하는 시도를 해체하는 것으로 보인다. 또한 두 형태의 환대는 이렇게 분리될 수 없으며 또한 양립할 수도 없기에 '이율배반적'이라 하겠다. 필자가 볼 때, 이런 이율배반적인 상황의

---

81) 『환대에 대하여』, 106쪽.
82) 『환대에 대하여』, 106쪽.

원인은 절대적 타자와의 관계에서 기인하는 것 같다.[83] 그러니까 우리는 이율배반의 의미를 단지 형식 논리적인 측면에서가 아니라, 이 개념을 동일자의 담론 내에서 해명할 수 없는 외재적인 요소의 개입으로 보아야 한다. 즉 이율배반은 타자와의 외재성과, 그 외재성이 갖는 역동성과 긴밀히 연결해서 검토해야 한다.

우리는 이런 맥락에서 데리다가 제시한 '불가능한 것'(l'impossible)의 개념에 주목한다.[84] 『어떤 미래에 대하여... 대화』(*De quoi demain... Dialogue*)에서 잘 기술하고 있듯이, 데리다는 타자의 출현을 주체의 기대지평 너머에서 도래하는 것으로 설명하고, 절대적 외부에서 도래하는 사건으로서 타자성을 그리고 있다.[85] 이 때문에 타자와 타자성은 주체에게는 불가능한 것으로 드러난다. 또한 타자와 타자성의 무조건적 환대도 모든 정치적 사회적 규제나 통제를 벗어나는 절대적인 윤리적 요구를 한다는 점에서 주체에게는 '불가능한 것'으로 나타날 수 있다. 필자는 이 불가능성에서 데리다의 타자론이나 환대론의 근본적인 의미를 본다. 불가능한 것은 동일자의 내부에서는 해소될 수 없는 문제이며 이해될 수 없는 사건이다.

우리는 데리다의 민주주의에 대한 논의에서 그런 예를 볼 수 있다.

---

83) 대표적인 예가 민주주의에 대한 것이다. 데리다는 민주주의에 내재하는 문제점을 두 가지로 정리한다. 한편에는 계산불가능한 절대적 개별성의 요구가 있다. 그리고 다른 한편에는 계산가능한 평등의 요구가 있다. 민주주의가 성립하기 위해서는, 이 둘 중에 어느 것도 포기할 수 없다. 이처럼 타자와의 관계는 언제나 아포리적인 성격을 갖는다.(자크 데리다, 『불량배들 : 이성에 관한 두 편의 에세이』, 이경신 옮김, 휴머니스트, 2003, 189쪽)
84) "확실히 무조건적 환대로 삶을 영위한다는 건 실천적으로 불가능합니다."(『테러시대의 철학』, 234쪽)
85) DQ, p.91.

데리다는 '도래할 민주주의'(democracie à venir)라는 개념을 통해 민주주의를 체제로 해석하는 것이 아니라 수행적인 것으로 해석한다.[86] 그래서 그는 민주주의를 논하면서, 일종의 신뢰에 대한 언명의 의미론적 분석을 한다. "그럼에도 불구하고, 그것을 믿어야 한다." "나는 그것을 믿는다. 나는 약속한다. 나는 약속하면서, 메시아적 기대를 가지고 있다."[87] 믿는다는 것은 단순히 확증할 수 있는 사태를 넘어서는 것이며, 또한 논리적 모순에 갇힌 현전 너머의 도래하는 미-래(à-venir)에 열리는 것이다.[88] 이런 맥락에서 데리다는 아포리아나 이율배반과 같은 논리적 분석을 수행하지만, 논리적 분석에만 머무는 것이 아니라 메시아적 기대와 대망이 갖는 실행의 역동성에도 관심을 갖는다.[89] 이때 도래하는 민주주의의 가능성은 한편에서는 기다림도 있지만 다른 한편에서는 타자의 요청도 함의하고 있다. 즉 민주주의는 결코 규범적인 형태로 현전하거나 기원의 형태로서 현전하는 것이 아니라 언제나 미완의 형태로 이상적인 것으로 남겨져 있다. 그런데 이것이 단지 이상적인 것으로 머물지 않는 것은 타자로부터 오는 현재적 긴박성과 긴밀히 연결되어 있기 때문이다. 이것은 데리다가 말한 '무한한 정의'의 요구에서 잘 드러난다. 타자의 정의에 대한 요구로

---

86) 여기서 우리는 타자와 담론의 관계를 시간성의 측면에서 볼 수 있다. 데리다는 타자의 담론은 현재나 현존의 형태가 아닌 지속적인 이질적인 미래성을 담보해야 함을 강조한다. (『불량배들』, 198쪽)

87) 『불량배들』, 198쪽.

88) 데리다는 미래(futur)와 도래할 것(à venir)을 구분하면서, 도래할 것으로 남겨진 것이 도래하는(vient (ce) qui reste à venir) 바로 거기에서 결단과 책임 그리고 약속이 가능함을 주장한다.(DQ, p.92)

89) 데리다는 타자에 대한 책임과 결단의 문제를 논하면서 결단이야말로 앎이나 인식과는 근본적으로 단절된 것으로 본다. 즉 계산가능성 너머로 미래를 향해 열릴 때에만 가능하다. (『테러 시대의 철학』, 244쪽)

서의 무한한 정의는 결코 제도나 실정적 법으로서는 한정할 수 없는 정치적 제도를 넘어서는 이념과 같은 것이다. 어찌 보면 무한한 정의는 정치 자체가 품을 수 없는 절대적 윤리적 요구와 같은 것이다. 하지만 다른 한편에서 데리다에게 이런 정의의 요구는 칸트식의 이념의 지평에 머물거나 규범적인 것으로 머물기보다 바로 지금-여기(maintenant-ici)[90]의 위급함 속에서 우리를 엄습하고 사로잡는 타자의 요구로 현현한다.[91] 비록 이 두 계기(무한한 정의의 비현전성/위급함)들이 논리적으로 해결될 수 없는 아포리아라 하더라도, 방점은 타자의 긴급성과 그에 대한 우리의 응답과 책임에 놓인다. 이는 책임, 윤리, 정의 등의 개념이 기존의 계산, 규칙, 법과 제도 등으로 통해서 포섭되지 않는 타자의 절대적 요구와 연결되어 있기에 기존의 제도와 규칙에서는 수용할 수 없는 아포리아과 같은 것으로 나타나는 것과 연결되어 있다. 이런 점에서 데리다의 해체론은 타자성이든지 동일자성이든지 현전이나 기원의 형태로 드러나는 것에 대한 비판을 담고 있으면서, 동시에 절대적 타자성과 외재성의 계기를 항상 내포하고 있다. 우리는 데리다의 타자론에서 레비나스의 영향력을 읽을 수 있다. 데리다 사유의 주된 모티브는 외재성 혹은 타자성으로 대표되는 불가능한 것의 사유이며, 이를 달리 표현하면 절대적 타자에 대한 개방하고자 하는 욕망이라고 말할 수 있다. 우리는 구체적인 예를 '주체는 자신의 능

---

90) Jacque Derrida, *Politiques de l'amitié*, Editions Galilée, 1994, p.129.(『불량배들』, 195쪽에서 재인용)

91) 데리다는 다음과 같이 말한다. " 이 불-가능은 결여적인 것이 아닙니다. 그것은 접근불가능한 것도 아니고, 또한 내가 무한정 연기시킬 수 있는 것도 아닙니다. 그것은 잠재화할 수 없는 방식으로, 가능적으로가 아니라 현실적으로, 나에게 알리고 나를 엄습하고, 나를 앞서고 바로 지금 여기서 나를 붙잡습니다."(『테러시대의 철학』, 244쪽)

력 너머의 불가능한 것을 추구한다'라는 데리다의 표현에서 찾을 수 있다.[92] 그리고 이런 개방의 욕망은 이론 속에 완전히 포섭할 수 없는 외재적 존재인 타자와의 관계와 연관되어 있다. 이 점에서 데리다의 사유, 특히 그의 환대론은 해체론의 분석적 측면을 넘어서는 수행적 측면, 혹은 사유의 역동성과 밀접히 연관되어 있다. 또한 이런 외재성에 대한 강조는 무조건적인 환대와 같이 불가능한 것을 향하는 욕망이라는 점에서, 레비나스가 『전체성과 무한』에서 언급했던 형이상학적 욕망[93]과의 유사성을 어렵지 않게 발견할 수 있다. 우리는 다음의 구절에서 레비나스와 데리다의 연관성을 엿볼 수 있다.

…… 한편으로 (무한하고, 계산불가능하며, 규칙에 반항적이고, 대칭성에 외재적이고, 이질적이며 이질성 지향적인) 정의와 다른 한편으로 **법**, 합법성 또는 적법성으로서의 정의, 안정적이고 법제적이며 계산가능한 장치이자 규제되고 법전화된 명령들의 체계로서의 정의 사이에 난해하고 불안정한 구분을 어느 경우에는 가정하고 다른 경우에는 부각시키거나 생산한다. 나는 어떤 지점까지는 정의의 개념 …… 을 레비나스의 정의 개념과 연결시키려고 시도해 볼 것이다. 정확히 말하면 나는 이러한 무

---

92) 데리다는 마리옹과 가진 토론회에서 순수 증여나 무조건적 환대가 불가능하지만, 이런 불가능한 것에 대한 욕망의 필요성을 지적한다. 또한 데리다는 불가능한 것, 사건의 도래와 같은 여러 사유들의 모티브를 이 '불가능한 것에 대한 욕망'이라는 점에서 이 욕망은 윤리적인 관계, 혹은 윤리적 세계에 대한 욕망임을 분명히 한다.(Derrida, *God, the Gift, and Postmodernism*, edit. by John D. Caputo, Michael J. Scanlon, Indiana University Press, 2000, p.72)
93) 형이상학적 욕망은 레비나스 사유의 중요한 모티브 중의 하나이다.(TI, p.3, 22)

한성 때문에, 나를 지도하는 자이며 내가 그의 무한성을 주제화할 수 없고 그의 인질로 남아 있는 타인, 타인의 얼굴과의 타율적인 관계 때문에 이를 시도해 보려고 한다. 『전체성과 무한』에서 레비나스는 "…… 타인과의 관계, 곧 정의"라고 쓰고 있으며, 다른 곳에서는 정의를 "얼굴에 대한 영접(accueil)의 일직선성(droiture)"이라고 정의하고 있다".[94]

여기서 데리다는 자신의 정의에 대한 이해가 레비나스에서 왔음을 숨기지 않는다. 그리고 적극적으로 레비나스가 제안한 고통받는 타자의 정의에 대한 요구를 급진화한다. 타자에게 열린다는 것은 근본적으로 어떤 계산이나 규칙을 따르지 않고, 어떤 보증도 확보하지 못한 채, 무조건적인 열림을 의미하며, 그가 요구하는 무조건적 정의와 그에 대한 무한한 책임과 분리해서 생각할 수 없다.[95] 이런 윤리에 대한 우선성은 데리다의 해체작업에 대한 규정에서도 살펴볼 수 있다. 데리다는 "법 바깥에 또는 법 너머에 있는 정의 그 자체는, 그것이 실존한다 하더라도, 그것은 해체 불가능할 것이다"[96]라고 말한다. 다시 말해서 해체가 지향하는 최종적인 의미의 지향점, 그것은 바로 무한한 정의(Justice)일 것이다. 물론 이때의 정의는 계산하거나 제도화할 수 있는 어떤 것이 아니라 모든 계산과 제도를 넘어서는 절대적 타자의 요구를 의미한다. 앞서 보았듯이, 당연히 이런 절대적 타자성을 논하기 위해서는 이율배반의 위험을 무릅써야 할 것이다. 이런 위험에도 불구하고 위험의 상황을 횡단하는 이유는 사유가 단

---

94) 『법의 힘』, 47쪽.(필자 수정)
95) 『법의 힘』, 53쪽.
96) 『법의 힘』, 33쪽.

지 지적인 모험을 하기 위해서가 아니라 그 위험의 한가운데 있는 타자 때문은 아닐까? 이런 점에서 우리는 데리다 사유의 중요한 축이 타자 개념과 긴밀히 연결되어 있고 그것의 이론적 엄밀성을 통해 도달하고자 것이, 바로 타자를 위한/에 대한 정의의 관념이라고 생각한다. 그리고 이런 타자성의 이념은 레비나스의 타자성과 깊은 공명을 하고 있다고 최종적으로 말할 수 있겠다.

2장 _ 주체화의 두 가지 길
책임과 충실성

서용순

1. 합리적 세계에서 벗어나는 주체의 길

확실히 오늘날의 세계를 지배하는 것은 자본주의적 합리성과 효율성이다. 인간이 만들어 내고 추구했던 모든 가치는 그 합리성과 효율성 앞에 무익한 것으로 낙인찍혔다. 오늘의 현실은 돈과 상품의 논리에 철저히 복종하는 무차별적인 약육강식의 원칙에 지배당하고 있다고 말해도 과언은 아니다. 모든 것은 이해관계의 원리에 의해 움직이고, 윤리와 도덕은 그저 지나간 시절의 낡아빠진 푸념에 지나지 않는 것으로 치부된다. 정치적으로도 그것은 마찬가지다. 자유, 평등, 정의와 같은 오랜 정치적 가치는 단지 자본주의를 떠받치고 있는 의회 민주주의를 장식하는 의미 없는 이념에 불과하다. 모든 정치는 금융자본의 이해관계에 봉사하는 과두정으로 전락하고 말았다. 이러한 상태에서 '다른 가능성'을 찾는 것은 요원한 일인 것처럼 보인다. 오늘을 지배하는 법칙은 어디까지나 사물과 기호에 의해 규정되는 자본주의적 법칙, 상품화의 구조적 작용 속에서 화폐와 신용만이 적절한 관계 규정의 불변적 요소로 간주되는 확고한 법칙이다. 거기에 선택이란 없다. 오늘날 젊은 세대의 불행은 '선택-없음'의 불행,

자신의 삶을 스스로 설계할 수 없는 강제된 삶의 불행이다. 기업이 원하는 스펙과 각종 자격증을 따지 못하면 안정적인 직장을 가질 수 없고, 직장을 갖는다 해도 항시적인 실업의 위협에서 벗어나기 위해 시스템이 요구하는 능력을 갖춰야 한다. 우리는 익명으로 주어진 법칙에서 한 발짝도 벗어날 수 없는 가장 잔인한 시대에 사는 것이다.

이런 와중에 주체성에 대해 말하는 것은 공허해 보인다. 현재를 지배하는 주체성은 다름 아닌 자본주의적 주체성, 아무런 제동 장치도 없는 합리성과 효율성이 모든 것을 지배하는 계산하는 인간의 주체성일 뿐이다. 달리 말하면, 이 주체성은 모든 것을 이윤과 편의라는 잣대로 계산하고 평가하여, 최대의 이익과 효율을 추구하는 맹목적인 이해 관심의 주체성인 것이다. 그러한 주체성 앞에, 명예나 체면, 윤리나 도덕은 그저 거추장스러운 짐이 될 뿐이다. 이해 관심을 금과옥조로 삼는 영혼에게 중요한 것은 정의가 아니다. 그 앞에서 실정법은 아무것도 말해 주지 않는다. 나의 이해 관심을 위해서라면 언제든 법을 무시할 수 있다는 것이 이 주체성이 말하는 것이다. 그러나 그럴 필요는 사실 없다. 오늘의 법은 소유의 욕망, 계산의 욕망 앞에서 언제나 온화하다. 법이 자신의 차가운 힘을 발휘하는 것은 그것과는 다른 욕망 앞에서이다. 자본주의의 구조와 원칙과는 다른 것에 대한 욕망, 그 질서에서 벗어나 다른 것을 추구하려는 욕망을 두고 법은 전혀 다른 얼굴을 내보인다. 오늘의 법은 이기적 계산의 욕망 이외의 다른 욕망을 절대 인정하지 않기 때문이다. 불순한 욕망을 걷어내기 위해 법은 분주하게 움직인다. 모든 사회적 불의는 법의 비호를 통해 용인된다. 한탄과 지탄은 그저 순간일 뿐이다. 내일이면 다른 불의가 제 모습을 드러낼 것이고, 그렇게 세상은 그저 돌아갈 것이다.

우리가 살아가고 있는 그러한 합리성의 세계, 왜곡된 합리성이라고 말하기에는 너무도 자연스럽게 세상을 지배하는 이 합리성의 세계에서 벗어나는 일은 거의 불가능해 보인다. 과연 우리는 이 잔혹한 세계에서 새로운 주체성을 기대할 수 있는가? 그러한 사태를 폭력에 기대어 해결하려는 주체의 형상을 배제한다면, 우리는 어떤 주체의 세계를 기대할 수 있는가? 확실히 오늘 우리의 세계를 가르는 것은 자본주의적 합리성의 주체와 그것에 반사적으로 대항하는 테러리즘의 폭력적 주체일 것이다. 확실히 우리는 어느 정도 파시즘을 닮아 있는 폭력적 주체성의 유혹이 있다는 사실을 부인할 수 없다. 그러나 그것이 대안은 아닐 것이다. 전통에 근거하는 폭력적 주체성은 결코 현대의 자본주의적 주체성을 극복하는 대안이 될 수 없다. 우리에게 필요한 것은 양자를 모두 벗어나는 제3의 주체성, 과거의 모든 시도를 넘어서는 새로운 대안적 주체성이다. 그것은 물론 쉽지 않은 선택이다. 전대미문의 주체성을 발견하거나 창안함으로써 오늘의 난맥상을 극복하는 일은 긴 시간을 요구할뿐더러, 그 가능성을 실제적인 힘으로 만드는 것은 사실상 오늘날 철저히 금지된 욕망이다. 그러나 폭력적 주체성을 따르는 것을 배제한다면, 그것 이외의 다른 가능성을 찾아야 한다. 따라서 오늘 우리가 검토해야 하는 것은 자본주의가 부과하는 합리적 주체성과 전통의 방패 뒤에 숨은 폭력적 주체성의 형상에서 완전히 벗어나는 새로운 주체성일 것이다.

그 새로운 주체성에 대해 우리가 가지고 있는 자산이 없는 것은 아니다. 가장 가깝게 우리가 발견하는 것은 현대 프랑스 철학에서 검토된 새로운 주체성, 현대의 합리성으로 무장한 자기중심적인 주체를 비판하면서 검토된 여러 주체성의 형상이다. 우리가 오늘의 자본주의적 주체성을 과거의 방식과는 다른 경로로 극복하고자 할 때, 우리가 출발해야 하는 지점은 1960년대 이래로 검토된 '탈중심적인' 주체성, 자기를 위해 대상을 전유하는 주체의 형상을 뒤집는 그 자체로 전복적인 주체성일 것이다. 우리는 그러한 노력이 시작되고 마무리되는 지점들을 탐색하고자 한다. 바로 서구의 자기중심적 주체성을 근본적으로 비판하면서 성립한 레비나스의 책임의 주체성과 프랑스 현대 철학의 논의를 철학의 편에서 다시 구성하려는 시도인 바디우의 진리의 주체성이 바로 그 두 지점이다. 우리는 이 두 철학자의 주체(성)에 대한 논의를 가장 넓은 수준에서 검토한 후, 그것이 갖는 현재적 의미를 드러내고자 한다. 그것은 바로 주체의 성립 과정과 그 결과가 가져오는 윤리-정치적 함의에 집중하는 가운데 이루어질 것이고, 그것을 통해 우리는 오늘날 요구되는 새로운 주체성의 기본적인 윤곽을 드러낼 수 있을 것이다.

2. '얼굴'이 파괴하는 '나'의 중심성 ─ 자기성에서 타자성으로

현대적인 철학적 성찰의 모든 것은 주체에서 출발한다. 현대적 형이상학의 야심 찬 기획은 단일한 '자아'를 앎의 출발점으로 삼으면서 개시한다. 코기토(Cogito)의 문제의식은 바로 그 단일한 자아의 수립에 있고, 그것에서 출발하여 인간에게 주어진 앎의 가능성을 극대화한다. 현대적 인간은 세계에 대한 앎을 통해 세계를 정확하게 파악하고, 그것을 통해 세계를 구성하는 사물을 자기화하는 자기중심적 주체로 정의된다. 현대 프랑스 철학의 모든 주체 비판은 바로 이러한 자기중심적 주체를 비판함으로써 새로운 주체성의 지평으로 나아가는 시도다. 이 거대한 흐름을 이

끄는 선구적인 철학자는 단연 레비나스일 것이다. 이미 1961년에 레비나스는 『전체성과 무한』(Totalité et Infini)을 통해 현대적 주체성을 비판하고 새로운 주체의 형상에 접근했다. 그에게 현대의 주체란 철저히 자기성(ipséité)의 주체다. 온갖 욕망의 대상으로 구성되는 세계 안에서 주체는 그 대상들을 전유하고자 한다. 그에게 세계란 욕망의 주어짐으로 구성되는 존재의 배경이다. 욕망할 수 있는 것이 자리 잡고 있는 대상 전체가 바로 세계인 것이다.[1] 그러한 전유의 욕망에 사로잡힌 것이 바로 자기성이다. 그러한 자기성의 주체는 욕망의 주어짐으로서의 세계 안에서, 다시 말해 그 세계라는 욕망에서 결코 스스로 벗어날 수 없다. 그것이 가능하기 위해서는 전혀 다른 경험, 욕망의 체제로서의 세계에서 벗어나는 경험이 필요하다. 그것이 바로 '타자와의 대면'이라는 사건이다.

레비나스에게 타자와의 대면은 단지 '다른 자', 세계 안에 있는 또 다른 자기성과의 만남이 아니다. 그것은 내가 어떻게 할 수 없는 초월적인 힘과의 대면, 자기화할 수 없는 낯선 존재와의 조우라고 말해야 한다. 자기성의 주체로서의 '나'는 자기 밖에 있는 타자의 얼굴과 대면한다. 타자는 과부, 고아, 이방인, 빈민의 얼굴, 자기화를 좌절시키는 비참한 얼굴로 '나'에게 다가오는데, 이 얼굴이야말로 만남에서 결정적인 계기다. 타자의 비참한 얼굴은 결코 포획될 수 없는 것이고, 그 현현은 다른 가능성으로 자기성의 주체를 인도한다. "얼굴은 나에게 말하고, 실행되는 힘(설사 그것이 향유 또는 앎이라 할지라도)과 어떤 공통의 척도도 갖지 않는 관계로 나를 이끈다."[2] 이 대면을 통해 자기성의 주체인 '나'와 타자 사이에

---

1) 레비나스, 『존재에서 존재자로』, 서동욱 옮김, 민음사, 2001, 61~2쪽을 참고하라.
2) Lévinas, *Totalité et Infini : Essais sur l'Extériorité*, Martinus Nijhoff, The Hague, 1961, p.172.

다른 관계가 주어진다. 이는 철저하게 비대칭적인 관계로, 세계 안에서의 자기성의 주체 사이의 관계인 객관적 힘의 관계와는 전혀 다르다. 대상을 초월해 있는 이 관계는 레비나스에게 철저한 윤리적 관계로 정의된다. 핵심은 역시 '얼굴'에 있다. 얼굴은 옷이 감출 수 없는 부분이다. 얼굴은 외부의 위협에 그대로 노출되고, 어떤 방벽도 갖지 않기 때문에, 얼굴은 타자의 얼굴을 파괴하는 유혹을 불가능하게 하는 윤리적 힘을 갖는다. 그렇게 자기성의 주체가 갖는 자유는 동요하고 후퇴한다. 그때 얼굴은 '나'의 자유에 대한 정당화라는 불가능한 요구를 던진다. 그렇게 '나'의 자기 중심성은 파괴되기 시작한다. 타자와의 대면이라는 사건은 필연적으로 주체성의 분열을 일으킨다. 단일한 주체였던 '자기성의 주체'는 얼굴에 대한 책임의 문제를 던져놓음으로써 '책임의 주체'로 나아가는 것이다.

책임의 주체는 중심적 자아의 주체성과는 판이하다. 좌절된 자유의 자리에 책임이 들어옴으로써 주체의 형상은 완전히 바뀐다. 책임의 주체는 비참한 얼굴을 한 타자, 자기중심적 동일자의 밖에 있는 타자를 무조건 환대해야 하는 의무를 진다. 결국, 책임의 주체란 타자에 대한 절대적인 환대로 나아가는 주체이다. 이러한 주체성의 변화 한가운데에는 절대 전유되거나 포섭될 수 없는 '타자', 자기동일성 안으로 흡수될 수 없는 절대적인 타자가 있다. 요컨대 레비나스의 전략은 서양 철학사에서 부차적인 존재로 머물렀던 '타자'에게 절대적인 위치를 부여하면서 타자의 절대성을 타자에 대한 무조건적 환대라는 절대성과 연결하는 데 있다. 타자를 무조건 환대하라는 것이야말로 윤리를 지배하는 절대적인 법이다. 그의 비참함이 나에게서 비롯된 것이 아니라 해도, 내가 그 책임을 떠맡아야 한다는 데는 변함이 없다. 다른 사람의 책임 역시 나의 책임이기에,

'나'는 타자의 비참함에 대한 무한 책임을 진다. 책임의 주체란 타자에 대한 책임을 떠맡으면서 형성되는 주체이다.[3] 그러한 절대적 환대가 정의를 가능하게 한다. 얼굴과의 대면을 통해 호출된 주체는 절대적 환대를 통해, 타자의 제단에 나를 바침으로써 보편적인 형제애와 평등의 지평으로 나아갈 수 있다.[4] 결국, 레비나스의 손에서 변화한 주체성은 자기중심적인 주체와 통약불가능한 '타자'의 존재에 의해 성립하는 윤리적 주체성임이 분명하다. 모든 것은 타자에 의해 조직되고, 타자를 향해 나아간다. '나'의 중심성은 철저하게 파괴되고 그 자리에 타자의 얼굴이 자리 잡는다. 타자의 절대성은 자기중심적인 '나'를 파괴하고 그 자리에 타자를 무조건 환대하는 책임의 주체를 세운다. 결국, 이 과정을 조직하는 능동적 작인은 '타자'와 정복할 수 없는 '타자의 얼굴'이다.

그런 점에서 책임을 통해 정의되는 새로운 주체성은 전적으로 수동적인 것일 수밖에 없다. 타자의 경험으로서의 얼굴의 대면은 책임의 주체가 전혀 새로운 삶의 지평으로 나아가는 출발점이다. 사실상 욕망의 체제 외부, 욕망의 대상으로 이루어진 세계의 외부에서 이루어지는 대면은 '나'를 철저히 욕망과는 다른 관계로 이끈다. 그 대면은 '나'로 하여금 타자의 얼굴이 내게 던지는 요구에 응답하도록 하고, 그것을 통해 나의 중심성은 철저하게 파괴된다. 중심을 차지하는 것은 이제 타자다. 얼굴에 의해 강제된 자기성의 주체는 자신의 자기성을 버림으로써 타자에 대한 책임을 짊어지고, 그것을 통해 이 주체는 타자 사이의 윤리적 관계 안으

---

3) 레비나스, 『윤리와 무한』, 양명수 옮김, 다산글방, 2000, 129쪽.
4) Lévinas, *Totalité et Infini*, p.189 참조.

로 들어가게 된다. 객관적인 대상과의 관계에서 벗어나 타자에 의해 부과된 윤리적 명령을 받아들이는 순간, 동일자의 우위는 무너지고 타자의 지배가 시작되는 것이다. 이제 '나'를 움직이는 것은 윤리적 관계이다. 타자로부터 책임이 부과되고, 타자를 무조건 환대함으로써 그 책임을 다한다. 이제 과거의 나, 자기성의 주체로서의 '나'는 책임의 주체 안으로 사라진다. 그러한 나의 해소야말로 타자성의 우위를 확실히 보여주는 사태라고 할 수 있다. 나를 언제나 초과하는 존재로서의 타자, 나와 통약불가능한 존재로서의 타자는 '나'에 대해 철저히 비대칭적이다. 그러한 비대칭성이야말로 자기성에 대한 타자성의 우위를 입증하는 것이다. 그렇게 레비나스가 보여주는 새로운 주체는 자기성에서 벗어나 타자성으로 나아가는 주체다. 이 주체는 확실히 절대적 타자라는 초월적 존재에 결박당하는 타자의존적인 주체지만, 레비나스에게 그러한 결박은 자기성에서 벗어나기 위해 반드시 치러야 할 대가일 것이다.

역시 문제는 윤리다. 타자의 지배는 윤리의 지배를 함축하고 있다. 나의 중심성에서 벗어나는 것은 앎과 향유에서 벗어나는 것을 의미하고, 타자에 대한 무조건적 환대를 실행하는 것은 절대적인 윤리적 삶으로 들어가는 것을 말한다. 레비나스가 자기성을 기각하고 타자성을 중심에 세우는 동시에, 형이상학을 기각하고 윤리학을 제1철학의 지위에 올려놓는 것은 바로 그러한 윤리적 삶의 우위를 확보하기 위함이다. 어쩌면 이러한 근본적인 전환은 오늘날 더 시사적이다. 책임의 문제가 완전히 기술적이고 기능적인 수준에서 다루어지는 오늘날, 책임의 문제는 아무리 강조되어도 부족하지 않다. 데리다가 말하듯 환대의 절대적 법이 권리로서의 환대의 법(droits)에 의해 변질되고 타락할 수 있는 것이 우리의 실제 현실이다.[5] 어쩌면 타자에 대한 환대의 절대적 법은 이미 그 자체로 왜곡되어 사라져 버렸는지도 모른다. 그것을 적나라하게 보여 주는 것이 아무도 책임지지 않는 현실이다. 모두가 자신은 책임이 없다고 말한다. 사적 이익의 욕망으로 말미암아 배가 가라앉고, 구조할 수 있는 사람들을 구조하지 않아도, 책임지는 사람은 아무도 없다. 정의와 윤리의 절대적인 법이 지배해야 할 구체적인 법은 실제적인 범죄자들에게 면죄부를 발행한다. 레비나스의 시도를 단순하게 철학적 발상의 전환으로 한정시킬 수 없는 이유가 그것이다. 자본주의적 질서의 지배는 집단적인 윤리적 퇴행을 자연스러운 것으로 만든다. 그런 와중에 윤리의 우위를 주장하는 것은 어쩌면 철학적 지성이 취할 수 있는 당연한 몸짓일 수도 있다. 온몸을 다해 섬겨야 할 타자를 바라보라는 명령은 우리가 결코 혼자일 수 없음을, 세계의 비참함에 직면하여 우리가 다해야 할 타자에 대한 의무가 있음을 상기시킨다. 자기성에서 타자성으로의 전환은 그렇게 우리에게 지배적인 주체성에서 벗어나 새로운 주체성으로 나아갈 것을 요구하고, 그것의 실천적 지평을 제시하고 있다.

3. 동물성을 극복하는 진리에의 충실성 — 인간 동물에서 진리의 '주체'로

레비나스가 탐색한 결정적 전환, 윤리적 철학을 통한 주체성의 전환은 현대 프랑스 철학의 주체에 대한 논의의 출발을 이룬다. 이후 모든 주체성에 대한 논의는 실제로 레비나스의 타자성의 철학에서 출발하여 방사형

---

5) Derrida(avec Anne Dufourmantelle), *De l'hospitalité*, Calmann-Lévy, Paris, 1997, p.29 참조.

으로 퍼져나간다. 프랑스에서 만개한 타자와 차이에 대한 모든 철학적 성찰은 레비나스와 비판적인 관계를 맺으며 진행된다. 우리는 80년대 후반 이후로 그러한 타자 윤리학의 경향과 거리를 두면서 다른 주체의 가능성을 검토하는 철학과 만나게 된다. 바로 바디우의 진리 철학이다. 바디우는 칸토어에서 출발하여 괴델과 코언을 통해 완성되는 집합이론을 통해 존재론을 혁신하고, 그것을 바탕으로 진리와 주체의 개념을 개작하는 철학자로 알려져 있다. 그의 손에서 진리와 주체의 개념은 이전과는 전혀 다른 것으로 바뀐다. 바디우는 그의 주저인 『존재와 사건』을 통해, 지배적 법칙의 셈에서 누락된 공백의 출현으로서의 사건 이후, 그 사건에 충실한 주체가 등장하고, 그 주체의 실천을 통해 새로운 부분으로서의 진리가 성립하는 과정을, 상황의 법칙에서 완전히 벗어나 있는 진리, 법이 불가능한 것으로 규정하는 그 진리를 상황에 강제하는 주체적 실천 끝에 진리가 상황의 정상적인 항목으로 인정되는 일련의 과정을 보여줌으로써, 파산 선고를 받았던 진리와 주체의 개념을 다시 철학의 무대로 끌어올린다. 예술, 과학, 혁명적 정치, 사랑이라는 네 가지 진리 생산 절차 안에서 벌어지는 사건과 진리의 과정에서 특징적인 것은 역시 주체성이다. 바디우에게 주체는 사건에만 의존하는 주체, 대상과 마주하지 않는 주체, 즉 대상 없는 주체이다.[6] 바디우는 주체를 사건의 산물로 간주한다. 그 안에서 주체를 성립시키는 요인은 어떤 객관적인 대상이 아닌 사건에 대한 확신, 그리고 그 확신을 지속하는 충실성이다. 그러하기에 바디우에게 모든 주체는 사건에 충실한 주체, 사건의 실낱같은 흔적을 지켜내고, 그것을

---

6) 바디우, 『철학을 위한 선언』, 서용순 옮김, 도서출판 길, 2010, 136쪽.

통해 상황을 진리로 강제하여 세계를 변화시키는 실질적인 힘으로서의 주체다. 주체가 없다면 사건은 그저 한 번의 에피소드로 사라질 것이고, 진리는 구축될 수 없을뿐더러, 상황은 진리를 받아들이지 않을 것이고, 결국 세계는 변화하지 않을 것이다. 우리가 실제 진리의 존재를 이야기할 수 있는 것은 오로지 주체를 통해서일 것이다. 주체가 없다면 진리는 없는 것이다.

레비나스와의 접점을 드러내기 위해, 좀 더 미시적이고 구체적인 차원에서 이 독특한 주체에 대해 말해 보자.[7] 만약 주체가 사건과 마찬가지로 돌발의 질서 안에 있다면, 주체는 주체가 되기 이전의 존재와 구분될 수밖에 없다. 그렇다면 주체는 그 이전에 무엇이었는가? 충실성의 작용이 있기 전의 존재는 무엇이고, 그 존재는 어떻게 주체가 되는가? 바디우에게 주체는 인간과 일치하지 않는다. 그가 인간에 대해 이야기하는 방식은 아주 냉정하다. 그에게 인간의 신화란 없다. 그는 가장 기본적인 본성을 통해 인간을 정의한다.[8] 그에게 종으로서의 인간은 넓은 범주 속에서 '동물'에 속하는 존재다. 인간은 자신의 생존을 위해 이해 관심을 추구한다는 점에서 여타의 동물과 전혀 다르지 않다. 자신의 안위를 위해 외부의 위협에 대항하고, 종의 번식을 위해 어린 자식들을 돌보는 등의 모

---

7) 『존재와 사건』에서 바디우는 주체를 인격적인 수준이 아닌 개념적인 수준에서 논한다. 그에게 주체란 충실성의 작용이며, 사건이 일어난 상황 속에서 충실성을 전개하는 일련의 활동들이다. 그래서 그는 주체를 "사건과 충실성의 절차 사이의 연결과정 자체"(Badiou, L'Etre et l'événement, Seuil, 1988, p.264)라고 정의하는 것이다. 그러나 그는 주체화의 과정을 현상적인 수준에서 설명하기도 한다. 우리가 여기서 주목하는 부분은 바디우가 『윤리학』에서 묘사하는 '내재적 단절을 통한 진리의 국지적 출현'으로서의 주체이다.
8) 바디우, 『윤리학』, 이종영 옮김, 동문선, 2001, 73~4쪽을 참고하라.

든 행위는 동물이 지닌 가장 기본적인 본능에 해당한다. 인간의 경우, 이러한 본능은 좀 더 고상하고 문명화된 형태로 표현되지만, 그것이 본능에 해당한다는 점은 변하지 않는다. 더 높은 연봉과 좋은 집, 멋진 자동차, 안락한 삶과 여유 등이 동물적 본능과 관계없다고 주장하기는 힘들다. 자신의 안전과 안락을 추구하는 것은 인간과 동물에게 공통적이기 때문이다. 모든 출세욕, 지배욕, 승부욕 등은 고스란히 동물적 본능으로 환원할 수 있는 원초적인 욕망에 지나지 않는다. 그런 본능이야말로 인간이 동물의 범주에서 벗어날 수 없음을 분명히 말해주는 것이다. 이해 관심을 추구하는 인간은 기본적으로 동물의 상태에 머물 수밖에 없다. 결국, 바디우에게 인간이란 그저 '인간 동물'(animal humain)일 뿐이다.

 '인간 동물'로서의 인간의 수준에서 우리는 별반 말할 것이 없다. 동물과 완전히 구분되는 이른바 '존엄한 존재'로서의 인간은 아직 나타나지 않는다. 가치를 부여할 수 없는 인간 동물의 상태에서 벗어나, 인간에게 독특한 가치를 부여하기 위해서는 무언가 다른 것이 있어야 한다. 동물과 분명히 구분되는 인간이 존재한다면 그것은 인간 동물과는 다른 누군가일 것이다. 인간 동물의 외부에 진정한 인간이 존재하는 것이다. 그 '외부'를 구성하는 것이 바로 주체의 길이다. 바디우에 따르면 인간 동물이 진리에 충실한 주체가 될 때, 인간은 인간 동물의 상태에서 벗어난다.[9] 물론 충실성의 주체가 동물성을 완전히 초월하는 것은 아니다. 주체가 된 인간은 어느 정도 동물적인 삶을 유지할 것이다. 그러나 진리의 주체가 된 인간은 그렇지 않은 인간 동물과 사뭇 다르다. 우리가 동물과 구분되는 인

___

9) 바디우, 『윤리학』, 75쪽.

간의 인간성을 찾고자 한다면 바로 이 지점에 집중해야 한다. 인간이 동물과 구분되는 것은 오로지 인간만이 주체가 되도록 호출된다는 사실에 있다. 혁명적 정치, 과학적 탐구, 열정적인 사랑 등은 인간만이 추구하는 가장 인간적인 영역이다. 동물성이 극복되는 지점은 바로 진리의 영역인 것이다. 이러한 인간적 주체화의 지점을 통해 '인간 동물'의 자기 보존은 다른 영토로 들어가고, 주체는 자신의 존재 방식을 완전히 바꾸게 된다. 그가 이전에 알지 못했던 것들, 그가 불가능하다고 치부했던 것들이 이제는 그의 확신 한가운데로 들어온다. 그는 그 불가능한 것을 위해 살 것이다. 이 주체를 기다리는 것은 진리를 위한 삶, 진리에 충실한 실천이다.

주체란 엄밀하게 사건과 진리에 포획 당한 존재로서, 진리의 국지적인 심급을 이룬다. 주체는 사건의 흔적을 고스란히 이어받고, 앞으로 만들어질 진리를 힘겹게 선취한다. 사건과 진리가 상황의 법칙을 파괴하는 것이기 때문에, 그의 실천 활동 또한 상황을 지배하는 법에서 완전히 벗어난 것이 된다. 상황의 법칙에 의해 불가능한 것으로 규정되는 진리를 상황에 강제하는 주체의 실천은 또한 법칙의 바깥에 있는 실천, 불법적인 실천이다. 그런 점에서 진리의 주체는 불가능의 주체가 될 것이다. 주체의 실천 행위는 불가능한 것을 향한다. 그가 하는 모든 것은 지배적 규범에 어긋나는 것이 되고, 파렴치한 추문이 되며, 혼란을 일으키는 범죄로 치부되고 만다. 이 영웅적인 행위의 주체들은 사건과 마찬가지로 드물다. 알려진 바와 같이, 진리는 보편적인 말 건네기[10]의 체제 아래 있으므로 모든 인간은 주체가 될 가능성을 항상 가지고 있지만, 그 충실성의 과

---

10) 이 문제는 바디우, 『사도 바울』, 현성환 옮김, 새물결, 2008에서 폭넓게 논의된다.

정은 불가능한 것을 향하는 과정이기에, 주체는 그 지난한 과정을 감수하는 아주 희소한 존재일 수밖에 없다. 진리는 주체들에게 불가능한 실천을 요구한다. 그러나 그가 진리를 확신하는 이상, 그에게 다른 선택은 의미가 없다. 이전의 상태, 인간 동물의 상태에서 그가 추구했던 이해 관심은 더는 그 삶의 지표가 아니다. 그가 자신의 존재 방식을 바꾸었을 때, 그는 제 존재의 모든 것, 제 말과 행동 그리고 능력을 진리를 펼쳐내는 데 사용할 것이다. 인간 동물의 이해 관심은 이제는 문제가 아니다. 불멸의 진리 안으로 들어선 주체는 유한한 존재, 죽음을 필연으로 가지고 있던 인간 동물의 운명에서 벗어나 불멸의 존재가 되도록 강제당한다.[11]

주체가 된 과거의 인간 동물이 불멸의 진리를 끊임없이 추구하는 한, 주체는 더는 죽음을 향한 존재가 아니다. 그는 불멸의 진리의 일부가 되었기 때문이다. 그는 영원한 진리에 충실한 주체이고 인간 동물의 이해 관심과는 전혀 다른 이해 관심, 무관심의 관심, 다시 말해 이해 관심에서 벗어난 이해 관심을 추구한다. 이 독특한 이해 관심의 추구야말로 주체를 특징짓는 사태다. 그러한 이해 관심의 추구는 결코 일회적이거나 일시적일 수 없다는 데 주목해야 한다. 상황에 진리를 강제하는 과정은 사실상 끝나지 않는 과정이다. 진리가 무한하다면, 다시 말해 진리가 지속적인 확장의 과정에 있을 뿐 완성되지 않는다면, 그것은 주체의 실천 역시 끝나지 않는다는 것을 의미한다. 주체의 실천은 계속되어야 한다. 바디우에게 윤리가 있다면 바로 그것이다. 그의 윤리적 준칙은 "계속하시오"라고 표명된다. 진리에 포획된 '어떤 자'이기를 계속하라는 것이다.[12] 그런

---

11) 바디우, 『윤리학』, 53~4쪽.

지속이 없다면, 진리는 우리 눈앞에서 신기루처럼 사라질 뿐이다. 진리를 포기하고, 진리를 부정하는 것은 주체의 길을 포기하고 인간 동물의 이해 관심으로 돌아가는 퇴행으로 간주할 것이다. 그러한 지속이 없이는, 불멸의 진리도 없다. 바디우의 윤리는 영원한 진리에 충실한 윤리로서의 '진리의 윤리'인 것이다.

우리는 이러한 바디우의 주체성을 불가능성을 지탱하는 투사적 주체성이라고 정의할 수 있다. 투사는 불가능한 것을 위해 싸운다. 불가능한 것에 대한 확신을 견지하고, 그것을 금지하는 세계의 법칙에 맞서 그것을 가능한 것으로 만드는 노력을 멈춰서는 안 된다. 그 확신을 끝까지 밀고 나가는 것만이 세상을 바꿀 수 있는 유일한 방법이다. 물론 힘들다. 이 주체는 진리를 관철하기까지 엄청난 시련을 통과해야 한다. 중도에 포기하는 것은 진리를 포기하는 것이고, 진리는 물론 새롭게 태어난 자신을 배반하는 일이다. 그런 점에 비추어, 오늘날 우리에게 이 주체성은 거의 남아 있지 않은 것 같다. 오히려 우리는 이러한 주체화의 반대편, 다시 말해 포기와 배반의 사례를 훨씬 더 잘 목격한다. 과거 80년대를 수놓았던 민주주의와 혁명을 향한 정치적 실천 속에서 출현했던 주체들은 대부분 자신의 길을 포기하거나, 혁명적 정치의 반대편으로 나아갔다. 오늘날 486(또는 386) 세대라고 불리는 정치인들의 행보가 그것을 잘 증명한다. 반면, 새로운 주체는 아직 출현하지 않고 있다. 오늘의 현실은 그러한 주체화의 가능성을 철저히 봉쇄하고 있다. 현실을 지배하는 법칙은 '지금의 체제 이외의 대안은 없다'고 말한다. 사회적 불평등, 부패한 의회 민주주

---

12) 바디우, 『윤리학』, 107~8쪽.

의, 보편화한 경쟁만이 가치를 갖는다. 현재의 자본주의와 의회주의 밖으로 나가는 것은 불가능하다는 단언은 다른 선택의 가능성을 사전에 봉쇄하고 있다. 그러한 현실은 명백하게 투사적인 주체성이 출현하는 것을 힘들게 한다. 그러나 거꾸로 생각한다면, 지금이야말로 투사적 주체성이 가장 절실하게 요구되는 시점이라고도 말할 수 있다. 그것이야말로 모든 불가능한 것에 대한 접근이 봉쇄된 오늘의 현실을 돌파할 수 있는 주체성인 것이다. 그 주체성이 없다면, 우리의 삶은 점점 더 피폐해지고, 젊음의 절망은 더욱 깊어질 뿐이다.

4. 주체성의 간극

그렇게, 레비나스와 바디우의 주체성은 각각 책임의 주체성과 투사의 주체성이라고 말할 수 있다. 레비나스의 타자 윤리학은 타자를 무조건 환대하는 가운데 무한 책임을 부과하는 주체성을 빚어내고, 바디우의 진리 철학은 포기하지 않는 진리에의 충실성을 통해 불가능한 것을 가능하게 만드는 투사의 형상을 부과한다. 분명히 이 두 가지 주체성은 모두 오늘날 우리에게 필요한 것이지만, 그 사이에 어떤 간극이 있는 것 역시 부인할 수 없는 사실이다. 레비나스의 윤리적 철학은 자기성의 주체가 얼굴과의 대면을 통해 책임의 주체로 변화하는 과정을 보여 주고, 바디우의 진리 철학은 '인긴 동물'이 사선을 통해 진리의 주체로 변화하는 과정을 그려낸다. 주체의 사건적 생성 또는 변모를 사유한다는 점에서 두 철학자의 논변은 어떤 유사성을 갖는 것 같다. 그러나 세부로 들어가면 이들 사이의 차이는 명백하게 드러난다. 레비나스의 논변은 다분히 신학적이다. 자기성의 주체가 대면하는 타자, '나'를 언제나 초과하는 타자는 그 자체로 절대적이고 무한한 존재이기에, 타자의 요구로 드러나는 무조건적 환대의 윤리적 명령은 절대적이다. 그러한 타자의 절대성은 타자에 대한 책임의 절대성을 가져오는 근본적인 원리로 작동한다. 그러한 타자가 신의 형상을 닮았음은 명백한 사실이다. 명백히 초월적인 타자는 신의 직접적 현상인 것이다. 반면에, 바디우의 진리 철학은 유물론적이다. 바디우의 논변에서 등장하는 것은 신이 아닌 공백이다. 그러나 이 공백은 상황 안에 존재하는 공백이다. 그것은 어떤 초월과도 연결되지 않는 내재성에 속한다. 이를테면, 공백은 언제나 상황 속에 주어져 있고, 그 공백의 분출을 통해 사건의 과정이 시작된다. 진리를 상황에 강제하는 주체의 실천 역시 상황의 언어를 명명 불가능한 진리에 접근시키는 과정으로 묘사된다. 주체는 진리를 확신할 뿐, 진리를 알지 못한다. 진리는 지식이 아니기 때문이다. 그런 연유로 주체는 사용 가능한 상황의 언어를 통해 진리에 근접할 수 있을 뿐이다. 바디우의 철학에서 무한한 것은 진리인데, 이 진리는 주체의 실천을 통해 지속해서 제 지평을 넓혀나갈 뿐이다. 예를 들어 평등이라는 정치적 진리는 지속적인 실천을 통해서만 현실화되고, 성차라는 사랑의 진리는 지속적인 둘의 모험을 통해서 탐험된다. 바디우의 주체성은 철저히 내재적이다.

만약 우리가 이 두 가지 주체성의 사유를 실천적으로 전유하고자 할 때, 다시 말해 현재의 난맥상을 타개하고 새로운 주체적 전망을 확보하고자 할 때, 그 차이는 더욱 두드러진다. 분명 레비나스의 윤리적 철학은 욕망에 지배받는 자기성의 세계에 반대하여 아주 강력한 윤리적 당위를 부과한다. 자기중심적 주체의 해체와 책임의 주체로의 상승은 자기 이익의 추구가 절대화된 세계에 대한 직접적이고도 강력한 비판일 것이다. 그러나 당위는 그저 당위일 뿐이다. 윤리적 당위가 모든 것을 해결하지는 않는다. 더 심각하게, 레비나스에게 결여된 것은 주체의 능동성이다. 책임의 주체란 언제나 타자의 절대성에 결박당한 존재로, 타자라는 주인에 의해 움직일 수밖에 없다. 오늘날 주인의 형상은 과연 유효한가? 어쩌면 그 '주인'은 자본주의의 법칙을 통해 이미 극복되고 폐기된 전통의 형상에 불과할지도 모른다. 그렇게 볼 때, 레비나스에게서 도출되는 책임의 윤리란 복권된 전통과 크게 다르지 않을 수 있다. 물론 책임이라는 가치를 다시 문제 삼고, 이를 통해 무너진 윤리적 지평을 열어내는 것은 필요하다. 그러나 그것이 미래를 열어내는 큰 힘으로 작용할 것이라고 확신하기는 힘들다. 그것으로 계산적 합리성으로 무장한 자본주의적 논리를 비판할 수는 있지만, 미래의 대안을 설계하기에는 그다지 적합하지 않다고 말해야 할 것이다.

반면, 바디우의 진리 철학이 내세우는 주체성은 그 자체로 실천적이다. 이 주체성은 실천을 통해 성립하고 실천을 통해 유지된다. 진리를 상황에 부과하려는 모든 시도는 그 자체로 새로운 주체성의 발현이고, 새로운 삶의 양식의 창안이다. 진리의 주체는 무척이나 능동적이다. 바디우의 제안이 가진 힘은 진리에 충실한 주체성을 과거의 질서를 무너뜨리고 새로운 질서를 가져오는 유일한 동력으로 삼는 데 있다. 주체는 언제든 좌초될 수 있는 연약한 진리의 힘을 지속적인 실천을 통해 현실화하는 능동적인 힘이다. 바디우의 주체는 윤리적 원칙에 따라 움직이는 것이 아니라, 진리에의 희망, 새로운 세계에의 희망에 따라 움직인다. '계속하라'는 금언은 그 희망을 지탱하는 진리 과정의 윤리, 진리의 실천에 종속된 윤리일 뿐이다. 오로지 진리에의 충실성만이 있다. 그것을 명령하는 어떤 주인도 없다. 바디우의 진리는 익명적인 진리, 무명용사로서의 투사의 진리이기 때문이다. 위로부터 부과되는 것은 아무것도 없다. 전통으로의 복귀도 없다. 오로지 인간적 삶 속에서의 역전 가능성, 지배와 전통, 이기주의와 구태의연함을 무너뜨리는 불가능한 것의 가능성을 지속적으로 추구하는 주체성이 있을 뿐이다. 그래서 바디우의 주체성은 미래지향적이다. 진리의 통합된 주체의 몸은 그렇게 적극적이고 능동적인 힘, 확정할 수 없는 전(前) 미래에 관철될 익명적 진리만을 동력으로 삼는 명명할 수 없는 힘인 것이다.

　　두 가지 주체성 사이의 간극은 정치의 문제 안으로 들어갔을 때, 더욱 두드러진다. 무조건적 환대를 통해 보편적 평등과 형제애로 나아간다는 레비나스의 단언은 타자의 윤리가 정치적 지평을 포괄할 수 있음을 보여준다. 혹자는 레비나스가 타자를 통해 윤리를 정립하고 그것을 통해 다른 정치로 나아간다고 말할 것이다. 그러나 '나'와 타자라는 양자 관계가 그 자체로 정치와 연결되는 것은 아니다. 정치는 철저한 집단성의 체제, 말하자면 다수성의 체제이기 때문에, 이 양자 관계를 넘어 보편적인 다수의 관계로 나아가는 계기가 반드시 필요하다. 그것이 바로 레비나스의 또 다른 저작인 『존재와 다르게』에서 구체적으로 전개되는 '제삼자'에 대한 논의다. 타자에 대한 책임의 이행은 이웃과의 관계 안에서만 가능하다. 책임의 이행 속에서, 이웃으로서의 타인과 갖는 관계는 '나'와 타자의 관계에 의미를 부여한다.[13] 나와 타자 사이의 윤리적 관계는 다수로서의

---

13) Lévinas, *Autrement qu'être ou au-delà de l'essence*, Martinus Nijhoff, The Hague, 1974,

여러 이웃과의 관계 안에서 실질적 지평에 도달한다는 것이다. 바로 그때 정의가 가능하다. 다시 말해, 우리가 실질적인 정의를 이야기하고자 한다면, 다수로서의 제삼자의 지평으로 윤리적 관계를 확장해야만 한다. 타자를 떠받치고 있는 이웃으로서의 제삼자는 윤리적 지평의 정치적 확장을 전제하고 있다. 제삼자란 타자와 연결된 동시에 타자의 지평을 보편적으로 확대하는 계기인 셈이다. 그렇게, "나에게서 떠나지 않는 [절대적인 타자의] 얼굴은 이미 '비교 가능한' 동시에 '비교 불가능한' 얼굴이며, '유일한 얼굴'인 동시에 '[다른 여러]얼굴들', 정확하게 정의에 관한 관심 속에서 가시적인 얼굴이다".[14] 다시 말해, 환원 불가능한 타자와의 대면에서 시작한 윤리적 관계는 '여러 이웃'과의 관계로 확장되어 형제애와 보편성을 획득함으로써 정치적 주체성의 출발점을 이루는 것이다.

특징적인 것은 정의를 구성하는 타자에서 제삼자로의 확장이 불평등 안에서의 평등의 도입으로 간주될 수 있다는 것이다. 나와 타자의 관계, 나의 자기성과 타자의 얼굴 사이의 관계는 비대칭적이고 불평등하다. 그러한 양자 관계의 지평을 넘어 제삼자를 통한 보편적인 평등이라는 정치적 지평으로 나아가고자 할 때, 그 불평등은 평등을 통해 해소되지 않는다는 점에 주목할 필요가 있다. 평등은 전제된 불평등을 통해서만 가능하다. 나와 타자 사이의 비대칭성이 전제하고 있는 타자의 우위는 여전히 유지된다. 예컨대, "정의는 …… 모두의 평등이 나의 불평등을 통해, 나의 권리에 대한 의무의 잉여분을 통해 시행되는 사회에서만 정의로 남는

        p.202.
14) *Ibid.*, p.201.

다. 자기의 망각이 정의를 작동하게 하는 것이다".[15] 타자와 나는 평등하
지 않다. 그렇게 타자와 나의 불평등은 정의로 나아가는 출발점이 된다.
가장 중요한 주체성의 동력은 나와 타자 사이의 비대칭성, 불평등성이다.
결국, 집단적인 수준에 자리한 정치적 주체성을 지배하는 것은 출발점에
놓인 윤리적 주체성이다. 정치적 주체성은 윤리적 주체성의 효과로서만
존재하는 것이다. 그 결과 정치 영역의 독특한 성격은 제거된다. 정치가
윤리의 지배 아래 놓여 있기 때문이다. 레비나스에게 정치는 윤리를 토대
로 하는 집단적 활동이고, 초월적인 타자에 전적으로 의존하는 과정이라
고 할 수 있다.

　반면, 바디우의 정치는 다른 어떤 정치 외적 원칙에 근거하지 않는
다. 정치는 정치 그 자체로 사유될 뿐, 정치와는 다른 것으로 환원되지도
않고, 다른 질서의 원칙에 지배당하지도 않는다. 정치적 진리로서의 평등
은 그 자체로 정치 내적인 원칙일 것이다. 바디우가 말하는 정치가 국가
의 정치와는 거리를 두는 혁명적 정치라는 사실은 이미 잘 알려져 있다.
그것이 의미하는 바는 명확하다. 정치란 국가가 실행하는 관리 또는 경영
(이른바 '국가 경영')과는 거리가 멀다. 정치는 오로지 집단적 실천을 통해
서만 가능하고, 평등의 선언을 통해서만 펼쳐진다. 국가의 정치가 객관적
인 것을 겨누고 있다면, 혁명적 정치는 주체적인 것을 통해서만 가능하
다. 혁명적 정치를 평등의 정치라고 할 수 있다면, 그것은 그 정치가 객관
적 평등이 아닌 주체적 평등, 평등의 주체성의 사건적 발현에 의존하기
때문이다. 바디우에 따르면 정치적 평등은 기획되는 것이 아니다. 말하

---

15) *Ibid.*, p.203.

자면 정치적 평등은 "정치적 사건의 열화 속에서 평등을 여기 그리고 지금 있는 것이라고 선언하는 것이지, '있어야 할 것'이라고 선언하는 것이 아니다".[16] 정치를 지배하는 객관적인 외적 원리란 없다. 있다면 "보편적인 것으로 요구되는 평등의 규범"만이 있을 뿐이다.[17] 결국, 정치를 지배하는 것은 보편적인 정치적 주체성으로서의 평등이다. 정치 외적인 논리, 과거 사회주의 국가를 지배하던 경제적 평등과 같은 객관적인 논리는 혁명적 정치의 원리가 될 수 없다. 정치는 정치 아닌 것의 효과가 아니다.

바디우에게 다수의 체제로서의 정치는 주인을 필요로 하지 않는다. 그 주인이 초월적이건 내재적이건 마찬가지다. 모든 것을 공평하게 배분할 주인의 덕은 다수를 평등하게 만들지만, 우리에게 주인을 사랑할 것을 요구한다. 만약 우리가 주인을 사랑하지 않는다면 정치적 압제와 공포만이 우리에게 돌아올 것이다.[18] 그러한 주인의 정치가 얼마나 참혹한 결과를 만들어내는지 우리는 과거의 경험을 통해 잘 알고 있다. 맑스의 자본주의 비판 이후 검토된 혁명적 주체성, 사회주의 정치가 구현하고자 했지만 '주인의 정치'로 후퇴해 버린 집단적 주체성이 그것이다. 그 역사를 반복하지 않고, 진정한 대중의 정치, 지배-피지배 관계를 해소하는 '역전의 정치'를 추구하고자 한다면, 우리는 가정된 평등을 작동하게 하는 어떤 '주인'도 상정하지 않아야 한다. 내재적이건 초월적이건 주인은 배제되어야 한다. 혁명적 정치에는 오로지 익명적이고 전투적인 주체, 선언된 평등을 끝까지 지켜나가는 충실성의 주체만이 있다. 재현의 논리에서 벗

---

16) Badou, *Abrégé de métapolitique*, Seuil, Paris, 1998, p.112.
17) 바디우, 『투사를 위한 철학』, 서용순 옮김, 오월의 봄, 2013, 61쪽.
18) 바디우, 『비미학』, 장태순 옮김, 이학사, 2010, 102~3쪽을 보라.

어난 집단적 사유로서의 정치는 정치적 주체성 이외의 다른 것을 필요로 하지 않는다. 결국, 레비나스와 바디우의 결정적인 차이점은 바로 거기에 있다. 정치를 정치와 다른 것에 종속시키는 레비나스와 달리, 바디우는 정치를 정치 내적으로 사유한다는 것이다. 정치적 주체성의 간극이야말로 둘을 가르는 결정적인 지점일 것이다.

어쩌면 우리는 어떤 불가능한 선택에 사로잡혀 있는지도 모른다. 신이 죽어 버린 오늘날의 세계는 자본주의의 초월적 법칙이 지배하는 세계이자, 주인 없는 익명성의 세계다.[19] 화폐의 익명성은 주인을 없애 버렸고, 모든 유대를 해체했다. 그와 동시에 정의와 평등은 불가능한 것으로 치부되어 흔적도 없이 사라진 것처럼 보인다. 결국, 주인에 대한 향수는 계속된다. 어쩌면 우리가 바라는 것은 모든 것을 공평하게 분배할 주인, 우리를 수고로움 없이 정의와 평등의 세계로 인도할 주인일 수도 있다. 그러나 더는 신이 없듯, 주인도 있을 수 없다. 그 사이의 선택은 불가능하다. 우리는 주인 없이 정의와 평등을 구해야 하는 힘든 상황에 있는 것이다.

5. 주체성의 미래

우리가 살펴본 두 가지 제안, 새로운 주체성에 대한 레비나스와 바디우의 제안은 그 자체로 실현 불가능한 것처럼 보인다. 글로벌 자본주의가 지배하는 오늘날, 그러한 주체성이 가능하다고 믿는 이들은 거의 없을 것이다. 그럼에도 이 두 철학자의 논의가 우리에게 시사하는 바는 크다. 레비

---

19) 바디우, 『비미학』, 101~2쪽을 보라

나스가 주장하는 책임의 주체성과 바디우가 역설하는 투사적 주체성은 '계산 불가능한 것'을 통해 성립한다는 공통점을 갖는다. 소유할 수도, 파괴할 수도 없는 얼굴과 그 자체로 불가능한 것으로 간주하는 진리는 모두 계산하는 합리성에서 벗어나 있기 때문이다. 오늘날 진짜 문제는 바로 그 지점에 있다고 말해야 할 것이다. 모든 것이 계산과 수치의 합리성에 복종하는 오늘의 세계에 대한 두 철학자의 비판은 그것에서 벗어나는 주체성, 어떤 객관적인 것에도 의존하지 않는 주체성을 통해서 이루어진다. 바로 그것이 우리의 출발점이 되어야 할 것이다.

그러나 역시 두 철학자가 논구하는 주체성은 이질적인 지평에 서 있다. 우리의 논의는 그 이질성을 보여 주고, 두 주체성이 내포하는 현재 세계에 대한 비판적 논점을 파악하고자 했다. 정치적 실천의 맥락에서 확실히 갈라지는 바디우와 레비나스의 철학은 유사성 속에서 대립하고 있다. 우리는 바디우의 투사적 주체성이 오늘의 지배 질서를 전환하는 데 더 유리한 주체성이라고 판단한다. 물론 새로운 주체성에 대한 사유를 추동한 레비나스의 공헌은 높이 평가되어야 한다. 그의 선구적인 작업은 새로운 주체성에 대한 다양한 사유를 가능하게 했고, 인류애에 근거한 사랑의 윤리를 구축한 것이 사실이다. 그러나 그의 윤리적 철학이 구축하는 주체성이 주인의 지배를 감수하는 주체성, 전통으로 돌아가는 복고적인 주체성이 될 수도 있다는 점에 주목해야 한다. 오늘날의 세계에서 벗어나기 위해 다른 주인을 요구하는 것은 달콤하지만, 위험한 유혹이다. 그보다는 바디우가 주장하는 것처럼 주인을 배제하면서 익명의 진리로 나아가는 것이 해방의 정치에는 더 적절하다고 말할 수 있다. 그럼에도 레비나스의 주체성이 공허한 것은 아니다. 그것이 가장 넓게 파악된 윤리의 지평에서 우리에게 말해주는 바는 많다. 그것이 갖는 종교적 특성, 초월적인 것을 향하는 신실한 종교적 주체성으로서의 타자의 섬김은 분명 강력한 테제다. 그러나 그것이 정치적인 의미를 획득하기는 힘들다. 종교적인 것은 종교적인 것에 맡겨져야 한다.

3장_ 상호성의 윤리와 타자 중심성의 윤리

리쾨르와 레비나스의 조우, 그리고 문화 간 관계에 대한 그 함축

김정현

"나는 …… 인간 상호간 관계의 궁극적 가능성을 위한 심층적 토대를
찾고자 노력했습니다. 사심 없는 절대적 관계 말입니다."

― 에마뉘엘 레비나스

"내가 보기에 후설과 레비나스 어느 누구도 이 상호성의 문제를 완벽하
게는 떠맡으려 하지 않은 것 같습니다. …… 요컨대 나에게 중요했던 것
은 인정의 상호성입니다."― 폴 리쾨르

1. 서론

이 글은 리쾨르(Paul Ricoeur)와 레비나스(Emmanuel Levinas)의 윤리학
에서 '타자'와 '자기'의 관계가 어떻게 설정되는가를 살핀다. 달리 말해,
'타자'와 '자기'의 관계에서 각 항이 상대와 관련하여 어떤 위상을 지니는
가를 분석한다. 이러한 작업을 통해 윤리에 대한 두 철학자의 근원적 이
해와 그에 기초한 윤리학의 특징을 파악하여, 그것을 문화간 바람직한 관
계의 모색에 적용해 보고자 한다.

리쾨르의 윤리학은 기본적으로 자기 존중(estime de soi/self-esteem), 자기 지향의 윤리학이다. 자기 존중에서 출발하지만, 리쾨르가 설정하는 윤리적 목표에는 타자(에 대한 배려)의 계기, 즉 "타자와 함께, 타자를 위해"의 계기가 포함된다. 이 글에서 중점적으로 검토하고자 하는 것 가운데 하나는 리쾨르 철학에서 타자성의 위상과, 레비나스 철학에서 타자성의 위상 간의 차이이다. 리쾨르는 레비나스 윤리학에서 타자성이 지닌 극단적 우월성에 대해 비판한다.

레비나스의 윤리학은 타자 중심, 타자 지향의 윤리학이다. (진정한) 주체성은 타인의 존재에 대해 책임을 질 때, 타인과 윤리적 관계를 형성할 때 비로소 가능하다. 심지어 자기, 혹은 주체는 타자의 볼모이기도 하다. 이런 점에서 자기와 타자 간에는 근본적인 비대칭성이 존재한다. 윤리적 관계에서 자기와 타자의 위상은 바뀔 수 없으며, 타자의 위상은 자기의 위상에 비해 절대적으로 높다.

리쾨르와 레비나스는 서로의 입장과 주장을 잘 알고 있었고, 서로에 대해 언급했다. 그러나 상대에 대해 철학적으로 본격적 평가를 한 사람은 리쾨르다. 이것이 필자가 레비나스에 대한 리쾨르의 평가를 검토하는 것으로 작업을 시작하는 이유이다. 이 작업은 두 사람의 윤리학의 일반적인 구조와 내용에 대한 분석과 아울러, '환대'라는 특정 개념에 대한 분석으로 이루어진다. 리쾨르는 번역을 논하는 자리에서 '언어적 환대'를 말했고, 레비나스는, 어떤 의미에서 항상 '환대'를 말했던 철학자이다. 이 '환대'의 개념에서 두 철학자의 차이는 다시 한 번 선명하게 드러날 것이다. 환대는 윤리에 대한 리쾨르와 레비나스의 생각의 차이가 부각되는 특정 지점일 뿐 아니라, 인격적 타자와 관련된 두 사람의 논의가 타문화와 관련된 논의로 이어지는 지점이기도 하다. 우리는 인격적 타자뿐 아니라 타문화와 관련해서도 환대를 말할 수 있기 때문이다.

이 글은 리쾨르와 레비나스의 윤리학을 서술하고 분석하지만, 그 전모를 다루지 않는다. 아울러 텍스트에 기초하지만, 텍스트 분석이 글의 중심을 구성하지는 않을 것이다. 양자의 철학적 방향을 큰 틀에서 스케치하면서, 거기서 드러나는, 차이를 포함한 특성을 문화 간 관계에 적용해 볼 것이다. 적용하되, 어느 한쪽의 관점에서가 아니라, 양쪽의 관점을 자유롭게 대면시키며 그렇게 할 것이다.

2. 본론

1) 리쾨르 윤리학 내에서 본 레비나스 윤리학

리쾨르는 자신의 후기 대표작 『타자로서의 자기 자신』(*Soi-même comme un autre*)에서, '리쾨르의 윤리학'이라 칭할 만한, 윤리(학)에 대한 포괄적이고 체계적인 이해를 제시했다.[1] 거기서 일단락된 사유에서 리쾨르가 일관성 있게 주장하는 테제는 윤리가 도덕보다 더 근본적이라는 것이다.[2] 달리 말해, 규범, 의무 등과 통하는 도덕의 기저에 완성된 삶, 최상의 삶이라는 인간 존재의 모든 활동의 최종 지향(점)으로서의 윤리가 놓여

---

1) 리쾨르의 '작은 윤리학'이 들어 있는 『타자로서의 자기 자신』의 전체 주제는 '자기(성)'의 탐구이다. 즉, 여기서 윤리학은, 하나의 독립적 작업이 아니라 자기성의 연구의 일환인 것이다. 윤리적 평면에서 '자기'는 어떤 것으로서 정립되는가, 혹은 윤리는 '자기성'에 어떤 차원을 추가하는가를 보여 주고자 하는 것이 리쾨르 윤리학이 등장하는 맥락이다. 필자는 이전에 이 부분을 다룬 적이 있으나(참고문헌 참조), 글의 전개를 위해 다시 언급한다. 물론 서술의 내용과 방식은 일부 수정되었다.

있다.[3] 하나의 지향, 그리고 그 도달 지점으로서의 윤리는, 따라서 '윤리적 지향[혹은, 목표]'(la visée ethique)이라는 표현에서 그 의미가 더 명확해진다.

자신의 윤리학을 구성하면서, 리쾨르는 다음의 세 가지 테제를 확립하려 한다. ①도덕에 대한 윤리의 우위.[4] ②윤리적 지향은 규범의 체를 통과해야 한다는 필연성. ③규범이 막다른 곤경에 처할 때, 윤리적 지향에 의존하는 것의 적법성.[5] 이들 각 테제는 다시, '자기'와 관련하여 다음과 같이 표현된다. ①자기-존중이 자기-존경보다 근본적이다, ②자기-존경은 자기-존중이 규범의 체제 하에서 취하는 측면(l'aspect que revêt l'estime de soi sous le régime de la norme)이다, ③의무의 아포리아들은 자기-존중이 존경의 자원으로서뿐 아니라, 존경의 수단으로서 나타나는 상황들을 창출한다.[6]

리쾨르는 자신의 윤리학을 제시하면서, 예비 작업 없이 윤리적 지향을 "정의로운 제도 속에서 타인을 위해 타인과 더불어 '좋은 삶'을 지향하는 것"(la visée de la "vie bonne" avec et pour autrui dans des institutions

---

2) '윤리'(éthique)와 '도덕'(morale)에 대한 구분은 리쾨르의 여러 글에서 확인할 수 있으나, 여기서는 Ricoeur, P., *Soi-même comme un autre*, Éditions du Seuil, 1990(이하, SA)의 규정을 사용한다. 그 글에서 '윤리'는 "완성된[혹은 최상의] 삶의 지향"과 관련하여, '도덕'은 "이 지향이 규범들 속에서 분절된 것"과 관련하여 사용된다.

3) 이에 대해서는 Ricoeur, P., "éthique et morale", *Lectures* 1, Seuil, 1991, p.264 참조.

4) "『타자로서의 자기 자신』 속에서 저는 규범의 도덕에 앞서 잘 사는 것을 희망하는 윤리가 존재한다는 생각을 옹호하고 있습니다. 따라서 저는 윤리의 가장 근본 층위에서 삶[저자 강조]이라는 단어를 만나게 됩니다[인용된 애초의 번역문에서 '윤리학'으로 번역된 것을 필자가 '윤리'로 고침]"(폴 리쾨르, 『폴 리쾨르, 비판과 확신』, 변광배·전종윤 옮김, 그린비, 2013, 183쪽).

5) SA, p.201 참조.

6) SA, pp.200~201 참조.

justes)[7]으로 규정한다. 윤리적 지향의 첫 요소는 '좋은 삶'이다. 달리 말해 윤리는 무엇보다 '좋은 삶'을 지향한다. 여기서 우리는 리쾨르가 아리스토텔레스의 윤리학에 기초를 두고 있음을 확인할 수 있다. 윤리적 지향의 한 요소인 '좋은 삶'은 아리스토텔레스가 '잘 사는 것'(vivre-bien), '좋은 삶'(vie bonne)으로 불렀던 것이다.[8] 아리스토텔레스의 '좋은 삶'을 리쾨르는 다음과 같이 재서술한다. 좋은 삶이란, 각자에게 "완성의 이상들과 꿈들의 성운(星雲)"[9]으로서, 삶을 (어느 정도) 완성된 것으로, 혹은 완성되지 못한 것으로 평가하는 기준 역할을 하는 것이다.

윤리적 지향의 두 번째 요소는 배려(sollicitude)라고 불리는 요소, 곧 '타자와 더불어 그리고 타자를 위해'라는 요소이다. 이것은 좋은 삶이 자기만의 고립된 삶이 아님을, 타자와 더불어 비로소 가능한 삶임을 함축한다. '타인에 대한 관심'이라고도 명명되는 이 요소가 첫 번째 요소와 충돌하지 않는다는 것을 리쾨르는 강조한다. 나아가 양자는 서로가 없이는 경험될 수도, 반성될 수도 없다. 이 주장에 대한 근거를 제시하기에 앞서 그는 예비적으로 두 가지를 먼저 부각시킨다. 하나는 윤리적 목표를 구성하는 것은 '자기 존중'(estime de soi)이지, '나에 대한 존중'(estime de moi)이 아니라는 것이다.[10] "'자기'를 말하는 것과 '나'를 말하는 것은 다르다." 양자는 어떤 특정 국면에서만 일치한다.[11] 자기는 어떤 국면에서 '나'이긴 하지만, 나로 온전히 환원되는 것이 아님을 말함으로써, 자기를 존중하는 것

---

7) SA, p.202.
8) 리쾨르는 프루스트(Proust)의 표현을 빌려 '진정한 삶'(vraie vie)으로 표현하기도 한다(SA, pp.202~203)
9) SA, p.210
10) SA, p.212 참조.

이 곧 나만을 존중하는 것, 나를 중심에 두는 것이 아님을 말한다.[12]

다른 하나는, 자기가 존중받을 만한 가치를 지니는 것은 그 성취 때문이 아니라 그 능력 때문이라는 것이다. 좀 더 구체적으로, 윤리적 평면에서 자기가 존중받을 만한 가치가 있는 것은, 행위를 판단할 수 있는 능력 때문이다. 특정 행위의 목표들을 좋은 것으로 판단할 수 있는 능력, 나아가 그러한 행위를 하는 행위자를 (좋은 자로서) 판단할 수 있는 능력 때문이다.[13] 단적으로 말해, 자기는 그 윤리적 (판단) 능력 덕분에 존중받을 만하다. 자기가 지닌 존중받을 만한 권리, 가치가 실현되기 위해서는 능력을 현실화시켜 주는 타자의 매개가 필요하다. 자기는 타자의 존재로 말미암아 비로소 존중받는 존재로 현실화된다.[14]

---

11) 여기서 그는 "현존재는 그때마다(Je/à chaque foi) 각기 나 자신인 그런 존재자"라는 하이데거의 주장을 염두에 두고 있다. 현존재를 나 자신으로 만드는 '그때마다'는 바로 '타자를 지시할 때마다'라는 것이 리쾨르의 해석이다. 자기는 타자와의 관계 속에서 (그때마다) 나의 것(mien)이 된다.

12) '자기'는 일인칭에만 한정되어 사용되는 것이 아니다. 나의 자기, 너의 자기, 그 또는 그녀의 자기, 사람들(on)의 자기, 각자(chacun)의 자기가 사용 가능하다(윤성우, 『폴 리쾨르의 철학』, 철학과 현실사, 2004, 231쪽 참조).

13) 이것은 메를로퐁티가 말한 '나는 할 수 있다'(je peux)의 담론을 윤리적 평면에 적용한 것이다. 원 맥락에서 보듯 '나는 할 수 있다'는 나의 담론(un discours en je)이다. 그렇지만, 퐁티의 논의에서 주된 강조점은 '할 수 있다'에 주어져야 한다고 리쾨르는 주장한다.

14) 이 주장의 의미는 아리스토텔레스 윤리학, 특히 우정에 관한 논의의 맥락에서 구체적으로 파악된다. 그의 우정론을 이끌어가는 핵심 질문은 '행복한 사람에게도 친구가 필요한가?'라는 것이다. 이것이 질문이 되는 까닭은, 그의 윤리학의 기본 테제가 인간은 (내재적) 덕을 갖춤으로써 행복해진다는 것이기 때문이다. 얼핏 보면, 위의 질문에 대한 대답은 '아니다'일 것 같다. 그러나 답은 '필요하다'인데, 그것은 사람이 윤리적 존재로서 갖춘 덕 ── 현재 맥락에서는 '우정' ── 이 현실태, 특히 강한 의미의 현실태인 엔텔레케이아로서의 존재와 비교해 볼 때, "능력[혹은 가능태]의 미완의 실현"(l'actualisation inachevée de la puissance)이기 때문이다. 이렇게 말할 수 있다. 행복한 사람에게 친구가 필요한 까닭은 덕을 갖춘, 곧 좋은 사람의 행복의 온전한 실현에 친구가 필수적이기 때문이다.

아리스토텔레스의 윤리학, 특히 우정론은 리쾨르가 윤리적 관계의 핵심으로 생각하는 '상호성'의 개념이 등장하는 곳이라는 점에서 그에게 중요한 의미를 지닌다. 우정론의 분석 후에, 그는 우정을 자신이 구성하려고 하는, "근본적으로 주고받음의 교환 위에 기초한, 배려에 대한 포괄적 개념"[15]의 측면에서 규정한다. 이 배려의 스펙트럼에서 우정은 비록 깨지기 쉬운 것으로서이지만, 주고받음의 교환이라는 측면에서 동등성의 균형을 이루면서 중간에 위치한다. 이 스펙트럼의 한 극단에서는 '자기'가 교환의 주도권을 행사하고, 다른 극단에서는 '타자'가 그 주도권을 행사한다.[16] 레비나스 철학은 후자의 극단에 자리매김 된다.

리쾨르가 배려 개념을 정립하는 과정에서 레비나스 철학을 경유하는 까닭은, 자기와 타자 사이에 극단적인 불균형이 존재하는 지점에까지 상호성을 건립하기를 원하기 때문이다. 이를 통해 그는 한편으로 레비나스의 관점에 저항하면서[17] 다른 한편으로 상호성을 핵심으로 한 자신의 윤리학을 정립하고자 한다.

레비나스의 철학에서는 주체 상호간 '관계'에서 타자가 주도적이다. 엄밀히 말하자면, 타자의 주도권은 타자와 자기 간에 '관계'를 세우지 않는다. 타자는 절대적 외재성으로 자리매김되기 때문이다. 주지하듯이, 이 타자는 얼굴로서 현현한다. 이 타자는 정의의 주관자로서 살인을 금한다. 타자는 명령하고 자기는 명령을 받는다. 타자의 주도권 건너편에는 자기

---

15) SA, p. 220. 이 배려 개념이 리쾨르가 '타자와 더불어, 타자를 위해'를 윤리적 목표의 한 요소로서 제시할 때, 염두에 두었던 것이다.
16) 전자는 고통받는 타자에 대한 자기의 공감과 연결되고, 후자는 자기를 향한 타자의 명령과 교훈과 연결된다.
17) 여기서 '저항'이라는 표현의 의미에 대해서는, 윤성우, 『폴 리쾨르의 철학』, 236쪽 참조.

의 수동성이 존재한다. 여기서 리쾨르는 묻는다. 교훈과 명령을 받기 위해서라도 타자와 자기 사이에 설정된 비대칭성은 상쇄되어야 하지 않는가? 레비나스의 주장을 글자 그대로 수용하면, "상쇄되지 않고 남아 있는 비대칭성은 주고받음의 교환을 결렬시킬 것"[18]이다.

타자로부터 오는 명령에 반응할 수 있는 능력, 곧 줄 수 있는 능력 (une capacité de donner)이 자기에게 있음을 부정한다면, 어떻게 자기가 명령과 교훈을 받을 수 있겠는가?[19] 줄 수 있는 이 능력은 다름 아니라, 자기 속에 있는, "선의 능력"[20]이다. 이 기초 위에서 명령을 받는 자기는 정의를 명령하는 "권위의 우월성에 대한 인정"으로 처음의 비대칭성을 상쇄시킨다. 타자에서 시작되는 명령의 운동에 자기는 인정의 역운동으로 반응한다.

배려의 스펙트럼의 다른 끝에는 고통받는 타자가 있다. 리쾨르에 따르면, 상호 행위의 맥락에서 인간은 행위하는 존재이거나, 당하는 (혹은 겪는) 존재이다. 고통은, 그 근본적 층위에서 정의하자면, "행위 능력의, 행위 할-수-있음(pouvoir-faire)"의 파괴이다.[21] 여기서 주도권은 자기에게 있다. 자기는 고통을 공유하고자 하는 마음으로 타자에게 동감 (sympathie), 공감(compassion)한다, 즉 준다. 리쾨르는 주고받음의 교환이라는 맥락 속에 위치한 동감이나 공감을 단순한 연민(pitié)과 구분하

---

18) SA, p. 221.
19) "만약 그 대신에 줄 수 있는 능력이 타자의 바로 그 주도권에 의해 풀려나지(libérée)않는다면, 이와 같은 가르침이 어떻게 주고받음의 변증법 안에 각인되겠는가?"(SA, p. 221)
20) "타자의 명령을 들을 수 없을 만큼 자기를 혐오하지 않는 존재자로부터 솟아나올 수 있는 선의 능력들"(SA, p. 222). 칸트 윤리학에 견준다면, '선의지'라고 할 수 있을 것이다.
21) SA, p. 223 참조.

는데, 그것은 전자의 경우에는 고통받는 타자로부터도 무언가가 오기 때문이다. 즉 일종의 동등화가 이루어지기 때문이다. 동감 속에서 자기는 고통받는 타자만이 줄 수 있는 것에 의해, "더 이상 행위와 존재의 능력에서 나오는 것이 아니라, 연약함 그 자체로부터 오는"[22] 어떤 것에 의해 영향을 받는다. 고통 속에 있는 타자도 무언가 준다. 이러한 주고받음으로 인한 동등화가 단순한 연민과 진정한 공감을 가른다.

배려 속에 있는 동등성의 존재 양상은 다음과 같이 요약된다. 우정에서 동등성은 전제되어 있다. 명령하는 타자와 명령을 받는 자기 사이에 동등성은 타자의 권위를 자기가 인정함으로서 재확립된다. 타자를 향한 자기의 동정의 경우, "동등성은 부서지기 쉬움, 그리고 최종적으로는 죽을 수밖에 없음(mortality)을 서로 간에 함께 인정함으로써만 재확립된다".[23] 이런 점에서 배려는 비동등성 가운데서 동등성을 추구하는 것이다.

자기 존중과 타자 배려 간의 내적 연관성 —— 사후적 분석의 과정에서 이것은 "자기 존중과 타자 배려의 교환"을 통해 드러난다 —— 을 해명함으로써, 리쾨르는 "만일 타자를 나 자신으로서 존중하지 않는다면, 나는 스스로 나 자신을 존중할 수 없다"[24]라고 주장한다. 타자를 "나 자신으로서" 존중한다는 것은 "당신 역시" (내가 하듯) 자신을 존중할 수 있음을 의미한다.

'나 자신으로서'가 의미하는 것은 '당신 역시' 이 세상에서 무엇인가 시

---

22) SA, p.223.
23) SA, p.225.
24) SA, p.226.

작할 수 있으며, 어떤 이유 때문에 행위할 수 있으며, 당신의 우선순위를 결정할 수 있으며, 당신의 행위 목표들을 평가할 수 있으며, 그런 후에, 나 자신을 존중하듯, 당신도 당신 자신을 존중할 수 있다는 것이다.[25]

좋은 삶이 제도적 차원을 요구한다는 것은, 타자의 개념 안에 함축되어 있다. 타자는 '얼굴'로서의 타자를 넘어서기 때문이다. 잘 사는 것은 인격 상호 간 관계와 함께 제도적 삶을 포함한다. 정의의 평면에서 자기와 타자는 각자(chacun/each)가 된다. 정의는 각자에게 그의 몫이 있음을 주장함으로써 각자 간의 동등성을 추구한다.

리쾨르가 생각하는 윤리는 '좋은 삶'을 목표로 하되, 그 삶이 자기와 (대면적) 타자, 그리고 (비대면적) 타자 모두에게 좋은 그런 것이다. 이런 이유로 윤리적 기획에서 자기 존중, 타자 배려, 그리고 정의 어느 것 하나도 빠질 수 없다. 인간은 윤리적 측면에서 볼 때, 존중의 대상으로서 자기인 동시에, 배려의 대상으로서의 (얼굴 있는) 타자이며, 또한 정의의 대상으로서 (얼굴 없는) 타자이다. 결국, 좋은 삶이란, 자기가 존중되며, 타자가 배려되며, 각자가 정의롭게 대우받는 삶이라고 할 수 있다.

2) 존재론의 측면에서 본 리쾨르와 레비나스

윤리(학)의 평면에서 등장했던 레비나스의 철학은, 리쾨르가 '자기성과 타자성'을 다루는 존재론의 평면에서 다시 나타난다.[26] 윤리적 평면에

---

25) SA, p. 226.
26) 레비나스가 윤리적 평면과 존재론적 평면 각각에서 언급된다고 하지만, 이 두 평면에서의 논의는 어느 정도 겹치기도 한다. 이것은 열 번째 연구가 일곱 번째 연구가 발표된 2년 후에 이

서 자기 존중과 타자 배려의 연속성을 강조했던 리쾨르는 여기서도 유사한 입장을 견지한다. 곧 "타자성은 외부로부터 자기성에 부가되는 것이 아니라, …… 오히려 타자성은 자기성의 의미에 속하며 자기성의 존재론적 구성에 속한다"[27]는 것이 리쾨르의 테제이다. 따라서 그의 과제는 "자기성의 중심에 있는 타자성의 작용"(le travail de l'altérité au cœur de l'ipséité)[28]을 해명하는 것이다. 이를 위해 그는 현상학적 담론과 존재론적 담론을 교차시킨다. 그 교차에 의해 형성되는 공간에서, 행위와 관련하여 주체가 겪는 다양한 수동성 경험은 타자성이라는 메타범주에 대한 현상학적 대응물(le répondant)로 제시된다.[29]

수동성은 세 가지로 나뉜다. 첫째, 자기와 세계의 매개체로서의 자기 신체에 대한 경험에 의해 표상되는 수동성이 있다. 둘째, 자기와 자기 아닌 타자[30] 사이의 관계에 의해 함축된 수동성이 있다. 이 수동성은 주체 상호간 관계 속에 내재된 타자성의 응답물이다. 셋째, 자기와 저 자신 간의 관계, 곧 자기와 양심의 관계에서 경험되는 수동성이 있다. 여기서 레비나스가 언급되는 것은 두 번째 수동성의 맥락에서이다.

레비나스의 타자성은 외재성과 등가물이다. 타자는 자아[31]와 절대적으로 분리되어, 자아의 영역 외부에 있다. 이 외재성으로서의 타자성을 인식론 —— 대표적으로 표상주의 —— 은 동일성의 영역으로 포괄하려 하

___

루어졌다는 사정과도 연관이 있다.
27) SA, p.367.
28) SA, p.368.
29) 달리 말해 수동성은 타자성을 증언(attestation)한다(SA, p.368 참조).
30) 이것은 다른 자아(alter ego)로서의 타자와 구분하기 위해 사용하는 표현이다.
31) 리쾨르에 따르면, 『전체성과 무한』에서 '자기'와 '자아'는 구분되지 않는다(SA, p.387 참조).

는 까닭에, 레비나스는 타자성을 비인식론적 영역, 곧 윤리학의 영역에서 다룬다. 타인의 타자성을 현시하는 타인의 얼굴은 나의 표상 영역 속에 포함할 수 있는 하나의 현상이 아니라, 하나의 목소리로서, 윤리적 명령 ── 살인하지 말라 ── 으로 나에게 다가온다. 타자는 나를 책임질 수 있는 존재로, 반응할 수 있는 존재로 형성한다. 따라서 타자의 말은 내 행위의 기원이 된다. 문제는 외재성으로서, 타자의 타자성이 관계의 언어로 표현될 수 없는 까닭에,[32] 우리가 어떻게 이 비관계(irrelation)를 사유할 수 있는가 하는 것이다.[33]

리쾨르는 레비나스식 "절대적 타자성의 사유"에서 확인되는, 자기성과 타자성 간의 단절의 근저에는 과장(hyperbole)[34]이 있다고 생각한다. 이 과장은 스타일의 특징이나 문학적 수사가 아니라, "철학적 논변 속에서 이루어지는, 과잉(excès)의 체계적 실천"[35]으로서, "절대적 타자성의 의미를 지닌 외재성의 관념과 연관된 단절 효과를 생산"[36]하기에 적절한 전략으로서 작용한다. 그런데 이 과장은 타자와만 관련되는 것이 아니다. 그것은 또한 자아와도 관련된다.

『전체성과 무한』에서 주목할 만한 것은, 그 저작이 "그 자신을 축으로 원을 그리려는 의지로 충만한 자아를 정립하려 한다"[37]는 것이다. 이

---

32) "타자는, 무한자가 전체성에서 벗어나는 바로 그 운동으로, 관계로부터 면제된다."(SA, p.388)
33) SA, p.388 참조.
34) "이 과장은 데카르트의 과장된 의심과 맞먹는다."(SA, p.388)
35) SA, p.389.
36) SA, p.389.
37) SA, 389. 리쾨르는 타자와 무관하게 정립되는 '자아'(예를 들어, 후설의 현상학적 자아)와, 타자에 의해 영향을 받는 '자기'를 구분한다.(SA, p.380 참조)

자아, 즉 타자와 만나기 전의 자아[38]는 굳게 닫혀 있는, 분리된 자아이다.[39] "분리 속에서 …… 자아는 타자를 모른다."[40] 이러한 자아에게 얼굴의 현현(顯現, épiphanie)은 절대적 외재성, 비관계적 외재성의 위상을 지닌다. 현현은 현상과 다른 것으로서 얼굴[41]의 출현에서 우리는 형태를 볼 수도, 소리를 (감각적으로) 들을 수도 없다. 분리의 과장으로 인해 내재성의 영역은 아무것도 산출할 수 없는 철저히 불임의 영역이 되어 버린다.[42] 『전체성과 무한』의 레비나스 철학에는 동일자와 타자 간의 비대칭성을 완화하기 위한 어떤 매개항(entre-deux)도 마련되어 있지 않다.

레비나스의 후기 철학을 대표하는 『존재와 달리』에서 과장은 더욱 극단화된다. "발작적 경향"(un tour paroxystique)까지 보인다. 이 책에서 두드러지는 서술상의 특징은, 레비나스가 '철회하며 말하기'(Dédire/

---

38) 이 자아에 대해 리쾨르는 "타자에 의해 난입당하기 전의 자아라고 말하는 것이 더 나을 듯하다"(SA, p.389)라고 말한다.

39) 이에 대해서는 다른 해석이 존재한다. Peter Kemp, "Ricoeur between Heidegger and Lévinas: original affirmation between ontological attestation and ethical injunction"(*Philosophy & Social Criticism*, vol.21 no.5/6, SAGE, 1995) 참조.

40) Levinas, *Totalité et Infini*, , Martinus Nijhoff, 1974, p.34(이하 TI로 표기).

41) "'내 안에 있는 타자의 관념'을 뛰어넘어 타자가 나타나는 방식, 우리는 그것을 얼굴이라고 부른다."(TI, p.21/50[앞의 페이지는 불어본을 뒤의 페이지는 영어본을 표시]) 레비나스가 말하는 얼굴의 의미에 대해서는 다음을 참조. "얼굴은 이미지를 쫓는 사냥꾼들이 결코 포획할 수 없는 유일한 사냥물이고, [타인의 눈이 아니라 나의] 눈은 타인의 얼굴로부터 언제나 빈손으로 돌아온다. 타인의 얼굴은 실제로 나타난 형태로부터 물러서서 표상을 피하고, 내가 그에게 부여하는 시선에 대해서 끊임없이 반박하고 있다."(알렝 핑켈크로트, 『사랑의 지혜』, 권유현 옮김, 동문선, 1998, p.25) "따라서 얼굴이란 사람들이 보통 이 이름으로 표현하고 있는 감각적 형태를 지칭하는 것이 아니라, 이웃이 자기 자신의 표출에 대해서 보이는 저항이고, 자신의 이미지로부터 풀려나 모습을 넘어서서 자신을 인정시키고, 내가 진실을 파악했다고 믿는 순간에 내 두 손에는 껍데기밖에 남겨 놓지 않는 것이다."(핑켈크로트, 『사랑의 지혜』, p.26)

42) SA, p.389 참조.

Unsaying)를 통해 자신의 주제들에 접근한다는 것이다.[43] 이런 방식의 말하기에서 이제 책임은 그 어떤 기억의 과거보다 더 과거로 되돌려지고, 다시 말해 책임의 시점은 기원 이전에까지 소급되고, 명령은 "모든 시작, 모든 아르케 보다 먼저 존재하는 것"[44]에 속하게 된다. 여기서 책임은, 통상 책임을 지는 주체에게 귀속되는 것으로 여겨지는 모든 능력이나 활동, 간단히 말해 자유에 선행한다.[45]

과장은 다음과 같은 서술에서 정점에 이른다. "모든 사람의 고발 하에서, 모든 사람에 대한 책임은 대속(代贖, la substitution)의 지점까지 간다. 주체는 볼모이다."[46] 대속은 『존재와 달리』의 중심 테제이다.[47] 대속이 동일성과 타자성을 연결해 준다. 다시 말해, 동일자와 타자 간 절대적 분리의 극복은 동일자가 타자를 대신하는 대속을 통해서만 가능

---

43) 그것은 "말함이 말해진 것에 의해 포획되는 것으로부터 자유로워지는 방식"(Ricoeur, P., "Emmanuel Lévinas, Penseur du Témoignage", *Lectures* 3, Seuil, 1994, p.99/121[앞의 페이지는 불어본을 뒤의 페이지는 영어본을 표시])이다. 이런 방식의 말하기의 예를 들자면, "기억할 수 있는 어떤 과거보다 더 오래된 과거, 그래서 현재의 의식 안으로 재통합되는 것이 불가능한 과거라는 생각", "선행하는 어떤 참여에 의해서도 정당화되지 않는 책임'이라는 생각", "대부(貸付)에 선행하는 빚의 아나크로니즘'이라는 생각" "과오에 선행하는 고발'이라는 생각"(Ricoeur, "Emmanuel Lévinas, Penseur du Témoignage", p.99/121) 등이 있다.
44) 불어본은 "모든 시작, 모든 아르케의 이편(un en-deçà)에 속하게 된다"(SA, p.389)로 되어 있으나 자연스럽게 의역한 영어본을 따랐다.
45) "나의 자유, 나의 주도권에 앞서 주어졌다는 의미에서 나의 책임을 레비나스는 '기원 이전'(anarchique 또는 pre-originel)이라 부른다."(강영안, 『타인의 얼굴』, 문학과지성사, 2005, 184쪽)
46) Levinas, E., *Autrement qu'être ou au-delà de l'essence*, Kluwer Academic Publishers, 1974(fifth printing 1991)(이하 *Autrement*), p.142(SA, p.390에서 재인용). 리쾨르에 따르면, 주체에 대한 이러한 서술은 책임의 자리로 소환된 "자기의 수동성 내부에조차 남아 있는 은닉된 자유"를 경계하여, 자기 긍정의 요소를 제거하고자 하는 의지의 표현이다.(SA, p.390 참조)
47) *Autrement*, p.152 참조.

하다. "여기서 우리는 동일성과 타자성을 통일시키는 것으로서 속죄 (expiation)를 말할 필요가 있다."[48]

절대적 외재성으로서의 타자성이라는 테마는 "타자의 부름에 대한 책임 있는 반응의 일깨움"[49]이라는 문제를 포함한다. 이와 관련된 리쾨르의 질문은 이런 것들이다. 자기에게, 타자를 분간하고 인정하는 능력을 포함한 수용의 능력을 보장해 주어야 하지 않을까? 타자는 가르치는 타자뿐 아니라 위반하는 타자도 포함한다. 만일 타자가 살인자라면, 어떻게 되는가? 누가 스승과 살인자를 구분할 수 있으며, 제자를 요구하는 스승과 노예를 요구하는 주인[50]을 구분할 수 있는가? 가르치는 스승은 그 우월성의 인정을 요구하지 않을까? '살인하지 말라'고 하는 타자의 목소리가 나 자신의 것이 되어서는 안 되는 것일까?[51]

리쾨르는 또한 '대속'의 테마에서 보이는 '역전'(renversement)을 지적한다. 그가 볼 때, 레비나스가 선택한 하나의 철학적 전략으로서 과장이 발휘하는 힘은 이 테마에서 절정에 이른다. 그런데 이 역전은 사실 "역전의 역전"이다. 『전체성과 무한』에서 윤리적 주체는 "타자의 부름에서 발생하고, 가장 총체적인 수동성에 의해 규정되는 책임에의 소환"[52]에 의

---

48) *Autrement*, p.151.
49) SA, p.391.
50) '스승'과 '주인' 모두 maître이다.
51) SA, 391 참조. 이것은 대격으로서 "여기 제가 있습니다"(me voici!/It's me here!)와 주격으로서 "여기 제가 서 있습니다"(Ici Je me tiens/Here I stand)를 동등한 것으로 여기는 것이다.
52) 이와 관련하여 코헨의 다음 서술 참조. "『전체성과 무한』의 도덕적 자아의 수동성이 『존재와 달리』에서 그 자신을 타자를 위해 대속하도록 하는 자기가 된 것은 사실이다. 따라서 반응하는 수동성(responsive passivity)으로의 최초의 역전이 대속하는 능동성(a substituting activity)으로 다시 역전되었다고 말할 수도 있다."(Cohen, R., "Moral Selfhood: A Levinasian Response to Ricoeur on Levinas", *Ricoeur as Another*, edited by Richard A. Cohen and James L.

해 정립된다. 수동성에 의해 해석되는 주체성이라는 점에서 윤리적 주체는 통상의 자유롭고 능동적인 주체의 역전이다. 이렇게 한 번 역전된 주체는 '대속', 곧 "희생의 약동"(un élan d'abnégation)에서 다시 역전된다. 희생이 주체의 능동적인 행위인 그만큼, 이전 주체의 (수동적) 주체성은 역전되는 것이다.[53] 이중의 역전을 언급하면서, 리쾨르는 레비나스의 비일관성을 주장하는 동시에, 그러한 비일관성의 틈에서 타자 중심의 철학에서도 부인될 수 없는 '자기'의 위치를 확인하는 것 같다.[54]

『존재와 달리』에서 레비나스는 '자기'를 다음과 같이 정의한다. "자기는 떠맡을 수 없는 대격의 형태를 띤 노출이라는 바로 그 사실이다"(Le Soi, c'est le fait même de s'exposer, sous l'accusatif non assumable).[55] 이에 대해 리쾨르는 두 가지 점을 제시하며 자신의 견해를 개진한다. 우선, 주격이 아닌 대격의 형태를 통해서도 "일인칭이 간접적으로 연루"된다는 것이다. 두 번째는 대격이 "떠맡을 수 없는" 채로 남을 수는 없다는 것인데, 그것은 만약 이 점이 부정된다면, 타자를 능동적으로 대신하는 대속의 테마는 모든 의미를 상실하리라는 것이기 때문이다. 이러한 주장을 통해 리쾨르는 타자의 계기뿐 아니라 자기의 계기가 함께 구성하는 윤리(적 관계)를 확립하고자 한다.

Marsh, State University of New York Press, 2002, p.145[이하, RA])
53) 다만 여기서는 자기가 "분리에 의해서"가 아니라 "대속에 의해 정의"된다는 차이가 있다.
54) SA, p.392 참조.
55) SA, p.392.

3) 리쾨르의 레비나스 비판에 대한 검토 — 레비나스의 관점에서

리쾨르의 윤리학은 자기와 타자의 관계에서 상호성 확립을 지향한다. 달리 말한다면, 그가 목표하는 것은 자기를 타자로서, 타자를 자기로서 여기고 존중하는 윤리학이다. 이에 비해, 레비나스 윤리학은 타자의 타자성에 (극단적으로) 우위를 두는 타자 중심의 윤리학이라 할 수 있다.[56] 어느 윤리학이 윤리의 해명과 확립에 더 적절한가를 판단하기 이전에 우선적으로 필요한 일은 윤리에 대해 이처럼 상이한 관점을 산출한 각각의 원리, 토대를 드러내는 것이 아닐까 한다. 이러한 작업의 성과 위에서 비로소 양 윤리학에 대한 정당한 이해와 평가를 할 수 있을 것이기 때문이다.

레비나스의 윤리학은 무엇보다 윤리의 의미와 근거를 묻는 작업,[57] 혹은 "윤리의 전윤리적 기원"[58]을 탐구하는(그의 방법론이 현상학이라는 것을 고려한다면, '기술하는'이라고 해야 할 것이다) 작업이다. 이런 점에서, 레비나스의 윤리학이 자리하는 평면이 리쾨르의 그것보다 더 근원적이라고 할 수 있다.[59] 담론 평면상의 이러한 차이는 당연히 윤리학의 목표와 성격, 위상에 대한 인식의 차이와 연계되어 있다.[60] 아울러 레비나스와

---

56) 물론 이 말은 맥락이 필요하다. 레비나스의 텍스트에 등장하는 극단적인 타자 중심적 서술들은 그가 윤리의 의미, 혹은 근거를 묻는 과정에서 나온 것이다.

57) "내 일은 어떤 특정한 윤리를 만드는 데 있지 않다. 윤리가 무엇인지 그 뜻을 찾으려 했을 뿐이다."(에마뉘엘 레비나스, 『윤리와 무한』, 양명수 옮김, 다산글방, 2000, 117쪽) 그의 윤리학의 성격을 헤겔의 대논리학(Wissenschaft der Logik)에 견주어 표현한다면, 대윤리학(Wissenschaft der Ethik)이라고 할 수도 있을 것이다.

58) Derrida, *Adieu : À Emmanuel Lévinas*, Galilée, 1997, p.83. 이하 *Adieu*로 표기.

59) "문제의 진실은 레비나스의 해명은 리쾨르의 평면보다 더 근본적인(radical) 평면에서 작동한다는 것이다. 이러한 평면의 차이 ─ 그것은 또한 목표 상의 차이인데 ─ 가 그들의 해명들을 구분하는 모든 차이를 산출한다. 레비나스의 해명은 리쾨르의 해명보다 더 근본적인, 자기-타자 조우의 측면, 곧 타자성 자체와의 조우를 포착하려고 한다."(RA, p.140)

리쾨르의 윤리학에서 자기와 타자의 위상이 상이한 것도 담론 평면의 차이와 관련이 있다. 윤리의 가능 근거를 해명하는 전근원적 평면에서 작업한다고 해서 반드시 타자 중심적이어야 하는지는 따져 볼 문제이지만, 작업 평면의 그러한 급진적 근원성에서 레비나스에게서 볼 수 있는 그러한 극단적 타자 중심성이 나온 것은 분명하다.

레비나스가 말하는 윤리적 관계는 정립된 실체들로서 자기와 타자 사이의 관계가 아니다.[61] 그가 말하려고 하는 관계는, "차후에 일반적인 것으로 될 수 있는 것들 너머에서 확립된, 즉 말해질 수 있는 것들 너머에서 확립된 관계"[62]이다. 레비나스적 의미에서 타자와 나의 관계는 우리가 외부에서 "하나의 체계로서 볼 수 있는"[63] 그런 관계가 아니다. 그렇게 본다면, 그것은 타자와 나의 관계를 전체화하는 것이다.[64] 당연히, 타자와 자기 사이의 절대적 불평등도 권력관계가 아니다. 권력상의 불평등은 이미 정립된 실체로서의 존재자들 사이에서 발생하기 때문이다. 나에게 명령하는 타자는 절대적 핍절 상태에서 그렇게 한다. 그런 점에서 타자는 "나를 '지배'하는 것이 아니라, 나를 '요구'한다"[65]

레비나스에서 윤리 주체(성)는 인식 주체(성)에 선행하며, 그것의 조

---

60) 리쾨르에게 윤리학은, 레비나스와 달리 제일 철학이 아니며, 윤리학과 인식론은 위계 관계에 있지 않다. 따라서 하나가 다른 하나보다 더 우위에 있거나 더 근원적인 자리에 있지 않다.

61) RA, p.141 참조. 이에 비한다면, 리쾨르가 윤리의 핵심 원리로서 상호성을 추구하면서 전제하는 '자기'와 '타자'는, 비록 이 실체가 데카르트가 말한 코기토적 주체는 아니지만, 이미 실체로서 정립된 존재라고 할 수 있다.

62) TI, p.20/50.

63) Robinson, J., *Altered Reading: Levinas and literature*, The Univ. of Chicago Press, 1999(이하 AR), p.5.

64) AR, p.5 참조.

65) Lyotard, J.-F., *The Differend: Phrases in Dispute*, p.111(AR, p.16에서 재인용).

건이다. 타자의 명령에 복종하고, 자기의 코나투스를 타자를 위한 것으로 재전환시키는 윤리적 주체가 인식적 주체보다 더 근원적이다.[66] 레비나스 철학의 견지에서는, 타자의 명령을 받아들이는 과정에는 타자의 권위에 대한 자기의 인정 — 여기에는 인식의 계기가 포함된다 — 이 작용한다는 리쾨르의 주장은 수용하기 어렵다. 만약 레비나스의 철학에서 타자가 지니는 우위성을 인정의 측면에서 서술한다면, 타자의 우위성은 그 지혜에 대한 인정이 아니라, "타자성 그 자체(alterity as such)의 인정"[67]이어야 할 것이다.

동일자를 책임의 사리로 소환하는 타자가 어떤 타자인가를 묻는 것은 레비나스의 타자론 앞에 선 이들이 자주 던지는 질문이다. 나에게 요청하는 타자가 나를 위협하거나, 죽이려는 자는 아닌지 묻는 것은 자연스럽다. 하지만 레비나스적 맥락에서 보자면, 그러한 질문을 던지는 인식 주체는 이미 전체성의 영역에 서 있다.[68]

레비나스는 리쾨르와 달리, 주체의 자발성의 긍정 위에 윤리를 세우지 않는다. 오히려 "타자의 현존에 의해 나의 **자발성**(spontanéité)**이 의문시되는 것을 윤리라고 명명한다**".[69] 레비나스적 맥락에서 보자면, 리쾨르가 상정하는 '자기'의 '선의'(spontanéité bienveillante)[70]는 근거 없이 귀

---

66) RA, p.144 참조.

67) RA, p.143 참조. 또한 다음의 서술을 참조. "리쾨르와 대조적으로, 선의도 확신도 도덕의 기원에 있을 수 없는데, 왜냐하면 도덕적 우위성[도덕의 우위성]을 인정하고 내면화하기 위해 사람은 무엇보다 도덕적인 것과 조우해야 하고 그것과 관련되어야 하기 때문이다."(RA, p.144)

68) 문성원, 『해체와 윤리』, 그린비, 2012, 28쪽, 90쪽; 문성원, 『배제의 배제와 환대』, 동녘, 2000, 138쪽 이하 참조.

69) TI, p.13/43.

70) SA, p.222.

속된 것이다.[71]

자기의 (선한) 자발성에 기초한 윤리를 부정하는 레비나스 윤리학에
서 우리는 일견 이해하기 어려운 서술을 발견하기도 한다. 그에게 윤리의
기본은 타자의 타자성을 지키고 존경하는 것이다. 이 점을 극단적으로 확
인하는 것은, "타자의 이질성은 …… 그에게 사형 선고를 내리기 위해서
일지라도, 우리가 타자에게 말을 걸자마자 유지되고 확인된다"[72]라고 레
비나스가 말할 때이다. 여기서 핵심은 우리가 타자와 대화 상대방으로서
관계를 맺는 것이 그 무엇보다 중요하다는 것이다. 이러한 방식의 관계
맺음이 너무나 중요한 나머지, 타자와 **대화 상대방으로서** 관계를 맺는 맥
락이라면, 그에게 사형 선고를 내리는 것이 "타자와 관계하는 다른 자애
로운(즉 인간적인) 것처럼 보이는 양식들, 즉 이해, 인정, 동화보다 덜 폭
력적이고, 더 타자의 타자성을 '존경한다'는 것이다."[73]

타자에 대한 이해를 포함하는 이와 같은 행위는 타자를 대상화하는
인식적 성격을 지니거나, 혹은 타자를 중성화하는 요소를 포함하고 있다.
이에 비해 타자에게 사형 선고를 내리는 것은, "관계의 비대칭성[74]을 유
지"한다는 점에서 덜 폭력적이고 더 윤리적인 것이다.[75] 다른 그 어떤 것

---

71) RA, p. 132 참조. 사실 자기의 선의를 주장하는 리쾨르와 "어느 누구도 스스로[자발적으로] 선
　　하지 않다"(*Autrement*, p. 13/11)라고 주장하는 레비나스 중에 누가 옳은지는 특정한 윤리적
　　지평과 무관하게 객관적으로 가려질 수는 없을 것이다.

72) TI, p. 41/69.

73) AR, p. 10.

74) 레비나스에게, 형이상학적 비대칭이란 "외부로부터 자신을 바라보는 것 그리고 자신과 타자
　　들을 같은 의미로 말하는 것의 근본적인 불가능성, 그리고 그 귀결로 전체화의 불가능성"(TI,
　　p. 24/53)을 의미한다.

75) 당연히 타자의 생명을 부정하지 않는 것, 곧 살인하지 않는 것은 타자의 타자성의 존경의 처
　　음과 끝이다. 그것은 타자가 동일자에게 내리는 명령 중의 명령이 곧 '(나를) 죽이지 말라'는

보다 이 비대칭성을 견지하며 타자를 대하는 것이 중요하다. 레비나스 윤리학에서 발견하는 통상적으로 이해하기 어려운 서술들, 예를 들어 과장의 언어들은 이것을 급진적으로, 철저하게 지키려는 노력의 와중에서 발생한 것이라 할 수 있다.

레비나스의 철학에서 과장의 언어[76]는 윤리의 의미를 철저하게 드러내려는 혹은 윤리의 근거를 철저하게 물으려는 과정의 산물이다. 그 과정에 충실하려 할수록 그 언어는 더욱 과장의 성격을 지니게 되는 것이다. 이를테면 동일자와 타자 사이의 비대칭성과 관련된, 그리고 타자를 대신하는 자기와 관련된 서술들에서 보이는 과장은 윤리의 근거를 철두철미하게 전체성이 아니라 외재성의 차원에 두려는 의지의 결과물이다.

레비나스는 윤리를, 선을 선택하는 주체에 기초하는 대신, 선의 선출을 받는 주체에 기초하여 세우려 한다.

선이 [주체를] 선출함으로써 주체를 선택한 것이 아닐까? 이 선출은 볼모가 되는 책임 속에서 확인할 수 있는 것인데, 볼모는 주체의 운명이며, 그 자신을 부정하지 않고는 피할 수 없는 것이며, 그 덕분에 주체가

것에서 짐작할 수 있다.

76) 형식적으로 말하자면, 현재 맥락에서 논의되는 과장은 "개념을 '한계에까지 끌고 가는'"(데리다, 『환대에 대하여』, 남수인 옮김, 동문선, 2004, 34쪽) 하나의 방식이다. 데리다가 구사하는 과장에 대한 다음의 서술은 레비나스의 과장을 이해하는 데도 유효하다. "한계에의, 그보다는 한계들 밖으로의 이러한 과장적인 이행들은 사유 자체만큼이나 우리에게 많은 가르침을 준다."(데리다, 『환대에 대하여』, 48쪽) "과장법은 언제나 하나의 물음처럼 온다. 과장법은 생각 가능한 것의 장(場)의 한계들을 제쳐 버리고, 사람들이 친숙한 곳이라 믿고 있었던 땅 한가운데에 불안스러운 지대를 위치시킴으로써 그 지대에 접근한다."(데리다, 『환대에 대하여』, 50쪽)

독특하게 되는 것이다. …… 자유보다 앞서는 책임의 이러한 선행성은 선의 선함을 의미할 것이다: 내가 [선을] 선택할 위치에 있기 전에, 다시 말해, 선의 선택을 환영하기 전에 선이 나를 먼저 선택하는 필연성. 그 것이 나의 전근원적인 받아들임(susception pré-originaire)이다. 그것은 모든 수용성(réceptivité)에 앞서는 수동성[77]이며, 그것은 초월적이다. ……선이 존재보다 앞선다.[78]

윤리적 관계의 핵심 특징인 비대칭성이, 앞에서는 자기와 타자 사이에 존재했다면, 여기서는 선출하는 선과, 선에 의해 선출되는 (절대적으로 수동적인) 자기 사이에 존재한다. 이 지점에서 과장은 "존재를 넘어서는 선의 과잉"(the surplus of goodness over being),[79] 존재에 대한 선의 탁월한 우위성을 드러내는 역할을 수행한다.

4) 환대 개념에서 드러나는 리쾨르와 레비나스의 차이

지금까지 리쾨르와 레비나스에서 윤리적 관계란 어떤 것이며, 거기서 자기와 타자는 어떤 위상을 지니는지 살펴보았다. 제한이 부과되어야겠지만, 리쾨르의 윤리학이 자기에서 출발하여 자기와 타자 간의 상호성 확립

---

77) 이 수동성을 레비나스는 다음과 같이 서술한다. "창조에서는, 존재하도록 부름 받은 것은, 그 부름 받은 것에 도달하지 못했을 부름에 응답한다. [사태가 이러한 것은] 그 부름 받은 것이 무에서 생긴 탓으로(issu du néant) 그 명령을 듣기도 전에 복종했기 때문이다. 따라서 무에 서의 창조라는 개념에는, 그것이 순수한 난센스가 아니라면, 떠맡음으로 전환되지 않는 수동 성의 개념이 담겨 있다. 피조물로서의 자기는 질료의 수동성보다 더 수동적인 수동성 속에서 인식된다."(Autrement, pp. 145/113~114)
78) Autrement, p. 157/122.
79) RA, p. 151.

에 초점을 둔다면, 레비나스의 윤리학은 타자에 중점을 둔다고 할 수 있다.[80] 여기서는 양자의 이러한 차이가 '환대'라는 주제에서 어떻게 드러나는지를 살펴보고자 한다. 미리 말하면, 환대에 대해서도 두 사람의 차이는 확인된다. 이 차이를 안고 필자는 상이한 문화 간의 바람직한 관계를 모색해 볼 것이다.

'환대'라는 주제에 대해 말할 때, 아무래도 우리는 레비나스와, 그의 생각을 디딤돌 삼고 환대 개념을 확장시킨 데리다를 먼저 언급해야 할 것이다. 이 개념이 하나의 주제로서 부각되고 확장된 것은 두 사람의 공로가 크기 때문이다. 따라서 우리는 환대에 대한 리쾨르의 생각보다 레비나스와 데리다의 생각을 먼저 분석하려고 한다.

『전체성과 무한』을 시작하면서, 레비나스는 이 책이 "주체성을 타자를 환영하는 것으로, [곧] 환대로 제시할 것"[81]임을 천명한다. 주체란 환대하는 자이다. 이것은 환대가 주체의 자유 행사 문제가 아니라, 주체 자체의 존립 문제라는 것을 의미한다. 환대는 서론의 이 선언이 해명되는 본문 전체의 기저에 깔려 있지만, 그 개념은 본문 몇몇 곳에서 표면에 등장한다.[82] 그중 한 곳이 거주의 의미를 설명하는 곳이다.

---

80) 레비나스의 이러한 타자 중심의 윤리가 진정한 상호성 확립을 위한 기초 역할을 한다고 볼 수도 있다. 진정한 상호성이 동일성의 제국이 깨어지는 곳에서 비로소 성립 가능하다는 데에 동의할 수 있다면. 이와 관련하여 다음의 서술을 참조. "통상적인 생각은 윤리적 요구에는 동등한 관계가 따른다는 것이다. 그러나 진정한 평등과 형제애가 **가능하자면**[필자 강조] 인간 사이의 관계가 비대칭적이어야 한다고 레비나스는 본다. …… 그러므로 레비나스는 타자와의 비대칭성, 불균등성이 인간들 사이의 진정한 평등을 **이룰 수 있는** 기초[필자 강조]이고 이런 의미의 평등만이 약자를 착취하는 강자의 법을 폐기할 수 있다고 생각한다."(강영안, 『타인의 얼굴』, 151~152쪽). 또한 문성원, 『배제의 배제와 환대』, 140쪽 참조.

81) TI, p.XV/27.

82) 데리다는, 『전체성과 무한』에서 '환대'(hospitalité)라는 말이 드물게 등장하긴 하지만,

거주한다는 것은 단지 어깨 너머로 던진 돌멩이처럼 존재자가 존재 속에 던져져 있는 익명적인 현실을 말하는 것이 아니다. 거주한다는 것은 내면으로의 전향, 곧 자신에게로 돌아옴이며, 피난처와 같은 자신 속으로의 은둔이다. 여기에는 환대가 있고, 기대가 있고, 인간적인 영접이 있다.[83]

여기서 환대는 타자를 향한 것이 아니라, 타자에 의한 것이다. 타자를 환대하는 윤리적 주체의 정립에는 타자에 의한 환대가 선행함을 말하는 대목이다. 이 타자는 집 안에 있는 타자, 곧 여성(적인 것)이다. 그러니까 내면성을 지닌 주체, 곧 분리된 주체의 정립을 가능하게 하는 거주의 핵심에는 여성(적인 것)에 의한 환대가 있다.[84]

소유의 기초가 되는 집은, 그 집이 모으고 지킬 수 있는 동산(動産, les choes meubles)과 같은 의미의 소유물이 아니다. 집이 [누군가의] 소유가 되는 것은 [다른 누군가가] 벌써 집의 소유자를 환대하기 때문이다. 집은 우리를 집의 본질적 내면성에, 모든 거주자에 앞서 거주하는 거주자에, 탁월한 환대자에, 환대자 그 자체에, 즉 여성적 존재자에게 보낸다[주목하게 한다(renvoie)].[85]

이 책 자체는 "환대에 대한 사유의 집대성"(un immense traité de l'hospitalité)이라고 말한다(Adieu, p. 49 참조). 물론 유사한 뜻을 지닌 표현들, 예를 들어, 'accueil(welcome),' 'accueillant(welcoming)' 등의 표현은 자주 등장한다.

83) TI, p. 129/156(번역은 강영안, 『타인의 얼굴』, 138에서 가져옴).

84) 이것은 "주체성의 성립과 자기 확인 과정에는 타자의 존재가 반드시 개입되어야 함을 보여준다".(강영안, 『타인의 얼굴』, 139쪽)

거주와 그로부터 가능한 분리된 주체는 타자를 환대하는 주체로 나아갈 수도 있지만, "그 자신을 에고이즘 속에 가둘 수도 있다".[86] 이 가능성은 곧 자신이 영접을 받았던 환대의 장소인 집에서, "모든 환대를 없애는 것"이다. 여기서 주체는 두 가지 가능성 앞에 있다. (받는) 환대에서 (주는) 환대로 나아갈 수도,[87] 달리 말해, (자기를 향한 타자의) 개방에서 (타자를 향한 자기의) 개방으로 갈 수도 있지만, 개방에서 폐쇄로, 곧 타자에게 문을 여는 대신 자기 내부로 뒷걸음칠 수도 있다. 타자에 대해 자기를 개방할 수도 폐쇄할 수도 있는 이 가능성은 집의 본질이기도 하다. "닫힌 문과 창이 집의 본질을 구성하는 만큼이나 타자에 대한 개방 가능성도 그렇다."[88]

타자를 향해 자신(의 집)을 개방하는 환대는 타자를 동일화하지 않으면서, 타자와 관계 맺는 한 방식이다. "타자와의 관계는 섬김으로써 그리고 환대로써 실행[혹은, 실현]된다."[89] 환대가 지닌 이런 속성을 언어 역시 지니고 있다. 언어는 "분리된 항들" 곧 분리된 대화 당사자들 사이의 관계이며,[90] "유(類)의 통일성을 깨트리는, 항들 사이의 관계를 실행[실현]

<hr>

85) TI, p.131/157
86) TI, p.147/172.
87) 이것은 "무한과 관계를 유지하는 것"이며, "타인의 초월성을 망각"하지 않는 것이다(TI, p.147~148/173 참조).
88) TI, p.148/173. 데리다는 이 점을 다음과 같이 서술한다. "요컨대 거주 가능한 집의 공간을, 자기-집의 공간을 구성하기 위해서는 트인 곳·문·창문들이 필요하고, 그러니까 결국 이방인에게 통로를 내줄 수밖에 없는 것이다. 문 없고 창문 없는 집이란, 내재성이란 없다. 자기-집의 단자(monade)는 ipse이기 위해서, 자기 집에서 자신이기 위해서, 자신에 대한 자신의 관계에서 살 만한 자기-집이기 위해서 환대적이어야 한다."(데리다, 『환대에 대하여』, 92~93쪽)
89) TI, p.276/300.
90) TI, pp.168~169/195 참조.

한다".[91] 그래서 레비나스에게 "언어의 본질은 우정이며 환대"[92]인 것이다.[93]

레비나스의 '환대'를 분석하면서 데리다는 간혹 "아마 레비나스가 그것을 이런 식으로 말하지는 않았겠지만"[94] 같은 단서를 달면서 자기 생각을 펼친다. 이것은 그가 레비나스와 어떻게 동행하는지를 엿보게 해준다. 때로는 뒤따르고 때로는 앞서면서, 때로는 비판하고 때로는 옹호하면서[95] 그는 레비나스를 가로지르며 사유해 간다. 우리는 그의 글에서 레비나스의 생각에 대한 분석과, 그것에 대한 전유를 동시에 확인할 수 있다.

환대의 대상과 관련하여 데리다는 분명 레비나스를 넘어간다. 절대적·무조건적 환대의 법을 언급하면서 그는 그 대상을 확장한다.

인간은 단지 다른 남자나 여자 또는 어린아이에게만 환대를 베풀 수 있다고 말하는 것은 결국 인간을 여느 동물 종으로 보는 것이 된다. 데리다는 "그와 반대로 인간의 특성은 환대를 동물에게 식물에게 …… 그리고 신에게 베풀 수 있는 데 있지 않을까?"라고 제안한다. …… "동물에 대한 환대를 인정하지 않는 것은 신을 배제하는 것이나 마찬가지이다."

---

91) TI, pp.168~169/195.

92) TI, p.282/305.

93) 레비나스의 또 다른 주저인 『존재와 달리』에서 환대가 언급되지 않는 것은 거기서는 "타자가 이미 주체 안에 들어와 있으며, 나아가 주체 자체가 타자와의 관계에 의해 형성된다고 보고 있기 때문"(문성원, 『해체와 윤리』, 186쪽, 각주 29)이다.

94) *Adieu*, p.52.

95) 레비나스에 대한 비판과 옹호를 동시에 보여 주는 지점은, 레비나스가 탁월한 환대자로서 "여성적인 존재자"를 언급하는 부분을 여성주의적 관점에서 비판하는 동시에, 레비나스의 작업이 그런 관점이 관계하는 영역을 넘어서서 이루어지고 있음을, 그래서 다른 해석이 가능함을 말할 때이다. 이에 대해서는 *Adieu*, pp.84~85 참조.

······ "죽은 자에게, 귀신(revenant)에게 제공될 준비가 되지 못한 환대란 무엇이 될까?"[96]

도래자(l'arrivant)에게 조건 없는 대접을 제공하도록 명령하는 환대의 법 ······ 그러자. 일단 도래자에게라고 하자. 이런저런 한정 이전에, 예상 이전에, 신분 확인 이전에. 문제 되는 것이 이방인이든 이민자이든 초대한 사람이든 불시의 불청객이든 아니든 간에, 도래자가 다른 나라의 시민이든 아니든 간에, 인간 존재이든 동물 존재이든 신적 존재이든 간에, 산 자이든 죽은 자이든, 남성이든 여성이든 간에.[97]

환대에 대한 데리다의 접근에서 한 가지 주목할 것은 그가 무조건적 환대의 법과 조건적 환대의 법들 사이의 상호성을 말한다는 것이다. 이 상호성이 없다면, 전자의 법은 "추상적인 것, 유토피아적인 것, 허상적인 것이 될 수" 있고, 후자의 법은 "만일 이 법들이 무조건적 환대의 법에 의해 안내되고 고쳐지고 고무되고, 요청까지 되고 있지 못하다면 환대의 법들이 되기를 그칠 것이다."[98]

리쾨르는, 레비나스나 데리다처럼 환대를 자신의 중심 주제로 삼아 연구하지는 않았다. 번역에 대해 말하면서 환대, 곧 '언어적 환대'를 언급한다. 리쾨르에 따르면, 번역가는 자신이 수행해야 할 과제의 극단적 어

---

96) 데리다, 『환대에 대하여』, 50~51쪽. 본문에 인용된 부분 전체는 앞의 책의 서문에 해당하는 안 뒤푸르망텔의 글이고, 그 가운데 인용부호 안의 내용이 데리다의 말이다.
97) 데리다, 『환대에 대하여』, 104쪽.
98) 데리다, 『환대에 대하여』, 105~106쪽.

려움에도 불구하고, '언어적 환대'에서 행복을 발견할 수 있다. "언어적 환대란 이국의 언어를 모국어라는 자신의 집에 맞아들임으로써 타자의 언어를 체험하는 기쁨을 누리는 것이다."[99]

언어적 환대는 번역하는 언어와 번역되는 언어의 차이, 혹은 "자기의 것과 이국적인 것의 차이"가 극복 불가능하다는 자각을 전제한다. 이 차이 앞에서 이국적인 것을 자기화하는 번역을 할 수도 있고, 아예 번역을 포기할 수도 있다. 리쾨르는 이 극단적인 선택들 대신 환대로서의 번역을 제안하는 것이다. 그러한 번역에서 번역가가 누리는 "타자의 언어를 체험하는 기쁨"에서 우리는 리쾨르가 생각하는 환대의 성격을 유추해 볼 수 있다. 그것은 일방적인 것이 아니라는 것이다. 타자의 이질성을 환영함으로써(타자에게 자기를 줌으로써) 자기는 기쁨을 얻는다(자기는 타자로부터 무엇인가 받는다). 다시 말해, 리쾨르의 제안은 번역해야 할 이국적인 것의 차이를 인정하고 수용하되, 그것을 감내했을 때 얻을 수 있는 유익, 곧 자기의 것이 더 풍요로워지는 것을 내다볼 것을 우리에게 말한다.[100]

"번역의 욕망"을 말하는 맥락에서 나온 다음의 서술은, 언어적 환대를 통한 풍요로움을 말하는 것으로도 읽을 수 있다.

---

99) 폴 리쾨르, 『번역론』, 윤성우·이향 옮김, 철학과 현실사, 2006, 89쪽.
100) 언어적 환대로서 번역을 보려는 리쾨르의 생각은 '자기'와 '타자' 간 상호성을 주장하는 그의 윤리학과 관련된 것으로 보인다. 하지만 직접적으로는 그가 『번역론』에서 자주 언급하는 베르만의 생각과 연결될 수 있다. "번역의 **지향 자체**가 타자(Autre)와의 어떤 관계를 텍스트 차원에서 열어가는 것이자 **낯선 것**(Etranger)을 들여오는 매개 작업을 통해 자국적인 것을 풍요롭게 하는 것"(앙트완 베르만, 『낯선 것으로부터 오는 시련』, 윤성우·이향 옮김, 철학과 현실사, 2009, 17쪽)이다.

이렇게 번역의 열정에 사로잡힌 사람들은 번역 욕망으로부터 무엇을 기대하였을까? 이들이 기대했던 것은 그들 중 누군가가 말한 것처럼 모국어의 지평을 확장하는 것, 혹은 모두가 도야, 즉 성장과 교육이라고 부른 것, 혹은 감히 말한다면 모국어를 발견하거나 미개척 상태로 남겨진 모국어의 자원을 발견하는 것이었을 것이다.[101]

이국의 언어를 환대함으로써 모국어에 대해 새롭게 발견하는 것은 무엇일까? 리쾨르가 제시하는 한 가지는 "우리 자신의 언어가 가지는 이국성"[102]을 감지하는 것이다.[103] 이러한 이국성은, 프랑수아 줄리앙의 테제를 빌려 표현한다면 다음과 같이 감지된다.

중국어의 내면(l'intérieur)을 알아가는 것은 그리스어로 사유하고 말하는 것을, 바깥에서부터 해체해서 들어가는 것과 맞먹는 것이다. 중국어를 이렇게 내면적으로 알아가다 보면, 그리스어를 사유하고 말하는 우리들 자신에게서 절대적 이국성(l'étrangeté absolue)이 발견된다.[104]

리쾨르가 환대를 번역의 맥락에서, 언어적 환대의 차원에서 말한다는 것은 환대에 대한 그의 생각의 어떤 특징을 드러내는 것 같다. 그 자신,

---

101) 리쾨르, 『번역론』, 115쪽.
102) 리쾨르, 『번역론』, 129쪽.
103) 이것은 타자(의 환대)가 자기 인식에 기여한다는 말이기도 하다.
104) 리쾨르, 『번역론』, 148쪽. 우리 자신 속에 있는 '이국성'을 우리는 리쾨르의 저서 제목을 활용하여 '자신을 타자처럼', 혹은 '타자로서의 자신'이라고 표현할 수 있을 것이다. 여기서 우리는 자신을 타자로서 여기는 사건의 유력한 계기로서 번역을 생각해 볼 수 있다.

언어적 환대가 "기타 형태의 환대의 모델"[105]임을 주장한다. 번역의 장에서 이루어져야 하는 언어적 환대는, 레비나스적 의미의 환대, 타자를 (절대적으로) 우위에 두는 환대의 성격을 지니기 어렵다. 우리가 번역에 대해 말할 때, 제국주의적 발상을 하지 않고서는, 두 언어의 평등성과 상호성을 전제하지 않는 번역을 생각할 수 없기 때문이다. 여기서 우리는 윤리적·형이상학적 평면에서 자기와 타자 사이의 상호성을 주장하는 리쾨르가 '환대'와 관련해서도, 언어적 차원의 환대를 모델로 삼음으로써 이런 입장을 견지하고 있다고 해석할 수 있다.

5) 리쾨르 윤리학과 레비나스 윤리학의 재고찰

레비나스가 타자 중심적 입장을 견지하고, 리쾨르가 자기와 타자 간 상호성을 주장한다고 해서 각각의 윤리학에서, 곧바로 타자 중심성과 상호성을 구체적이고 현실적인 타자와 타문화에 대해 적용할 원리로 제출한다면, 그리고 그것으로 끝이라고 한다면, 그것은 이 글을 상당히 평면적인 것으로 만들 것이다. 이 글이 얼마나 그런 상태를 벗어날 수 있을지는 제쳐 두더라도, 한 영역의 연구가 다른 영역에 대해 지니는 함축을 살펴보는 작업이 어떤 성격의 것이어야 하는지 고민해 보는 것은 이런 유형의 연구가 내실 있는 것이 되기 위해서 필요할 듯하다.

　한 영역의 연구를 통해 나온 성과를 다른 영역에 적용하는 일이 의미 있는 작업이 되기 위해 경계해야 할 위험 가운데 하나는 한쪽에서 도출된 원리, 관점 등을 다른 쪽에 일면적·표면적으로 적용하는 것이다. 이를 피

---

105) 리쾨르, 『번역론』, 119쪽.

하려면 도출된 원리가 원래의 맥락에서 지니는 복합성, 다면성을 보존하면서 원리를 적용해야 할 영역의 이질성을 고려해야 할 것이다. 이런 점들을 감안할 때, 레비나스와 리쾨르의 윤리학을 각각 타자 중심적 윤리, 상호성의 윤리라 규정하는 것이 틀린 것은 아닐지라도, 좀 더 미세하고 심층적으로 그것을 이해할 필요가 있다. 이를 위해 필자는 이하에서 리쾨르와 레비나스를 자유롭게[106] 대면시켜 볼 생각이다.

지금까지의 서술이 비판이든, 그에 대한 해명이든 한쪽에서 다른 쪽을 향해 진행되었다면, 지금부터는 서로를 더 가까운 자리에 두고 고찰함으로써 각 사유의 성격을 좀 더 선명하게 부각하려고 한다. 아울러 이 과정에서 제기되는 질문에 대해서는 완결된 해명보다는 그 질문이 발생하는 맥락이나 지점을 드러내고, 그럼으로써 이후의 연구 방향이나 주제를 제시하는 것으로 답하고자 한다.

레비나스의 경우, 그의 윤리학이 타자 중심성을 띠는 것은 분명하지만, 이 글의 제사(題詞)에서 표현되듯이 그가 최종적으로 말하고자 하는 것은 "인간 상호간 관계(la relation inter-humaine)"[107]이다. 그렇다면 지금까지의 분석에서 확인된 타자 중심성에 대한 강조는 이 상호성 언급과 관련하여 어떻게 이해될 수 있을까? 철학(사)적 측면에서 말하자면, 근대 이후 형성된 의식 주체로서의 코기토, 존재 욕망으로서의 코나투스에 기

---

106) 이것은 양쪽 어느 입장이든 한 가지 입장을 선택하여 일관성 있게 다른 쪽의 주장을 비판하지 않겠다는 것을 함축한다.
107) 레비나스가 말하는 이 관계는 "절대적으로 사심 없는 관계"를 말한다. 미카엘 셍 쉐롱, 『엠마누엘 레비나스와의 대담. 1992~1994』, 김웅권 옮김, 동문선, 2008, 28쪽(번역 일부 수정, 이하 『대담』으로 표시) 참조.

초해서는 그러한 상호 간 관계란 불가능함을 말하는 것으로 이해할 수 있다. 현실적 측면에서는 동일자로서의 주체가 타자의 명령에 대한 응답, 타자에 대한 책임짐 없이는 자신의 구심력을 벗어나서 타자로서의 타자와 진정한 상호관계로 들어갈 수 없다는 절실한 인식의 고백으로 생각할 수 있다.[108]

레비나스가 건립하려는 '상호성'이란 어떤 것일까? 그가 강조하는 자기와 타자 사이의 '형이상학적 비대칭성'과 충돌하지 않는 상호성이란 어떤 것일까? 그가 통상적인 의미의 상호성을 부정하는 것은 분명하다. "다른 사람 역시 나에 대해 책임이 있지 않은가?"라는 물음에, 그는 "그건 '그의' 일이다"[109]라고 대답한다. 그는 "다른 사람과 나의 관계가 상호관계가 아니"라고 분명히 말한다. 그렇다면 그가 염두에 두는 상호성이 책임의 자리를 서로 바꿀 수 있다는 의미가 아니라는 것은 분명하다.

레비나스에게는, 타인에 대해 책임을 져야 하는 나의 자리를 벗어나는 것, 혹은 타인을 나에 대한 책임의 자리로 끌어당기는 일은 가정법상으로도 승인되지 않는다. **타인에 대해 책임을 지는 그 자리에 내가 있을 때, 오직 그때에만** (레비나스가 인정하는) 진정한 상호성의 조건이 마련된다. 결국, 레비나스의 관점에서 보자면, 진정한 상호성은 그것을 상정하거나 감안하는 것조차 나의 일이 아니며, 오직 타인에 대해 일방적으로 책임지는

---

108) 정확히 맥락이 일치하지는 않지만, 본문의 서술과 같은 방향을 이하의 문장은 보여 준다. "의식 속에 있는 무한성의 관념은 바로 그 의식의 범람인데, 그 범람의 구현(un débordement de cette conscience dont l'incarnation)은 더는 마비되지 않은 영혼에 새로운 능력, [곧] 영접의 능력, 주는 능력[혹은, 선물의 능력], 가득 찬 손의 능력, 환대의 능력을 준다."(TI, p. 179/205)
109) 레비나스, 『윤리와 무한』, 127쪽.

것이 나의 일인 곳에서, 혹은 그렇다고 말하는 곳에서 이루어질 것이다. 그런 점에서 상호성의 관계는 동일성의 세계, 내 의식과 의지가 주관하는 세계에서는 불가능하다.[110] 동일성의 제국 내 어디에도 존재하지 않는 유토피아를 환기함으로써 그 제국의 토대를 흔드는 것이 레비나스의 철학적 기획이라고도 할 수 있을 것이다.

레비나스 윤리학의 극단성은 그 현실적 적실성의 측면에서 자주 오해와 회의의 시선을 받는다.[111] 그의 윤리학은 우리가 현실적으로 선택, 견지할 수 있는 어떤 태도나 관점, 원리를 말하는가? 만약 레비나스의 윤리학이 문자 그대로 실천해야 할 내용으로 채워진 것이 아니라면,[112] 우리는 그것을 비현실적이라 해야 할 것인가? 그러나 레비나스의 텍스트에 등장하는, 비현실적인 것으로 보이는 극단적 서술들은 사실, 현실의 근원적 변화를 추구하는 노력에서 나온 것들이다. 다시 말해, 현실의 변혁을 위해서는 타자와 관련된, 주체의 존재 방식과 이해 방식에서 급진적 변화가 일어나야 함을 레비나스는 역설한다. 이제는 주체를 데카르트적 코기토로서, 혹은 코나투스적 존재로서 이해하는 것이 아니라, 타자에 대해 책임지고, 타자를 환대하는 자로서 이해할 때,[113] 그리고 그러한 이해에

---

110) 이 유토피아는 레비나스적 의미의 언어 관계, 곧 그 본질이 "우정이며 환대"인 그런 언어로 말미암는 관계가 형성되는 곳에서 실현될 것이다.

111) 이에 대한 한 해명은 문성원, 『해체와 윤리』, 115쪽 참조.

112) 이러한 가정을 레비나스 윤리학에 대한 특정 해석을 선택하고, 다른 해석들을 배제하는 것으로 간주할 필요는 없다.

113) 유럽의 전체주의, 전쟁을 "유럽 철학 자체가 빚어낸 파국"(강영안, 『타인의 얼굴』, 30쪽)으로 인식하는 다음의 서술에서 우리는 현실적 파국의 원인을 철학에서 찾고, 그 철학을 변혁함으로써 현실을 바꾸려는, 철학자로서 "인류의 공복"(후설)인 레비나스를 확인한다. "전쟁 가운데 스스로 내미는 존재의 얼굴은 서양 철학을 지배하는 전체성이라는 개념 속에 고착되어 있다."(TI, p.x/21, 강영안, 『타인의 얼굴』 30쪽에서 재인용)

따라, 혹은 그에 앞서, 우리가 타자에 대한 책임과 환대의 자리를 우리 자신들의 자리로 떠맡을 때, 현실의 변화는 가능하다는 것이다.

현실의 의미를 새롭게 함으로써 현실을 변혁하려는 레비나스는 현실이 내재성의 세계가 아님을 말하고자 한다. 현실은 폐쇄된 내재성의 세계가 아니라, 외재성, 초월성이 박혀 있는(embedded) 세계이다. 레비나스의 윤리학은 우리의 일상에서 타자를 나보다 앞서 배려하는 사건, 예를 들어 열린 문 앞에서 '먼저 가시죠'(Apres Vous)라고 말하는 사심 없는 작은 행위가 결코 범상한 것이 아님을, 동일성의 제국의 경계가 깨어지는 초월성의 돌발 사건임을 본다.[114] 윤리적 사건이란 바로 그런 사건이다.

레비나스적 관점에서는, 상호성에 대해, 혹은 그것의 한 계기로서 나(우리)에 대한 타인의 책임을 우리가 생각하거나 말할 때, 우리는 불가피하게 타인의 자리를 침탈한다. 레비나스의 철학은 이 타인의 자리가 불가침의 자리라는 것을 말하려는 노력이다. 리쾨르는 타자를 나 자신으로서 여기는, 혹은 존중하는 일이 불가능하지 않다고 말한다. 이미 앞에서 서술했듯이, 이것은 '당신 역시' 나처럼, 자신을 평가하고 존중할 수 있는 자라고 말할 수 있다는 것을 의미한다. 사실 이런 가능성이 허용되어야 상호성의 윤리를 말할 수 있을 것이다. 그런데 이런 방식으로 내가 타인의 자리에 들어가는 것은 타자를 나의 영역으로 동화시키는 것은 아닐까? 타자를 나 자신으로서 여길 수 있는 근거가 내가 타자를 이해하고 인식할 수 있다는 사실에 있다면 확실히 그럴 것이다. 그런데 리쾨르에 따르면, 타

---

114) 레비나스, 『윤리와 무한』, 115쪽 참조. 또한 105쪽의 "사람에 대한 사람의 윤리관계에서 열리는 무한"이라는 서술도 참조.

자를 나 자신으로 여길 수 있는 것은 이해, 인식이 아니라 타자에 대한 일종의 믿음, 신뢰 덕분이다.[115] 그러한 믿음 ── 구체적으로 타자의 능력[116]에 대한 믿음 ── 에 근거하여 타자를 내 자신으로 여기고, 존중할 수 있다는 것이다.

리쾨르는 존중의 근거로 성취가 아닌 능력을 제시한다. 능력이 현실화되기 위해서는 반드시 타자의 계기를 거쳐야 한다는 점에서, 자기 존중이 타자의 존재를 요청하는 것은 사실이며, 따라서 리쾨르에게 타자 존중의 강력한 요소가 존재하는 것은 사실이다. 그러나 능력 역시 존재의 질서에 속하는[117] 까닭에 리쾨르의 상호성 역시 같은 존재 질서 속에 있다고 말할 수 있다. 그렇다면 여기서 다시 한번 확인되는 것은, 리쾨르 윤리학은 레비나스적 의미의 윤리 질서에 속하지 않으며, 두 사람의 윤리학은

---

115) SA, p. 226를 참조하라. "'당신 역시'와 '나 자신으로서' 사이의 등가는 아테스타시옹 (attestation) ── 이것 덕분에 나는 내가 [무엇을] 할 수 있으며 내가 가치가 있다는 것(que je peux et que je vaux)을 믿는다 ── 의 확장으로 생각될 수 있는 신뢰(confiance)에 의존하고 있다." 아테스타시옹은 우선 "해석학이 요구하는 일종의 확실성"을 나타낸다. 즉 경험과학 과는 다른 해석학이 요구하는 인식, 혹은 진리의 양상을 일컫는다. 다음으로 그것은 '자기'의 존재 양상을 서술하기도 한다. 이 경우 "아테스타시옹은 자기성의 양싱으로서[곧 자기로서] 존재한다는 확신 ── 신임과 신뢰 ── 이 된다(l'attestation est l'assurance ── la créance et la fiance ── d'exister sur le mode de l'ipséité)(SA, p. 351)[인용문 'la fiance'는 'la confiance'로 읽어야 할 듯하다]." 그런데 이러한 확신, 신뢰로서의 아테스타시옹이 "다소간 경험에 의해 지지되는"(J. Greich) 한, 이 경험의 주체는 당연히 '자기'라는 점에서 아테스타시옹을 통해 확보된 등가 역시 레비나스가 지적하는 동일성의 구심력을 완전히 벗어나지는 못한 것이라 고 할 수 있을 것이다. 이것은 해석학(적 인식)에 대한 레비나스의 입장에 대한 연구로 우리 를 이끈다.

116) 리쾨르가 자기 존중이든 타자 존중이든, 존중의 근거로 제시하는 윤리적 능력은 일차적으로 행위를 선과 관련하여 평가할 수 있는 판단 능력이다.

117) 능력이 존재의 질서에 속한다는 것이 함축하는 한 가지는, 능력이 부재하는 **타자를 타자로서 존중하는** 윤리적 계기를 능력 담론에서는 찾을 수 없다는 것이다.

같은 층위에 있지 않다는 것이다.[118]

주고받음의 교환에 기초한 배려 개념을 정립하려는 리쾨르의 기획은 자기와 타자가 어떤 위치, 상태에 있든 양자 간 동등성을 구성할 수 있다는 것을 전제한다. 타자가 나 자신으로부터 무엇을 받는 위치에 있는 상황에서조차 나와 타자 사이의 상호성을 계속 견지하고자 할 때, 그 초점은 내가 타자로부터 무엇을 받는다는 것에 있는 것이 아니라, 타자가 내게 무엇인가를 줄 수 있다는 것에 있다. 가장 약한 상태에 있을 때조차 타자를 주는 자로 상정하는 것은, 다시 말해 어떤 경우에라도 타자를 일방적 수혜자로 상정하지 않는 것은, 그렇게 하는 것이 타자에 대한 최대의 존중이라고 생각하기 때문이다.[119] 타자가 그 자신의 능력으로부터가 아니라 연약함 그 자체로부터 어떤 것을 주는 것, 그리고 이것을 자기가 받는 것은 레비나스의 사유에서 검토되지 않는다. 이렇게 상이한 질서에 속한 두 개의 윤리학을 우리는 어떻게 보아야 하는가? 어느 한쪽을 선택하고, 다른 쪽을 버리는 것이 아닌 길은 두 사유의 질서 속에서는 추구할 수 없는 길인가? 리쾨르의 사유가 레비나스의 어떤 부분을 보완할 수는 없을까? 레비나스의 사유는 리쾨르의 생각을 전유함으로써 확장될 가능성은 없는가? 그 역의 가능성은 어떤가?[120]

---

118) 물론 이것이 리쾨르의 윤리학과 레비나스의 윤리학 가운데 어느 것이 윤리의 해명과 인간 삶의 윤리화에 기여하는 바가 많고 적다는 것을 의미하지 않는다.

119) "리쾨르에게 일방통행적인 윤리란 없으며, 어떠한 상호성도 없이 나 자신을 타자의 볼모로만 생각하는 것은 타자를 너무도 경시하는 것이다[필자 강조]."(『대담』, 14쪽[번역 일부 수정]) 그런데 이러한 리쾨르와 달리 레비나스는 볼모와 관련하여, 오히려 그것의 영광을 말한다. "볼모의 그 비참함에는 어떤 영광이 있습니다. 왜냐하면, 볼모가 된 자는 자기가 다른 사람을 위해 죽임을 당할 수 있는 위험을 겪고 있기 때문입니다."(『대담』, 30쪽)

120) 이 글에서는 이러한 가능성을 제기하는 것에 만족하고자 한다. 이러한 작업은 이렇게 상

리쾨르가 기획하는 상호성의 평면에서는 타자를 나 자신 쪽으로 끌어당기는 힘뿐 아니라, 나 자신을 타자 쪽으로 밀어내는 힘도 작용한다. 타자를 나 자신으로서, 나 자신을 타자로서 존중하는 상호성의 기저에는 나와 타자 모두를 하나의 '자기'로서 인정하는 것이 전제되어 있다. 이것은 곧 자기로서의 각 주체가 '자신에게 좋은 삶'을 추구하며, 그 추구 속에서 행위하고, 그 행위를 평가하며 자신을 존중한다는 것을 승인하는 것이다. 나는 나 자신에게 좋은 것을, 그는 그 자신에게 좋은 것을 추구한다. 이런 점에서 **"상호성은 좋은 삶의 지향이라는 각 사람의 목표의 [다른 것에 대한] 우위성을 상호 추인해 주는 것이다"**.[121] 여기서는 타자의 타자성이 곧 타자의 자기성이다. 타자는 나와 다른 존재인 동시에, 나와 같은 '자기성'을 지닌 존재다. 이 공통성이 타자를 자기에게로 환원하는 토대 역할을 하여 타자 존중을 약화하게 하는 요소로 작용할 것인지에 대해서는 유보적일 필요가 있어 보인다. 이 공통성이 형식적인 것이라는 점을 생각해 보면, 타자의 자기성이 그 내용적 측면에서 나의 자기성과는 다른 것으로 구성될 가능성은 완전히 열려 있기 때문이다.[122] 따라서 우리는 리쾨르의 상호성이 자기성에 기반을 둔 것이라고 할지라도, 거기에 최소한 자기에로 온전히 동화되는 것을 방지할 정도의 장치는 마련되어 있다고 말할 수

이한 두 담론 질서를 교차시키는 것이 될 것이다. 한 가지 부언하자면, 리쾨르 윤리학에서 '우정'이 중요한 자리를 차지하는 것과 달리, 레비나스에서는 그렇지 않다는 것, 따라서 새로운 가능성이 탐구될 한 가지 주제군을 제시한다면, 그것은 '레비나스적 우정', '상호적 비대칭성' 같은 것들이 될 것이다. 그 한 예로, Tatranský, T., "A reciprocal asymmetry? Levinas's ethics reconsidered"(*Ethical perspectives*, 15, no. 3, European Centre for Ethics, K.U.Leuven, 2008) 참조.
121) RA, p.129.

있다.

생각해 보면, 리쾨르나 레비나스 모두 인간 현실의 윤리화를 지향한
다고 할 수 있다. 거기서 핵심은 자기와 타자를 어떤 위상에 두는가 하는
것이다. 리쾨르는 양자 간 동등성을 추구함으로써 그 목표에 이르려 한
다. 그러나 레비나스는 리쾨르가 설정하는 바로 그 동등성에 도달하기 위
해서라도 타자에게 (자기보다) 절대적으로 우월한 위상을 부여해야 한다
고 말한다.[123] 리쾨르에게 타자를 높이는 길은, 그(녀)에게 '줄 수 있는 능
력'을 부여하는 것, 곧 자기와 동등한 자로 상정하는 것이다.

리쾨르의 상호성은 타자를 자기로서 존중하는 것에 그치지 않고, 자
기를 타자로 존중함으로써 그 완성을 꾀한다. 레비나스에게 타자는 절대
적으로 높고, 자기는 타자를 위한 볼모의 자리로 감으로써 영광을 얻는
다. 자기의 영광, 그것은 다른 누구도 아닌 오직 자신만이 타자를 위해 책
임질 수 있는 자라는 영광이다. 이 영광의 자리에서 볼모는 행복할 수 있
으리라고 레비나스는 말한다.[124]

---

122) 이에 대해서는 SA, p. 220 참조. 물론 타자의 '타자성'을, 타자의 '자기성'으로 규정하는 것에
서 나 자신의 자기성의 흔적을 확인할 수 있으며, 그런 점에서 리쾨르가 기획한 상호성의 구
도 아래에서 마련된 타자의 자리는 그 타자성이 철저하게 유지되는 곳으로 보기 어렵다고
주장할 수 있다(이 문제는 근대적 주체의 극복이라는 과제를 리쾨르와 레비나스가 수행하는
방식의 차이와 관련되어 있다). 그러나 필자로서는, 자기 존중에서 출발하여 상호성으로 나
아가려는 윤리적 기획 내에서 타자성의 자리를 확보하려는 시도의 의의를 가볍게 볼 수 없
고, 특히나 현재 진행하고 있는 문화 간 바람직한 관계의 모색과 같은 작업에서는 그러한 기
획의 의의를 더욱 살릴 필요가 있다고 생각한다.
123) "내가 나의 고찰에서 항상 강조하는 것은 이와 같은 볼모의 조건이 동정·연민·유대가 세상
에서 가능하도록 해주는 그 무엇이라는 사실입니다."(『대담』, 31쪽)
124) "볼모의 개념은 정의로운 사람들에게 행복을 약속하는 특이한 방식입니다."(『대담』, 30쪽)

3. 결론을 대신하여

문화 간 바람직한 관계를 모색한다고 할 때, 우선적으로 주의해야 할 것은 문화를 고정된 것으로, 그리고 경계를 지닌 것으로 여기는 시각이다.[125] 문화에는 국경이 없으며, 어느 문화도 불변의 정체성을 유지하지 않는다. 또한, 문화들은 문화 주체가 바람직한 관계를 모색하기 전에, 이미 관계를 맺고 있다. 그렇다면 그 관계의 바람직함을 모색한다는 것에는, 현재의 문화 간 관계에 바람직하지 못한 측면, 비윤리적 측면이 존재한다는 것이 전제되어 있다. 소위 '문명화된' 문화권은 항상 타문화권을 멸시해 왔고, 힘이 갖춰질 때면, 폭력적으로 타문화를 정복하고 억압해 왔다.[126]

본문의 분석에서 중심적인 것들이 자기(성), 혹은 주체(성)의 존립과 그 의미 이해에서 타자(성)이 어떤 위상과 역할을 지니는지, 자기와 타자 간 윤리적 관계에서 양자는 어떤 위상에 있는지 등이었음을 생각해 보면, 리쾨르와 레비나스의 윤리학에 대한 연구가 문화 간 관계의 원리에 대한 모색에 기여할 바도 우선 이런 측면에서 분석되어야 할 것이다. 즉 자문화의 존립과 자기 이해에서 타문화는 어떤 위상에서 어떤 역할을 해야 하

---

125) 마치 번역이, 번역되어야 할 언어와 번역하는 언어를 이미 완성된 하나의 체계로 상정하도록 하듯이. 이에 대해서는 사카이 나오키, 『번역과 주체』, 후지이 다케시 옮김, 이산, 2005 참조.

126) 그 가운데 가장 강력하게, 가장 대규모로, 그리고 가장 촘촘하게 타문화에 폭력을 행사한 예로 우리는 근대 식민주의의 경우를 들 수 있을 것이다. 타문화에 대한 근대 식민주의의 억압에 대해서는 다음의 서술을 참조. "근대 식민주의에서 특징적인 것은 새로운 지배자가 종속된 사회를 문화적으로 배려하지 않았다는 점인데, 이는 세계사적으로 볼 때 드문 현상이다. 유럽의 팽창은 어디에서도 헬레니즘적인 문화 융합을 초래하지 않았다."(위르겐 오스터함멜, 『식민주의』, 박은영·이유재 옮김, 역사비평사, 2009, 32쪽)

느지 살펴야 할 것이다. 타자와 윤리적으로 관계 맺는 방식으로서 환대와 관련해서는, 타문화를 어떤 위상에 두고 수용해야 하는지, 그 과정에서 타문화를 진정으로 존중한다는 것은 어떤 것인지, 자문화의 위상은 어떻게 설정해야 하는지 등을 생각해 보아야 할 것이다.

리쾨르 윤리학에서 자기에게 좋은 것을 추구하는 것은 윤리를 구성하는 핵심 계기이다. 그런데 이러한 추구는 타자의 매개가 있어야 비로소 온전히 실현된다. 이 매개는 타자가 추구하는 선이 내가 추구하는 선과 대체로 일치해야 의미 있는 것으로 작용한다.[127] 이러한 일치와 관련하여 생각해 보아야 할 한 가지 문제가 있다. 리쾨르 윤리학은 비교적 유사한 내용의 선을 추구하는 문화권 내부에서만 유효한 원리를 제공하는가? 만약 선의 내용이 상이한 한 문화가 다른 문화를 폭력적으로 동화시켜 자문화의 확장을 시도한다면, 그것은 근대 식민 제국이 취했던 문화 정책과 다르지 않다. 리쾨르의 윤리학은 이러한 동화로부터 자유로운가? 그의 윤리학에서 타자를 배려하는 것은 '당신 역시' 나 자신처럼 자기를 존중할 수 있는 능력을 가진 존재로 존중하는 것을 포함한다.[128] 이것을 현재의 맥락에 적용한다면, 기본적으로 타문화 역시 자문화처럼, 그 자신에게 좋은 것을 추구하며, 그것은 (적절한 의사소통 과정을 통해서)[129] 우리에게

---

127) 이것은 아리스토텔레스가, 친구가 있으므로 선의 실천이 지속성을 획득한다고 말할 때 함축된 것이다.

128) 이러한 조건에서 타자를 자기로서 존중하는 것과 자기를 타자로서 존중하는 것의 교환이 가능해진다. 이 조건 자체가 믿음의 요소를 이미 포함하고 있으며, 그런 점에서 타자를 자기로서, 자기를 타자로서 존중하는 것에는 도약이 요구된다.

129) 리쾨르는 기본적으로 타문화 내에서 정립된 가치를 (적절한 의사소통 전에는) 아직 정당화되지 않은, 그러나 보편성 주장을 담지한 "잠재적 보편자"로 본다. 이것은 타문화의 가치의 보편성 여부를 타문화와의 토론 이전에 결정하지 않겠다는 것이며, 그 이전에는 타문화의

도 좋은 것으로 평가될 그런 것으로서 우리가 존중할 수[130] 있으며, 그러한 상정 위에서 우리는 양자 간의 상호성을 모색할 수 있다는 것이다.

리쾨르의 타자 배려의 원리는 문화 사이에 존재하는 현실적 비동등성을 무시하지 않으면서, 그 같은 상황의 변화를 요구한다. 문화들이 서로 조우하는 곳이라면 어디든, 이니셔티브를 행사하는 측이 존재한다. 현실에서는 대체로 소위 문명권의 문화, 다수자의 문화가 이니셔티브를 쥔다. 리쾨르의 원리는, 그처럼 관계가 맺어지는 첫 지점(혹은, 시점)에 존재하는 비동등성[131] 속에서, 주고 받음의 교환 위에 정립되는 동등성을 추구한다. 달리 말해 최초의 비동등성을 승인하지 않고, 그것을 동등성으로 전환하려는 노력을 그의 윤리학은 요구한다. 이것은 최소한 한 문화가 다른 문화를 전적으로 계몽한다든지, 동화시킨다든지 하는 것을 승인하지 않을 것이다.

레비나스 윤리학이 말하는 타자는, 현실에서 고아와 과부와 나그네이다. 일반적으로 표현한다면, '무력한 자', '약한 자', '보잘것없는 자', 혹은 '작은 자'[132]이다. 테일러의 표현을 사용하여 문화적 맥락에 적용한다면, 그것은 "우리의 감탄과 존경을 받을 가치가 있는 어떤 것"을 지닌 것

가치를 보편적인 것으로 여기겠다는 뜻이다. 여기서 자기성을 긍정하되, 자기의 전횡은 긍정하지 않는 것, 그것이 리쾨르 윤리학의 한 특성임이 확인된다.
130) 이것은 테일러의 다음과 같은 생각에서 착상을 얻은 것이다. "선한 것, 거룩한 것, 칭송할 만한 것에 대한 자신들의 감각을 명료하게 표현하는 문화들은 우리의 감탄과 존경을 받을 가치가 있는 어떤 것을 지니고 있다는 것은 거의 확실하다."(Taylor, C., *Multiculturalism*, Princeton Univ. Press, 1994, p.72)
131) 이것은 레비나스가 말하는 '형이상학적 비대칭성'이 아니다.
132) 『성경』, 마태복음 25장 40절, 45절 참조.

으로 보이지 않는 문화이다.[133] 타문화와 자문화의 관계에서 오늘날 비교적 새롭게 대두하는 문제는 자문화 속에 들어와 있는 타문화와 어떻게 관계를 맺을 것인가 하는 것이다. 이러한 타문화는 다수자의 문화인 자문화 속에서 소수자 문화의 형태를 띤다는 점에서 레비나스적 타자와 대단히 유사하다. 이러한 타문화를 환대한다는 것은 어떤 것일까? 타문화가 그 타자성을 변형 없이 유지하며 자문화 속에 동결된 채 머물게 하는 것은 아닐 것이다.[134] 여기서 다시 리쾨르의 타자 배려의 원리를 환기할 필요가 있다. 이 원리가 추구하는 비동등성 속의 동등성은, 문화 간 교류의 맥락에서, 자문화와 타문화의 **상호 변화** 속에서 구현될 수 있을 것이다. 사실, 한 문화가 다른 문화 속에 들어왔을 때, 그 문화의 영광은 다른 문화에 수용되어 이전과는 다른 것으로 변형되는 것이 아닐까? 동화는 아닌 수용, 그것이 '도래한 문화'의 자랑이 아닐까? 도래한 타문화는 또한 수용하는 문화에 변화를 가져다 줄 것이며, 이것은 이국어의 환대가 모국어를 풍요롭게 한다고 주장한 리쾨르의 환대 개념을 떠올리게 한다.

리쾨르든 레비나스든 어느 누구도 자기성이 타자성 없이 존립할 수 있다거나, 이해가능하다고 생각하지 않는다. 현재의 맥락과 관련하여 서술하자면, **문화란 순수하고 배타적이고 불변적인 정체성을 지닌 것으로 상정되어서는 안 된다**는 것이다. 그런 점에서, 문화가 타자에 대한 (제국주의적) 억압

---

133) 현실에서는 분명 위계 측면에서 문화를 바라보는 시각이 존재한다. 이러한 시각이 오류, 착각이라고 말할 수도 있겠으나, 그것만이 이러한 현실을 바꾸는 유일한 방법은 아닐 것이다.

134) 다문화주의의 부정적 측면, 곧 주류 문화의 (소수 문화인 타문화와의 역동적 교류를 통한) 변화 가능성은 고려되지 않고, 단지 소수적 타문화를 하위 문화로 간주한 채, 특정 범위 안에서 그 고유성을 인정하는 것은 결코 레비나스적 의미에서 타자를 타자로서 존중하는 것이 아닐 것이다.

과 그에 대한 (민족주의적) 저항의 핵심 기제로서 작용한 근대 역사[135]에는 해체되어야 할 요소가 내장되어 있다고 해야 할 것이다. 이러한 현실의 해체는 메타적 차원에서 진행된 철학자의 작업만으로 이루어질 수는 없을 것이다. 그러나 과거의 역사를 비판적으로 재해석하고, 미래를 새롭게 기획하는 과정에서, 그 작업의 방향을 제시하는 이념적 향도의 역할은 할 수 있지 않을까?

과거 '보편'과 '중심'의 위상을 독점해 온 문화든, '특수'와 '주변'의 위상을 지녔던 문화든 미래의 과제가 문화 간 동등한 관계라는 것을 부인하지 않는다. 이런 공동의 과제를 위해, 특히 중심을 주장해 온 문화의 자세가 어떠해야 하는지에 대해 레비나스의 타자 중심성 원리는 시사하는 바가 많다. 타문화를 주변화함으로써 자신의 중심성을 획득한, 철학적 의미에서 근대적 주체의 활동을 현실에서 구체화한 서구 문화가 자신의 존재 자체에 함축된 비윤리성에 대해 성찰하고, 그것을 정치적으로 해체, 극복하고자 할 때, 레비나스의 윤리학은 그 과정이 얼마나 철저하게, 얼마나 근원적 차원에서 진행되어야 하는지 말해 줄 수 있다. 또한 타자에 대한 무조건적 환대의 정신은 주변화된 타문화 주체에 대한 정치적·법적 폐쇄성과 경직성에 균열을 일으키고, 그럼으로써 자문화의 정체성을 새롭게 바라보고, 형성할 계기를 제공할 수 있다.[136]

타자 배려를 말하면서, 리쾨르는 높은 곳의 타자와 낮은 곳의 타자

---

135) 서구 제국은 비서구를 자신과 본질적으로 구별되는 정체성을 지닌 열등한 것으로 배제하면서 자기 정체성을 구성하였고, 피식민지는 역으로 자신의 정체성을 식민 제국의 그것과 구별하면서 저항의 동력을 확보해 왔기 때문이다.

136) 문성원, 『배제의 배제와 환대』, 141~143쪽 참조.

모두와의 사이에 존재하는 비동등성 가운데서 동등성을 추구하고자 했다. 모든 문화는 타문화와 관계 맺을 때, '높은' 문화 아니면, '낮은' 문화와 조우한다. 상호성을 추구한다는 것이 높은 문화로부터 (무엇을) '받는다'는 것을 부정하는 것도 아니고, 낮은 문화에게 (무엇을) '준다'는 사실을 부정하는 것도 아니다. 받되 주체적으로 받는다는 것, 주되 마냥 주기만 하는 것은 아님을 말할 뿐이다. 가장 받을 것 없어 보이는 타자로부터도 무언가 받을 게 있다면, 그것은 바로 모든 존재하는 것의 '사멸성'이었던 것을 떠올려 본다면, 낮은 문화의 존재는 현재의 높은 문화에게 그 자리가 영구적이지 않고 소멸될 것임을 자각하게 함으로써, 그 높음의 덧없음을 환기하고, 그럼으로써 자문화로 하여금 반성할 수 있는 계기를 줄 수 있을 것이다.

　　타자와의 윤리적 관계를 규정하는 리쾨르의 상호성 원리는 문화 간 관계의 바람직한 목표를 규정하기에 별 하자가 없다. 레비나스의 타자 중심적 원리는 문화 간 동등한 관계의 확립이라는 목표를 향한 노력이 얼마나 근원적 차원에서 이루어져야 하는지를 일깨우고, 그 노력의 전 과정이 얼마나 진정성 있게 진행되어야 하는지를 감리(監理)하는 역할을 할 것이다.[137]

---

137) 이 글은 『해석학연구』 제32집 (한국해석학회, 2013년 봄)에 실린 글을 일부 수정한 것이다.

3부

레비나스 철학의 장소들

1장_레비나스 얼굴 윤리학의 진보적 수용

주디스 버틀러의 '적(敵)의 얼굴을 향한 정치 윤리학'

김혜령

2013년 3월 프랑스 신문사 르몽드의 철학 블로그에서는 작지만, 매우 흥미로운 논쟁이 일어났다. 논쟁은 미국의 한 대학에서 프랑스어를 가르치는 부르노 차우아(Bruno Chaouat) 교수가 쓴 주디스 버틀러의 신작 『갈림길 — 유대성과 시오니즘 비판』(*Parting Ways : Jewishness and the Critique of Zionism*, 2012)[1]에 대한 서평에서 시작되었다.[2] 차우아는 이 글에서 버틀러가 레비나스가 하지도 않은 말을 지어내어 큰따옴표로 인용함으로써 그가 팔레스타인 사람들에 대한 이스라엘 국가의 폭력을 옹호하는 것처럼 독자에게 잘못된 정보를 주고 있다고 비판했다. 레비나스는 팔레스타인 사람들을 가리켜 결코 "얼굴이 없다"(faceless)고 말한 적이 없었음에도, 마치 그가 그들에게는 책임을 호소할 만한 "얼굴이 없으니"(faceless), (보복 차원에서) 죽여도 무방하다고 주장한 것처럼 왜곡하

---

1) 이 책은 본 졸고가 탈고된 이후 최『주디스 버틀러, 지상에서 함께 산다는 것 — 이스라엘 팔레스타인 분쟁, 유대성과 시오니즘 비판』(양효실 옮김, 시대의 창, 2016)이라는 제목으로 번역 출판되었다.(2017. 2. 25)

2) Bruno Chaouat, "Débat: Judith Butler ou Levinas trahi?"[http://laphilosophie.blog. lemonde.fr/2013/03/13/debat-judith-butler-ou-levinas-trahi/(검색일 : 2017. 2. 25)].

고 있다는 것이다. 차우아의 주장처럼 만약 버틀러가 학자로서의 양심을 속이고 그러한 거짓말을 했다면, 레비나스가 공들여 세운 얼굴 윤리학의 구조 전체를 거짓으로 위태롭게 하는 것이다.

그러나 차우아의 신랄한 비판이 시선을 끌게 된 것은 이 글이 포스트되고 일주일 만에 해명의 글을 보내 자신의 진의를 직접 설명한 버틀러에 의해서였다.[3] 그는 우선 프랑스어와 달리 영어권에서 큰따옴표의 쓰임이 단순히 직접 인용이 아니라 다양한 쓰임으로 사용되고 있음을 설명한다. 그리고는 자신이 "얼굴이 없다"(faceless)라는 말에 큰따옴표를 한 것은 레비나스가 하지도 않은 말을 거짓으로 지어내어 그를 왜곡하기 위함이 아니라, 그의 윤리학의 핵심에 있는 '얼굴' 개념의 한계를 살펴보기 위해 자신이 직접 새롭게 만들어 낸 용어임을 강조하기 위해서라고 밝힌다. 그는 자신의 의도가 다만 식민 차별을 받고 있는 팔레스타인의 관점에서 유대 철학자 레비나스 윤리학이 스스로 한정지어 놓은 시오니즘의 한계를 반성적으로 성찰하는 데에 있었다고 해명한다. 이러한 자신의 의도에 더 이상의 오해를 증식시키고 싶지 않았던 이유에서인지 이번에는 직접 여러 차례 레비나스의 글을 직접인용구로 가져오며 레비나스의 글에 나타난 문제들을 자세하게 논증하려고 노력했다. 이 둘의 논쟁은 최종적으로 "큰따옴표의 바른 사용"이라는 제목으로 버틀러의 손을 들어준 사회학자 에릭 파생(Eric Fassin)의 글로 싱겁게 막을 내리게 되었지만,[4] 이 논쟁

---

3) Judith Butler, "Levinas trahi? La réponse de Judith Butler"[http://laphilosophie.blog. lemonde. fr/2013/03/21/levinas-trahi-la-reponse-de-judith-butler/(검색일 : 2017. 2. 25)].

4) Eric Fassin, "Levinas, Butler, Eric Fassin: du bon usage des guillemets"[http:// laphilosophie.blog.lemonde.fr/2013/03/22/levinas-butler-eric-fassin-du-bon-usage-des-

은 레비나스가 생존하였다면 지금의 팔레스타인에 대한 이스라엘의 폭력과 침략에 대해 유대인이라는 자신의 태생적 한계 안에서 혹은 그 한계 넘어서 어떠한 '타자 윤리학'을 우리에게 더 보여 줄 수 있었을까 하고 한 번쯤 상상했었을 레비나스 독자들의 관심을 끌기에 충분하였다.

본 연구는 레비나스의 타자 윤리학이 격변하는 현대 국제정치사의 흐름 속에서 주디스 버틀러라는 또 다른 유대 출신의 학자에 의해 어떻게 비판적으로 수용되어 새롭게 재구성되는지를 살펴보고자 한다. 레비나스는 인종 대학살의 희생자라는 자기 민족의 특수한 정체성과 씨름하며 인종과 문화, 종교의 차이와 편견을 뛰어넘어 보편적인 휴머니즘 윤리학의 논리를 세워나갔다. 버틀러의 경우는 이보다 복잡하다. 우선 그는 홀로코스트로 상징되는 민족적 정체성과 함께 팔레스타인 식민지 점령이라는 국가적 정체성이 혼란스럽게 마구잡이로 섞여 있는 자기 존재의 뿌리로서의 유대-이스라엘의 모순된 정체성과 씨름한다. 또한, 세계적 폭력의 악순환과 패권주의로 공모 관계를 맺고 있는 미국의 시민권자로서의 정체성과도 씨름한다. 이러한 갈등 속에서 버틀러는 인종적 차별과 폭력, 전쟁을 중지시키기 위한 보편적 휴머니즘 정치윤리학의 논리를 세우기 위해 노력한다. 버틀러의 연구는 레비나스의 글과 말이 지시하는 원래의 의미를 충실하게 이해하여 전달하려는 태도에서 벗어나, 오독의 위험을 무릅쓰면서까지 과감하게 자신만의 관점에서 읽어내기를 주저하지 않는다. 그의 작업은 레비나스가 의식적으로 의도하지는 않았더라도 그의 윤리학 속에 은폐되어 있었던 실천적 한계를 드러낼 뿐만 아니라, 레

---

guillemets/(검색일 : 2017. 2. 25)].

비나스가 의도적으로 애써 거리두기를 하며 적극적으로 언급하기를 피해 왔던 민감한 현대사의 정치적 갈등을 논쟁의 수면으로 끌어올리면서 '타자 윤리학'의 새로운 가능성으로 밀고 나간다. 이러한 과정에서 이미 오래전 아리스토텔레스에 의해서 강조되었던 윤리학과 정치학의 피할 수 없는 동행이 버틀러에게서도 다시금 부활하게 되었고, 필연적으로 얼굴 윤리학에서 얼굴의 정치윤리학으로 진보하게 된다.

1. 페미니즘에서 윤리학으로: 버틀러의 레비나스 연구 배경

『여성주의 윤리학 입문』의 저자 사스키아 벤델에 의하면, 미래의 여성주의 윤리학은 단순히 여성들만을 위한 윤리나 혹은 여성들만의 윤리를 규명하는 데 머물지 않고, 모든 남녀 시민들의 관심사로 확장되면서 민주주의와 다원주의, 경제정의와 사회정의 그리고 모두 함께 잘사는 삶의 생활 기반에 대한 문제를 포괄하는 단계로 나아가게 될 것이다.[5]

1990년대를 대표하는 포스트모던 페미니스트 이론가인 주디스 버틀러(1956년~)에게서도 이와 같은 맥락에서의 변화가 일어났다. 헝가리와 러시아 출신으로 미국 오하이오 주에 정착한 유대인 가정에서 성장한 버틀러는 예일 대학에서 철학으로 박사학위를 받았다. 그가 학계에 본격적인 주목을 받게 된 것은 『젠더 트러블』(Gender Trouble, 1990)의 출판과 함께 포스트모던 페미니즘의 새로운 이론가로 등장하게 되면서부터이다. 로즈마리 통(Rosemarie P. Tong)의 지적처럼 페미니스트 대부분

---

5) 사스키아 벤델, 『여성주의 윤리학 입문』, 송안정 옮김, 이화여자대학교출판부, 2008, 153쪽.

이 성차(gender)는 구축되는 것이라는 생각을 언제나 버리지 않았음에도 불구하고, 최근의 페미니스트 중에 이러한 관점을 고수하며 이론화 작업을 펼친 이가 많지 않았다.[6] 이는 남근 중심의 가부장제가 구축한 질서에 저항하기 위해 평가절하되어온 여성(혹은 여성성)만의 가치를 새롭게 드러내는 전략을 취했던 많은 페미니스트가 결국은 본질주의적 관점에서 성(sex)과 성차(gender)를 연결 지어 이해하는 데로 회귀했기 때문이라고 할 수 있다. 그러나 버틀러는 이러한 본질주의의 경향을 거슬러 '여성으로 태어나는 것이 아니라 여성으로 만들어진다'는 시몬느 드 보브아르 (Simone de Beauvoir)의 주장을 결코 포기하지 않는다.[7]

이러한 관점은 버틀러와 같이 유럽에서 건너온 유대인 출신의 미국 국적자라는 배경을 공유하는 세계적 여성주의 사학자 거다 러너(Gerda H. Lerner)와도 맥을 같이 하는 것이라고 할 수 있다. 러너 역시 "개개 여성들을 젠더화된 여성으로 만드는 것은 그들의 생물학적 경험이 아니라, 그들의 역사적으로 발전된 경험이라고 추론"하며, "'여성', 요컨대 가부장제 아래의 여성을 만드는 것(woman-under-patriarchy)은 그녀의 성적 차이(sexual difference)가 아니라 역사적으로 창조된 그녀의 젠더화된 특성(genderedness)이다"라고 주장한다.[8]

그러나 버틀러는 러너와는 또 다른 길로 나아간다. 레즈비언이자 퀴어 이론가라는 자신의 또 다른 정체성에 걸맞게 버틀러는 성(sex)과 성차 (gender)의 사회적 구축 과정에서 작용하는 주류질서가 단순히 여성 모

---

6) 로즈마리 통, 『페미니즘 사상』, 이소영·정정호 옮김, H. S. Media, 2010, 399쪽.
7) 통, 『페미니즘 사상』, 398쪽.
8) 거다 러너, 『왜 여성사인가』, 강정하 옮김, 푸른역사, 2006, 396~398쪽.

두를 억압하는 가부장적 남성우월주의가 아니라, '가부장적 남성'과 '가부장제 아래에 걸맞게 젠더화된 여성'의 짝으로 이루어진 이성애적 양성주의(hetero-bisexuality)임을 폭로한다. 나아가 여성들이란 단 하나의 생물학적 성(sex)으로 통합될 수 없는 다수로서의 존재들임을 주장하였던 뤼스 이리가라이(Luc Irigaray)를 따라,[9] 서양철학사에서 오랫동안 남성 주체의 부정형으로서의 타자(the other)로 뭉뚱그려 통칭하여 온 여성들의 다양한 존재 경험을 강조한다. 즉 남성과 여성이라는 이분법적 젠더 구분에 귀속되지 못한 채 존재의 차별과 말살을 경험하였던 성 소수자들의 문제를 드러내고자 했다. 그러나 결과적으로 『젠더 트러블』이 밝혀낸 것은 이성애적-양성주의가 만들어 낸 정치적이고 문화적인 지배질서를 어떻게 하면 전복시킬 수 있는지에 대한 전략적 방법이 아니었다. 버틀러는 오히려 이 책에서 양성적 지배질서가 행위자들의 전통적 수행방식의 재생산을 통해 어떻게 세상을 이미 견고하고도 강력하게 장악하고 있는지를 분명하게 확인시켜 주었을 뿐만 아니라, 이러한 이분법적 분류에 들어가지 않는 성 소수자들의 존재 은폐와 주변화, 차별과 말살이 안타깝게도 어떻게 점차 강화될 수밖에 없는지를 내다보게 하였다.

이러한 이유에서 『젠더 트러블』은 지배질서 전복의 필요성을 강력하게 도출하기는 했지만, 마사 너스바움(Martha C. Nussbaum)과 같은 동료 페미니스트들의 비판처럼 사회 개혁을 목표로 하는 완전한 전복 가능성에는 오히려 비관적인 관점을 노출하고 말았다. 너스바움은 버틀러가 압제자들에게 "잽을 날리는 것"에는 성공했을지 모르지만 진정한 사회적

---

9) Judith Butler, *Trouble dans e Gender*, tr. par C. Kraus, Paris : La Decouverte, 2005, p.73.

저항의 힘을 제공하지는 못하였다고 가혹하게 비판했다.[10] 통(Tong)은
『젠더 트러블』의 성공 이후 너스바움을 비롯한 비평가들의 비판이 2000
년대 이후 출판된 버틀러의 저서들이 사회정치 변혁을 위해 조금 더 실용
적이고 접근 가능한 방향으로 서술되고 발전할 수 있도록 이끌었을 것이
라고 주장하였다.

　　그러나 통의 주장처럼 버틀러가 페미니즘 이론 탐구에서 나아가 실
천적 관점에서 사회적-정치적 문제에 더욱 적극적으로 관심을 갖게 되
었던 데에는 다만 동료 학자들의 비판만이 작용했다고 볼 수는 없다. 한
인터뷰에서 버틀러는 2000년대에 접어들면서 페미니즘 이론뿐만 아니
라 미국과 관련된 국내외 정치문제(이라크 문제, 이스라엘 가자 지구, 쿠바
의 관타나모 수용소 수감자의 인권 문제, 아프가니스탄 전쟁, 2011 월스트리트
점령 시위 등)와 같은 일련의 사회적 이슈에 대해 적극적으로 말하고 행동
하게 된 변화의 중요한 이유를 다음과 같이 설명하였다.

　　어떤 젠더 규범이 어떤 사람들에게 인간으로서 취급받게 하고, 권리를
　　갖게 하며, 그들이 죽었을 때 다른 이들에게 눈물짓게 하는가? 또한, 그
　　들이 아플 때 치료를 받을 수 있도록 허락하는가? 바로 이 질문이 지
　　난 7월에 출판된 『젠더 허물기』(Undoing Gender)에 담겨 있다. 내가 볼
　　때, 젠더 소수집단에 대한 폭력은 언제나 진정한 의미의 폭력으로 인식
　　되거나 인정받지 못한다. 예를 들어 미국에서 에이즈가 가장 문제가 되

---

10) Martha C. Nussbaum, "the professor of Parody", *The New Repubic*(1999. 2. 22.), p.41. 로
　　즈마리 통, 『페미니즘 사상』, 402~3쪽에서 재인용.

었던 시기에, 범죄자들, 마약을 하는 사람들, 매매춘하는 사람들과 같은 이들이 치료의 대상으로 여겨지는 데는 정말로 어려움이 많았다. (중략) 마찬가지로, 9·11 이후에 작성한 텍스트들을 묶어 출간한 『불확실한 삶』에서 밝혔듯이, 세계 무역센터 테러 사건이 일어나자마자 희생자들의 이름과 사랑하는 가족들과의 이야기가 즉시 알려지고 공감되었는데, 나는 그러한 신속성에 놀라고 말았다. 그러나 아프가니스탄 전쟁이 시작되었을 때, 누구도 우리에게 얼마나 많은 사망자가 발생하였는지 알려주지 않았을 뿐만 아니라, 그들의 이름, 얼굴, 그리고 그들의 이야기들과 욕망 등에 대해서도 알도록 허락하지 않았다. 그들의 죽음의 현실은 상실될 뿐이었다. 우리 쪽 희생자들의 죽음에 대해서는 장엄한 이상화가 진행되었으나, 다른 편에서 발생한 죽음은 애도 자체가 부정되었다.[11]

단순히 주목받은 저작물들의 흐름만을 볼 때 버틀러의 이론적 동향이 2001년 9·11 테러 사건을 계기로 "여성이라는 기표를 둘러싼 젠더 정치문제보다는 '인간적인 것'이란 개념을 중심으로 윤리학과 정치철학의 문제로 천착하고" 있는 것은 부인할 수 없는 사실이다.[12] 그러나 위의 인터뷰에서 버틀러 스스로가 변호하듯 2000년 전후로 일어난 변화가 전기 페미니즘 연구와의 절대적인 단절을 통해 이루어진 것이 아니라는 점은 분명하다. 전기의 젠더 계보학이든 후기의 정치윤리학이든 간에 분명

---

11) Judith Butler, *Humain, inhunain — Le travail critique des normes*, Paris : Editions Amsterdam, 2005, p.148.
12) 양효실, 「역자의 말」, 주디스 버틀러, 『윤리적 폭력비판』, 양효실 옮김, 인간사랑, 2013, 234쪽.

한 것은 버틀러가 관심을 가지고 대변하고자 했던 이들은 주류의 지배질서 속에서 인간으로서 마땅히 받아야 할 인정과 대우, 존중을 받지 못한 채 차별받는 삶으로 고통받다가 심지어 죽음까지도 완전히 은폐되어 애도의 권리조차 박탈당해 버리고만 이들이라는 공통점이 있다는 것이다. 이에 2000년대 이전의 젠더 계보학 연구가 버틀러에게 젠더 문제에서 주류의 차별과 억압을 비판하는 눈을 뜨게 해준 저항적 인식론을 주로 키워 주었다면, 2000년 이후의 정치윤리학과 관련된 작업들은 인권이나 주권이 유예된 채 살아가는 현실의 사람들을 바탕으로 한 윤리적 성찰과 정치적 참여를 보다 적극적으로 보여 주고 있다고 표현하는 것이 적절하겠다.[13]

버틀러에게서 레비나스가 중요하게 등장하기 시작한 것도 이러한 학문적 흐름의 변화와 깊은 관련이 있다. 그가 레비나스의 사상을 중요하게 다루면서도 동시에 자신의 관점과 견주어 비판적으로 성찰한 글들은 모두 2000년대에 접어들면서 출판된 저서들에 수록되어 있다. 『윤리적 폭력비판—자기 자신을 설명하기』(*Giving account of Oneself*, 2003), 『불확실한 삶—애도와 폭력의 권력들』(*Precarious Life*, 2004), 그리고 『갈림길—유대성과 시오니즘 비판』(2012) 등이 여기에 해당한다. 실제로 버틀러는 2003년에 독일어로 처음 출판된 『윤리적 폭력비판』에 수록된 감사의 말에서 "윤리적 사유에 레비나스가 얼마나 중요한지 알게 해준 질 슈타우퍼(Jill Stauffer)에게 (중략) 감사한다"는[14] 말을 전했다. 슈타우퍼는

---

13) 조현준, 「주디스 버틀러의 인종의 젠더 계보학과 타자의 정치 윤리학」, 『인문학 연구』, 2010, 제17호, 174~212쪽, 177쪽.
14) 버틀러, 『윤리적 폭력비판』, 8쪽.

버틀러가 가르치는 캘리포니아 버클리 대학에서 2003년 수사학으로 박사학위를 받았던 학생으로 졸업 후 하버포드 대학(Haverford College)에서 가르치며 레비나스 연구를 진행하고 있다. 버틀러는 슈타우퍼의 박사학위 논문의 심사위원으로 참여하였는데, 아마도 이때쯤 레비나스 윤리학에 매료된 듯하다.

그렇다면 왜 버틀러는 레비나스의 윤리학에 주목하게 되었을까? 위에서 언급한 버틀러의 저서 모두 9·11 테러 이후 미국과 이슬람 세계, 이스라엘과 팔레스타인의 갈등과 대립이 극단으로 치닫는 상황에서 집필되었다. 그는 이 저서들에서 공통적으로 미국이나 이스라엘과 같은 서방국가들이 자국의 안전을 위협하는 테러에 대한 응징이자 자국민의 생명을 보호하는 정당방위로서 군사적 무력의 사용을 정당화하고, 심지어 이를 윤리적 단계로 승화시키고 있다고 비판하였다. 그는 철학자의 관점에서 폭력을 이렇게 정당화하는 작업의 근간에는 서구의 근대적 이데올로기가 있다고 지목한다. 여기에는 그러한 폭력이 결국에는 "동일자가 타자에 대해 자행하는 폭력"이며, "(서구) 근대의 비극은 윤리가 폭력의 바깥이 아니라 폭력 안에서 폭력에 공모"한 데에서 비롯되었다는 이해가 깔려 있기 때문이다.[15]

이렇게 버틀러가 서구의 근대적 이데올로기에 대해 윤리학적 관점에서 비판을 가할 수 있었던 데에는 레비나스의 공이 매우 결정적이었음을 부인하기 어렵다. 레비나스가 누구인가? 그야말로 타자에 대한 비참하고 잔인한 폭력이 어떻게 가장 문명화되었다고 자부하는 서구사회에

---

15) 버틀러, 『윤리적 폭력비판』, 283쪽. 괄호는 필자 삽입.

나타나게 되었으며 오히려 이러한 폭력이 어떻게 주류 철학에 의해 정당화되었는지, 심지어 철학이 그러한 폭력의 발생에 어떻게 이론적 근거를 제공하게 되었는지를 밝히고자 했던 20세기 가장 대표적인 학자다. 물론 레비나스에게서 이러한 문제의식을 갖도록 한 사건들은 버틀러의 그것과는 역사적으로 분명히 다른 사건이다. 그의 문제의식은 19~20세기 세계 문명의 '자랑스러운' 중심지였던 유럽 대륙 안에서 일어난 끔찍하고도 잔인한 유대인 학살과 냉전이데올로기 폭력에서 시작하였다. 이러한 폭력의 원인과 오랫동안 씨름한 레비나스는 자신이 목도한 인류 최대의 비극이 결국 '진리'라는 이름 아래 일자(주체)가 타자를 동일화시키며 일자의 앎으로 타자의 존재를 탈취하려 했던[16] 서양철학 전통의 오래된 경향성이 만들어 낸 "전체성의 향수"[17]에서 비롯되었다고 생각했다. 나아가 이러한 서양철학의 정신이야말로 당시 유럽 전역을 공포로 몰아넣었던 인종 학살을 발생시킨 전체주의적 정치 선동의 사상적 근원이 되었다고 지목했다. 중요한 점은, 레비나스가 철학자답게 한 사회에서 자행되는 현실적 폭력의 근원을 그 사회를 떠받치는 철학적 사고에서 찾았던 것처럼, 폭력을 중단시키는 방법 역시 철학적 사고의 변혁으로만 가능하다고 보았다는 사실이다. 이를 위해 그는 일자에 의해 결코 동일화되거나 '종합될 수 없는 것'(Le non-synthétisable)으로서의 타자의 절대적 타자성을 해명하는 데 연구의 상당 부분을 할애한다.

그러나 '주체', '강자' 혹은 '나'와 같은 다양한 이름으로 불리는 '일

---

16) Emmanuel Levinas, *Ethique comme philosophie Première*, Paris: Seuil, 1998, p.73.
17) 엠마누엘 레비나스, 『윤리와 무한』, 양명수 옮김, 다산글방, 2000, 98쪽.

자'에 의해 '타자'를 인식하거나 종합하려고 했을 때 발생하는 인식론적 혹은 물리적 폭력을 드러내는 일과, 이를 방지하기 위해 일자와 구별되는 타자만의 고유한 타자성을 강조하는 일은 이미 일자를 남성으로, 타자를 여성으로 대치하여 남성과는 구별되는 여성만의 '차이' 혹은 '다름'을 긍정하였던 현대 페미니즘 이론 일반에서도 쉽게 찾아볼 수 있는 비슷한 유형의 사고 틀이라고 할 수 있다. 특히 타자의 '다름'에 대한 긍정과 인정은 포스트모더니즘 계열의 사상 전반에서 공유되는 것이기에, 이러한 점을 특별히 레비나스만의 유산이라고 평가하기는 힘든 면이 있다.

그렇다면 버틀러가 레비나스에게서 진정으로 배운 것은 무엇이었을까? 그것은 바로 타자에게 자행되는 폭력을 중지시키기 위해 일자(주체)가 타자를 만나는 새로운 방식으로서 설명하였던 '타자 윤리학'이다. 레비나스에게서 배운 타자를 만나는 새로운 방식은 주체가 타자에게 저지르는 압제나 주류질서의 강자가 소수자에게 자행하는 폭력을 '진리의 이름으로' 정당화해 왔던 낡아빠진 '동일자의 윤리학'과는 완전히 다른 것이다. 그것은 '타자'와 '나'의 거리를 없애고 차이를 무화하는 균질의 방식이 아니다. '나'로서는 영원히 다다를 수 없는 타자의 초월성에 직면하고 그 앞에 겸허히 호출되어 결국 그가 명령하는 것에 나의 자유를 전적으로 귀속시키는 역전된 방식이 바로 '타자 윤리학'인 것이다. 레비나스는 서양 전통철학에서 제1철학의 자리를 차지해 오던 형이상학의 자리에 '윤리학'을 대체시켜야 한다고 주장하였다. 그렇게 해야만 서양사회가 겪는 폭력이 중지될 수 있으며 인류의 비극도 멈출 수 있기 때문이다. 그렇기에 버틀러가 레비나스에게 배운 것은 타자의 타자성에 대한 인정 자체가 아니다. 앞에서도 설명하였듯이 타자성은 이미 페미니즘의 비판적 사유방식에서도 매우 중요한 테제로 논증되고 있었다. 버틀러가 레비나스에게 배운 것은 타자가 고통과 부당함 속에 처해 있을 때 결국 주체가 그에 대하여 피할 수 없이 짊어져야 하는 책임을 설명하는 윤리학의 논증이었다. 물론 버틀러는 레비나스와 달리 책임을 요청하는 타자와 그 책임에 부름을 받는 주체의 만남을 정치 사회적 컨텍스트와 연결하여 보는 데까지 나아간다. 왜냐하면, 개별적이고 우연한 것처럼 보이는 주체를 향한 타자의 윤리적 호출 사건 뒤에는 근본적으로 그들 각각을 구성하고 있는 성별, 젠더, 인종, 국적, 문화, 언어, 계층 등에 따라 복잡하게 얽혀 있는 인간 사회의 다양한 지배질서가 지리 잡고 있기 때문이다. 바로 이러한 이유로 레비나스의 타자 윤리학은 버틀러에 의해 타자를 향한 정치윤리학으로 확대된다.

2. 레비나스: 타인의 얼굴과 명령

윤리학은 인간이 마땅히 행하여야 할 당위로서의 규범을 다루는 학문이다. 그러나 그러한 당위적 규범이라는 것이 어떻게 인간에게 주어졌거나 혹은 인식되었는가에 대한 설명이 학자마다 다르며, 실제로 설명의 차이가 시대를 가르는 중요한 기준이 되어 왔다. 아리스토텔레스의 윤리학은 인간이라면 최고선으로서의 행복을 행위의 궁극적 목적으로 알고, 이를 실천하는 의지를 통해 좋은 습관을 키워 덕 있는 사람이 되어야 한다고 가르친다. 이때 인간이 최고선으로서의 행복이 자신의 행위가 마땅히 지향해야 할 궁극적 목적으로 주어져 있음을 발견할 수 있는 것은 그가 동물과 달리 이성적 존재이기 때문이다. 그러나 중세 기독교 신학에서 인간은 자신의 행위가 마땅히 지향해야 할 목적을 스스로 알 수 있는 존재로 인식되지 않았다. 죄가 인간의 감성뿐만 아니라 이성에까지 깊이 침투해 있어서 인간은 그러한 참다운 앎을 스스로 깨달을 수 없다는 것이다. 이에 많은 신학자는 진정한 윤리 규범이란 신의 명령으로서 인간에게 계시되고 교회의 가르침을 통해서만 전수될 뿐이라고 가르쳤다. 칸트의 위대함은 인간 행위의 당위적 규범을 인간 밖의 초월적 존재로부터의 계시나 그를 대리하는 종교적 권위의 타율적 명령으로 가르치는 옛 시대의 끝을 고하며, 인간이 마땅히 행하여야만 하는 행위의 규범들이 인간 이성이 스스로에게 부여하고 자율적으로 복종하는 도덕법에서 온 것임을 천명하는 데 있었다. 이처럼 인간이 마땅히 행하여야 할 행위의 규범이 어디서 오는지를 설명하는 것이 곧 하나의 윤리학의 시작이자 시대정신을 가르는 기준이 된다.

감히 단언컨대, 레비나스의 윤리학에서 인간 행위의 당위적 규범은 '타인의 얼굴'을 마주하는 사건에서 온다. 간단히 말해서, 각자 자신의 세계에 거주하며 삶을 즐겁게 향유할 때 아무런 예고 없이 타인이 헐벗은 얼굴을 불쑥 내밀며 '죽이지 말라'고 명령하는 사건 말이다. 물론 이 사건이 일어나기 전, 인간은 노동과 거주를 통해 세상의 것들을 자기 것으로 소유하고 지배하며, 이러한 방식으로 자기성(ipséité)의 영역을 안락하게 확장해 왔다. 레비나스는 이러한 단계가 이기적인 상태임을 부인하지 않지만, 그렇다고 이러한 이기성이 윤리적으로 문제가 되는 것은 아직 아니다. 윤리는 타자의 등장으로만 발생하는 것이기 때문이다. 오히려 이러한 이기성이야말로 세계 안에서 자신의 먹거리를 확보하고 자기의 거주 공간을 가꾸게 함으로써 세계로부터의 자신을 분리(sepération)시키며,

자신의 개별성(individualité)을 확보시키는 삶에 대한 사랑(l'amour de la vie)으로 여겨진다. 이러한 주체는——존재의 불안(souci d'être)에 시달리는 하이데거의 현존재와 달리——존재의 행복(bonheur d'être)을 만끽하며, 세계에 대한 자신의 소유를 무한히 확장하려는 욕망, 즉 "전체화에 대한 욕망"[18]을 실현하기 위해 노력한다.

흥미로운 점은 이렇게 소유되는 세계의 사물들(les choses)에는 얼굴이 없다는 사실이다. 대신에 "표면"(surface)만이[19] 있을 뿐이다. 레비나스는 얼굴이 없는 사물들은 다른 것으로 대체할 수 있는 가능성(convertiblité), 다시 말해 특정 가격으로 재현(représentation)될 수 있는 가능성을 가졌다고 말한다.[20] 레비나스 윤리학의 묘미는 바로 '대체가능성'과 '재현가능성'으로 상징되는 세계 내부의 사물들로부터 '타자의 얼굴'을 구별하는 독창적인 논증에 있다고 할 수 있다. 사실 얼굴은 너무나 오랫동안 사물의 표면과 다르지 않게 취급되어 왔다. 레비나스는 이러한 취급이 결국 살아 있는 타자의 얼굴을 죽은 사물과 같이 대하는 잔혹한 폭력의 씨앗이 되어 왔다고 생각한다. 그리고 이와 같이 얼굴을 물화(物化)시키는 일이 벌어질 수 있었던 데에는——최소한 그가 사는 서양 세계에서는——서양철학 전반에 흐르는 보편적 진리담론, 보다 좁혀 말하자면 근대의 현상학이 결정적인 역할을 했다고 보았다. 그러므로 레비나스 윤리학의 성공여부는 결국 타자의 얼굴을 마주하게 되는 첫 사건에서 '얼굴'을 감성(sensibilité)에 현상(phénomène)으로 주어지는 '사물의 표면'

---

18) 강영안, 『타인의 얼굴』, 문학과 지성사, 2005, 41쪽.
19) Emmanuel Levinas, *Totalité et infini*, The Hague : M.N.P., 1971, p.166.
20) *Ibid.*, pp.113~114.

과 어떻게 다르게 설명해 낼 수 있느냐에 결정적으로 달려 있었다.

하지만 실제로 얼굴을 앎의 대상으로 삼으려는 관상학적 시도들이 시대와 문화를 거슬러 매우 흔하게 존재해 온 것을 부정할 수 없다. 사실 우리 모두는 이미 타인의 얼굴을 통해서 그에 대한 정보를 읽어내는 기술을 충분히 체득한 유능한 관상쟁이다. 얼굴을 볼 때 타인의 얼굴에 담긴 무수히 많은 정보를 읽어내는, 본능과도 같은 이 능력은 모든 사회에 존재하는 끼리끼리의 문화의 창조 기술이 되었고, 보다 편안하게 나의 삶을 영위할 수 있는 처세술이 되어 왔다. 물론 우리는 이러한 능력이 타인에 대하여 '객관적인' 앎을 제공한다고 믿고 싶지만, 때때로 객관성을 상실한 잘못된 정보를 제공하는 선입견에 불과했다는 사실을 깨닫고 후회하기도 한다. 그럼에도 불구하고 타인의 얼굴을 나의 앎의 대상으로 삼으려는 작업은 멈추지 않고 끊임없이 우리의 본성처럼 자꾸만 일어난다. 왜냐하면 타자에 대한 앎이 주는 '확실성', 그 위에서 우리는 그에 대해 나의 아군인지 적군인지 구별하고자 하는 욕망을 실현할 수 있다고 믿기 때문이다.

레비나스의 윤리학은 이런 모든 시도들을 중단시키고, 타인의 얼굴을 앎의 대상으로 포획하려는 모든 작업들을 거부하는 데에서 시작된다. 그는 말한다. "얼굴은 내용으로 주어지기를 거부하면서 현존한다. 이러한 의미에서 얼굴은 이해될 수도 없을 것이며, 병합될 수도 없을 것이다. 그것은 보이지도, 만져지지도 않는다."[21] 물론 레비나스가 여기서 우리의 일상적 경험으로서의 얼굴의 보여짐(visiblité)과 만져짐(tangiblité) 자

---

21) *Ibid.*, p.168.

체를 완전히 부인하는 것은 아닐 것이다.[22] 그렇지 않았다면 우리는 타인이 누구인지 알아볼 수도 없었으며, 타인과 악수하며 인사하지도 못했을 것이다. 사랑하는 사람과의 포옹은 아예 가당치도 않을 것이다. 그러므로 얼굴과 관련된 레비나스의 설명은 모두 은유적 표현으로 읽혀야 한다.

그렇다면 무엇에 대한 은유인가? 타인의 얼굴을 볼 수 없고 만질 수 없다고 선언하는 것은 ── 레비나스에게 있어서 ── 타인의 얼굴에 담긴 고통에 대해 감히 조금이나마 내가 알 수 있다고 전제하는 상대적 타자성(altérité relative)에 대한 완전한 포기라고 할 수 있다. 타자가 나에 대하여 '상대적'이리 함은 이미 나와 타자의 비교가능성을 전제한 구별 (distinction)이다. 또한 구별이 뜻하는 기본적인 상호 배제의 원리에도 불구하고, 그보다 앞서서 인식론적 측면에서 이미 하나의 같은 종의 공동체 (communauté de genre)로 인식되고 있다는 뜻으로서, 레비나스는 이러한 상태에서 타자성은 이미 파기되었다고 본다. 그러므로 얼굴의 보여짐과 만져짐에 대한 부인은 타자를 나의 객관적인 앎의 구조 속에 구겨넣어

---

22) 우리가 현실세계에서 타인의 얼굴을 보고 만지는 행위를 사물을 보고 만지는 행위와 구분하기 위해 레비나스는 다른 표현을 쓴다. 우선 그는 우리가 사물을 '본다'고 말할 때, 그것은 형태와 재질로 구성된 사물이 자신의 실루엣이나 프로필을 빛 가운데 내보이는 것이라고 말한다. 이러한 내보임을 통해 사물은 우리에게 그것의 정보를 제공하는 것이다. 레비나스는 이렇게 정보를 보여 주는 현상을 얼굴에 적용하지 않기 위해 "얼굴은 덧붙여지는 형태가 없다"거나 "얼굴은 자신의 의미를 드러낸다(se signifier)" 정도로 돌려 표현한다.(*Ibid.*, p.113) 얼굴을 만지는 행위 역시 손에 쥐어지는 사물의 특성으로서의 만져짐(tangiblité)과 구분하기 위해 이를 "애무"(caresse)로 표현한다. 그는 애무 받는 대상은 손에 닿거나 쥐어지는 것이 아니라고 주장한다. 왜냐하면 참된 애무의 추구 자체는 만지는 대상을 손에 쥐고 소유하려는 욕망이 아니라, 마치 매번 도망가는 어떤 것과 하는 놀이이며, 목표나 계획 없이 하는 놀이이자, 언제나 내 맘대로 접근할 수 없는 것이기 때문이다. 엠마누엘 레비나스, 『시간과 타자』, 강영안 옮김, 문예출판사, 1996, 109쪽.

이해의 대상으로 삼으려는 모든 현상학적 시도에 대한 근본적인 거부를 뜻하는 은유적 표현이다. 이를 위해 레비나스는 타자를 동일자로서의 주체의 이해 속에 틀어넣는 것은 타자를 파괴하는 것이며, 죽이는 것과 다르지 않다고까지 표현한다.[23] 레비나스에게는 '상대적 타자성'이란 개념 자체가 어불성설인 것이다. 타자성 자체가 주체의 인식과 지배 밖에 있어서 절대로 다가설 수 없는 '외재성'(extériorité)을 의미한다.

그러나 타자를 앎의 대상으로 삼을 때 주체의 인식행위가 빠지기 쉬운 과도한 객관화의 한계에 대해 우리가 아무리 동의할 수 있다고 해도, 굳이 타자에 대한 인식작용 전반을 폭력으로 규정하며 완강하게 거부하는 레비나스의 작업까지 완전히 수용하기란 쉬운 것이 아니다. 상대적 타자성에 대한 인정이야말로 타자와 나의 유사점과 공통점을 발견하게 함으로써 타자에 대한 이해가능성으로서의 대화와 소통의 접점을 찾아내게 한다. 나아가 타자의 안타까운 처지를 쉽게 공감하고 도움의 손을 재빠르게 내미는 윤리적 행위의 효과적인 동기가 되는 데에 이바지하기도 한다. 이미 칸트의 제2 정언명령은 나와 타자, 우리 모두의 상호적 이해를 가능하게 하는 보편적 이성에 정초하여 타자에 대한 도덕적 책임이 어떻게 이성적 존재로서의 모든 주체들의 내부에서 절대적인 법으로 주어지게 되는지를, 또 이것이 얼마나 높은 수준의 도덕적 자율성으로 그들을 인도하는지를 너무나도 잘 해명하였다. 이러한 관점에서 비판적으로 보자면, 굶주린 타자의 얼굴을 보고 그가 굶주리고 있다는 사실을 '아는' 인식 능력, 나아가 그러한 굶주림이 얼마나 힘들고 비참한지를 나의 경험에

---

23) Levinas, *Totalité et infini*, p.172.

비추어 '이해하는' 역지사지의 능력이 우리의 일상적인 삶에 필요한 도덕의 역할을 이미 충분히 해내고 있다고 할 수 있다. 그렇다면 굳이 이러한 이해가능성에 바탕을 둔 상대적 타자성을 전적으로 부인해야 할 필요가 있겠느냐는 반문을 레비나스에게 던지지 않을 수 없다.

레비나스 역시 타자에 대한 앎과 이해가 일상 도덕으로서의 황금률의 근간이 된다는 사실을 부인할 수는 없을 것이다. 그러나 이러한 도덕의 문제는 결국 타인에 대한 책임이 세계를 향유하는 주체의 권리인 이기성(égoïsme)과 결정적으로 대립하는 순간에 발생한다. 레비나스의 관점에서 볼 때, 헐벗고 굶주린 타자의 얼굴 앞에 내가 필요한 빵의 개수를 먼저 고민하고 계산하는 일은 그의 고통에 응답하기보다는 여전히 나의 소유, 나의 권력에 매여 있는 것에 불과하다. 또한 타자가 홀로 감당할 수 없는 굶주림의 고통을 나도 언젠가 한 번은 겪어 본(혹은 겪고 있거나, 겪게 될) 경험쯤으로 상대화하는 일은 어느새 그의 고통에 대한 나의 절대적 책임을 회피하게 만드는, 다시 말해 타자의 얼굴로부터 면피(面-避)하는 주체의 정당한 자기변명을 쉽게 제공한다.

그러나 레비나스에게 있어서 헐벗은 얼굴을 한 타자의 위급함이 나의 안위보다 우선적으로 배려되지 않는 것은 결코 윤리라고 할 수 없다. 타자를 위한 책임과 자기본위로의 나의 욕망이 양자택일의 선택에 함께 놓이는 순간, '죽이지 말라'는 타자의 얼굴명령은 '죽게 내버려 두라'는 끔찍한 살인 충동의 유혹에 굴복하게 되는 치명적인 위험에 빠지게 되는 것이다. 결국 타자의 얼굴을 맞이하는 사건(accueil)은 위급한 타자의 절대적 우선성에 대한 복종이며, 이러한 타자의 절대적 우선성이 '윤리'란 근본적으로 주체의 책임이 결코 어느 정도 하다 중단될 수 없는, 무한

(l'infini)으로의 부름임을 드러낸다.

자꾸만 타자의 얼굴을 상대화하려는 우리의 일상의 경험을 중지시키고 나아가 헐벗은 얼굴에서 타자의 절대적 우선성을 수용하는 윤리적 관계 맺기의 과정을 논증하기 위해 레비나스는 자기만의 독창적인 언어를 사용한다. 그런데 어원을 따져보면 히브리성서와 유대신학에 깊이 뿌리를 두고 있는 것이 많다. 레비나스는 앎의 대상으로서 객관화 되는 사물로부터 타자를 분리하기 위해 ── 현상(phénomène)하는 사물과 달리 ── 얼굴은 "현현"(êpiphanie)한다고[24] 표현한다. 그런데 히브리 성서에서 현현이라는 말은 오직 히브리 민족의 신이 스스로를 사람에게 나타낼 때에 사용되었던 말이다. 멋지고도 웅장하게 치장된 조각으로 재현(représentation)되었던 고대 근동지역의 다른 신들과 달리, 히브리 민족의 신은 어떠한 시각적 형상도 금지하는 절대적 초월자로서 자기가 선택한 인간에게만 스스로를 드러내었다. 호렙산의 떨기나무 가운데 일어난 불꽃을 통해 모세 앞에 나타난 신의 현현처럼 말이다. 모세는 바로 그곳에서 신을 맞이했으나, 그를 눈으로 보지는 못했다. 불꽃의 눈부신 빛은 신의 얼굴 실루엣을 완전히 감출 만큼 강했으며, 오히려 그의 비가시성(invisibilité)만을 비춰 주었다. 히브리의 신은 보이는 자가 아니라 말씀하는 자로서만 자기 자신을 드러냈고, 그의 말씀은 곧 명령이었다. 그래서 신의 현현은 말씀의 계시(révélation)라고 표현되기도 했다. 레비나스는 히브리 신앙이 성인(成人)의 종교로 거듭날 수 있었던 이유를 토라를 통해 계시된 신의 명령이 히브리 사회의 가난한 자, 과부, 고아 그리고 이

---

24) Levinas, *Totalité et infini*, 161.

방인을 돌보는 사회적 정의 명령으로 발전했기 때문이라고 주장한다.[25]
이러한 연장선 속에서 레비나스는 '선민'이야말로 혈연적 관계망을 통해
배타적으로 선택된 특정 민족을 의미하는 것이 아니라, 타자를 책임지겠
다는 '어려운 자유'(liberté difficile)를 선택하는 윤리적 주체라고 설명한
다.

레비나스는 히브리 성서에서 절대적 명령자로서의 히브리 신을 설
명할 때 사용되었던 '현현', '계시', '얼굴을 볼 수 없음(얼굴의 비가시성)'
과 같은 용어들을 우리가 일상의 삶을 살아가며 만나게 되는 타인에게 적
용하기를 감히 주저하지 않는다. 이밖에도 '초월성'(transcendence), '외
재성'(extériorité), '절대적 타자성'(altérité absolue), '재현 금지'(interdit de
la représentation), '메시아', '대리'(substitution), '복종'(obéissance) 등과
같이 히브리 신을 설명하거나 인간이 그와 맺는 관계의 형태를 설명하는
데에 사용되었던 신학적 개념들도 거침없이 차용한다.

레비나스가 신성모독의 위험을 무릅쓰면서까지 이 개념들을 빌려와
이루고자 했던 목표는 의외로 간단하다고 할 수 있다. 그것은 '죽이지 말
라'는 타자의 긴급한 명령이 나의 생명과 행복을 지키고자 하는 모든 이
기적인 욕망과의 대립함에도 불구하고 결코 뒤로 떠밀릴 수 없는 것임을
논증하는 가장 강력한 윤리학을 세우고자 함이다. 이를 위해 그는 타자의
얼굴이 주는 위급한 명령을 "단지 내 밖에서 오는 것이 아니라 내 위에서,

---

25) 이와 관련된 내용은 『어려운 자유』에 수록된 「성인의 종교」('Une religion d'adultes')라는
제목의 글에 잘 나와 있다(Emmanuel Levinas, *Diffcile Liberté*, Paris : Albin Michel, 1963,
pp. 25~41. 이에 대한 연구로 졸고가 도움이 되었으면 한다(김혜령, 「레비나스 휴머니즘 윤리
속의 유일신론과 메시아니즘」, 『신학사상』, 171집, 2015, 170~206쪽).

저 높음으로부터 오는 것"[26]으로 논증함으로써, 명령을 받은 우리의 책임의 절대성을 강조하고자 한다. 유럽 대륙을 극악의 학살과 전쟁으로 물들이던 20세기 한복판에서 레비나스는 근본적으로 타자를 위해 대신 죽겠다는 메시아와 같은 절대적 소명 없이는 결코 타자를 향한 폭력이 중단될 수 없다고 외치는 외로운 예언자가 되었다. 그러나 예언자의 소리는 언제나 군중이 따를 수 있는 의식 수준 너머에 있기에 언제나 사람들의 외면과 멸시를 받는다. 레비나스의 타자 윤리학도 언제나 사람들로부터 너무 이상적이며 비현실적이라는 비판에 시달린다. 그러나 레비나스에게 다른 길은 없다. 오직 "타자는 '목적'이고 나는 인질, 책임, 대속"[27]이 되는 방법밖에 없다. 그렇지 않으면, 폭력은 잠시 소강될 수는 있어도, 언제나 또 다시 더 큰 잔인한 형태로 일어날 것이기 때문이다. 버틀러가 레비나스의 윤리학을 "절대적 평화주의"[28]라 정의한 이유가 바로 여기에 있다.

3. 버틀러: 적의 얼굴과 윤리

레비나스의 윤리적 문제의식이 홀로코스트라는 역사적 사건에서 태동되었음을 부인할 수는 없다. 그러나 하나의 역사적 사건에 매여 논증을 풀어가는 것은 인간이라면 누구나 마땅히 취해야 할 보편적 행위 규범을 찾으려는 철학에서는 쉽게 용납될 수 있는 일이 아니다. 그래서인지 레비나스는 자신의 윤리학을 집중적으로 전개한 주요 저작에서 홀로코스트와

---

26) 강연안, 『타자의 얼굴』, 152쪽.
27) 엠마누엘 레비나스, 『존재와 다르게』, 김연숙·박한표 옮김. 인간사랑, 2010, 242쪽.
28) 주디스 버틀러, 『불확실한 삶』, 양효실 옮김, 경성대학교 출판부, 2008, 187쪽.

같은 자기 민족의 문제들에 대해 전혀 언급하지 않는다. 이러한 문제들에 대한 그의 생각은 인터뷰나 짧은 글들을 모아 출판한 논문집에서나 일부 엿볼 수 있을 뿐이다. 레비나스의 문제의식은 분명히 역사적 사건과 관련이 있지만, 그의 윤리학은 '폭력'의 문제를 보편적 차원에서 논증하려는 데에 충실했던 것이다.

그러나 버틀러에게 있어서 인간의 행위는 특정한 사회로부터 완전하게 분리될 수 없다. 하나의 행위는 언제나 특정한 시공간에 처해 있으며, 그러한 시공간은 우리로 하여금 무수히 많은 복수의 타자들과 함께 얽히게 함으로써 특정한 사회에 연루시키기 때문이다.[29]

행위의 규범을 다루는 윤리학은 그 행위가 처한 사회적 시공간성으로 인해 결국 정치학과 같이 갈 수밖에 없다. 이를 두고 버틀러는 "윤리는 사회이론의 과업에 가담해야" 한다고까지 말한다.[30] 철학적 윤리학이 시공을 초월하여 타당하게 여겨지는 인간 행위의 보편적 규범을 찾고자 하는 연구인 반면, 페미니즘에서 출발한 버틀러의 윤리학 연구는 윤리학이 제시하는 규범이 일정한 사회적 맥락에서 출현하고, 또한 사회적 맥락의 변화에 따라 윤리적 문제의식 역시 변화할 수 있다는 점을 결코 포기하지 않는다. 그의 레비나스의 윤리학 연구는 테두리 안에 머무는 주석적 작업이 아니라, 특정한 정치문제와 관련하여 레비나스 윤리학의 실천적 적용을 시도하는 창조적 연구라고 할 수 있다.

이번 장에서는 레비나스의 얼굴 윤리학이 버틀러에 의해 어떠한 정

---

29) 버틀러, 『윤리적 폭력비판』, 18~19쪽.
30) 위의 책, 19쪽.

치-사회적 맥락에서 실천적으로 적용되어 버틀러 특유의 정치윤리사상을 탄생시키는지를 살펴보고자 한다. 버틀러가 레비나스의 '타인의 얼굴' 개념에 관심을 갖게 되는 데에 결정적인 역할을 한 것은 앞에서도 이야기했듯이 2001년 일어난 9·11 세계무역센터 테러 사건이다. 이 사건이 발생한 뒤 이틀 만에 조지 w. 부시 미국 대통령은 테러를 일으킨 알 카에다에 대한 군사 보복을 즉각적으로 명령하였고, 한 달도 안 되어 미국과 영국은 항공기와 미사일로 아프간 전 지역에 대한 공습을 감행하며 아프가니스탄 전쟁을 시작하였다. 이후로도 전쟁은 13년간 지속되었는데 이 전쟁이 한참 진행 중이던 2003년 3월에는 대량 살상무기를 이유 삼아 이라크를 공격하고 독재자 사담 후세인을 체포하여 처형하기도 하였다. 아메리카 대륙 밖에서 오랫동안 전쟁이 진행되면서 많은 미국인들은 주요언론들을 통해 보도되는 잔혹한 영상들과 사진들에 점차적으로 익숙해져 갔으며, 이러한 익숙함은 오히려 더욱 더 자극적인 이미지들을 확보하여 보도하려는 언론 산업의 치열한 경쟁으로 이어지게 되었다.

버틀러는『불확실한 삶』(2004)에 마지막으로 수록된 같은 이름의 글에서 언론을 통해 보도되는 전쟁 관련 사진들 속에 등장하는 다양한 인물들(빈 라덴, 아라파트, 후세인, 콜린 파월, 아프칸 소녀들, 참수된 미군들, 민간인 희생자들)의 얼굴 재현 방식의 문제를 레비나스의 얼굴 개념으로 분석하고자 한다. 이를 통해 얼굴의 재현이 '테러 응징'과 '자국의 안전', 그리고 '독재로부터의 해방'이란 이름으로 수행되는 소위 '정당한' 전쟁의 '폭력'을 어떻게 합리화시키는지를 보여 주고자 한다. 그러나 곧장 이러한 분석으로 들어가기에 앞서 레비나스 윤리학과 얼굴 개념을 자신의 언어로 풀어서 보다 세심하게 이해하는 작업을 펼침으로써 자신의 관점에서

레비나스 얼굴 개념을 재해석하고 의미를 새롭게 확장하는 기초작업을
보여 준다.

타자의 불확실성

앞장에서 잠시 언급하였듯이 버틀러는 레비나스의 윤리학을 한마디로
"절대적 평화주의" 혹은 "비폭력의 윤리"로 정의한다. 타자의 얼굴이 주
는 '죽이지 말라'는 명령을 곧 절대적 평화와 비폭력을 실행하라는 보다
구체적인 명령으로 읽어 낸 것이다. 레비나스에게 있어서 명령에 대해 윤
리적 주체로서 인간이 답할 수 있는 것은 오직 하나의 방식뿐이다. 타자
의 호출 앞에 '네, 제가 여기 있습니다'라고 응답하는 것만이 윤리적 주체
가 답할 수 있는 오직 하나의 방식이라는 말이다. 물론 레비나스도 타자
의 얼굴이 명령하는 순간에 주체가 맞닥뜨리게 되는 당혹스러운 머뭇거
림에 대해 완전히 무지했던 것은 아니다. 그러나 이러한 주체의 당혹스러
움은 결국 주체의 이기성과 관련된 것으로서 타자의 위급함에 결코 우선
할 수 없기에, 레비나스 윤리학에서 깊이 다루어지지 않았다.

그러나 버틀러는 타자의 얼굴 명령의 우선성을 주장하는 레비나스
의 관점에 기본적으로 동의함에도 불구하고, 그보다는 더욱 세심하게 명
령 앞에서 느끼는 주체의 당혹스러움에 대해서도 보다 깊게 파고든다. 그
리고 거기서 '죽이지 말라'는 명령 이외에 타자의 얼굴이 주는 또 다른 메
시지의 정체를 해명하고자 한다. 이를 위해 얼굴의 명령이 레비나스의 기
대만큼 의미전달에 있어 그렇게 명확하지 않음을 에둘러 다음과 같이 말
한다.

레비나스의 "얼굴" 개념은 오랜 시간 비판적인 고찰을 촉발시켜 왔다. 그가 "타자"라 부르는 것의 "얼굴"은 나에게 윤리적인 요구를 하지만 우리는 그것이 어떤 요구를 하는지 알지 못하는 것 같다. 타자의 "얼굴"의 비밀스러운 의미는 읽힐 수는 없다. 얼굴이 전달하는 명령을 직접적으로 번역해서 언어학적으로 정식화되고 따라야 할지 모르는 규정으로 만들 수는 없다.[31]

레비나스 윤리학은 타자의 얼굴 명령이 '죽이지 말라'는 의미를 계시한다고 가르친다. 그러나 문제는 명령의 의미가 언어로 전달되는 것이 아니라는 데에 있다. 실제로 타자의 절대적 타자성을 강조하는 레비나스는 언어를 통한 '나'와 '타자'의 상호이해가능성을 크게 신뢰하지 않았다. 타자의 얼굴에서 명확한 문장을 갖춘 언어가 아니라 빈곤한 얼굴과 헐벗은 얼굴로 전달되는 의미에 더 집중했다. 다시 말해 얼굴은 언어를 고통스럽고 번민에 젖어 있는 소리, 즉 신음과 흐느낌, 울부짖음 등과 같은 "무언의 고통의 발성"으로[32] 그 의미를 대체하여 전달하는 것이다. 그런데 여기서 버틀러가 문제 삼는 것은 언어 없이 맞이하는 타자의 얼굴은 언제나 명쾌하게 해석될 수 있는 단 하나의 의미, 곧 윤리적 명령만을 전달하는 것이 아니라는 사실이다. 무언의 고통과 발성은 "언어학적 번역의 한계"[33]를 근본적으로 내포하기에, 그 기층에는 또 다른 의미의 메시지들이 혼란스럽게 함께 뒤섞여 있다.

---

31) 버틀러, 『불확실한 삶』, 181쪽.
32) 위의 책, 184쪽.
33) 위의 책, 184쪽.

이렇게 타자의 얼굴이 무엇을 의미하기는 하지만, 그 무엇이 아직은 명확하게 '죽이지 말라'는 단 하나의 명령으로 좁혀질 수 없는 상태를 가리켜 버틀러는 "타자의 불확실함"(the precariousness of the Other) 혹은 "불확실한 삶"(precarious life)[34]이라고 부른다. 사실 '불확실함'이라는 말은 원래 레비나스에게서 빌려온 것이지만, 레비나스 자신과 그의 연구가들에게서 주목받은 말은 아니었다. 그는 우리에게 책임감을 호소하는 타자의 얼굴이 담고 있는 극한의 죽을 운명(mortalité)과 벌거벗음(nudité)의 상태를 설명할 때 "모든 불확실함보다 더 불확실한 불확실함"이라고 표현했다.[35] 레비나스가 책임감을 호소하는 타자의 비참함을 표현하기 위해 '타자의 불확실함'이라는 표현을 사용했다면, 버틀러는 이러한 의미 이전에 아직은 얼굴의 의미가 명확하게 해석되지 않은 타자의 상태를 표현하는 말로 바꾸어 사용하고 있다.

그렇다면 버틀러는 왜 타자의 얼굴을——레비나스마저 잘 사용하지 않았던——'불확실함'이라는 말로 강조하고자 했을까? 이해를 돕기 위해 예 하나를 생각할 수 있다. 피투성이의 얼굴을 한 낯선 이가 갑자기 뛰어나와 지나가던 나를 붙잡고 울부짖을 때, 우리는 분명히 그가 '살려달라'고 요청하는 것임을 알면서도 갑자기 두려워진다. 우선 그를 이렇게 만든 무엇이(혹은 누군가가) 나도 그렇게 만들 수 있을지 모른다는 두려움이 강하게 몰려온다. 그런데 그러한 두려움이 나로 하여금 나에게 매달린 손을 뿌리치며 얼굴을 돌려 도망치게 함으로써 그를 죽게 내버려 둘지 모른

34) 버틀러, 『불확실한 삶』, 184쪽.
35) Emmanuel Levinas, *Altérité et transcendance*, Paris : LGF, 2006, p. 132.

다는 또 다른 두려움도 함께 밀려온다. 버틀러의 말을 빌리자면 "자기 자신의 생존에 대한 공포가 있고, 또 타자를 해칠지 모른다는 불안이 있다"는 것이다.[36] 쉽게 말해, 우리는 타자의 고통스러운 얼굴 앞에서 '죽이지 말라'는 명령을 받기도 하지만, 동시에 그 얼굴에 담겨 있는 불확실함이 주는 원초적인 공포로 인해 자기본위의 이기성이 작동되어 '그를 죽게 내버려 두라'는 강력한 "살인에 대한 욕망"[37]에 휩싸이기도 한다는 말이다. 이것이 바로 타자의 얼굴이 건네주는 이중의, 모순된 메시지라고 할 수 있다.

얼굴이 건네주는 모순된 메시지에 대한 버틀러의 관점에 많은 이들이 불편해 할 수 있다. 위기에 처한 사람 앞에서 자신의 안위를 더 중요하게 보살피는 사람을 두고 우리는 '이기적이다', '비인간적이다'라고 비난하는 것을 마땅히 여기는 도덕 교육을 익숙하게 받아왔기 때문이다. 그러나 실제로 우리의 삶을 지배하고 있는 일상의 도덕을 돌이켜 성찰해 보면, 위급한 타자의 우선성보다 나의 생명권과 행복권을 더 높이 두는 일들이 도처에 일어나고 있으며, 동시에 그러한 일들을 어쩔 수 없는 일, 피치 못한 일, 심지어 당연한 일쯤으로 합리화하고 있음을 쉽게 발견한다. 우리는 그렇게 자신의 이기성을 합리화하는 일상의 도덕규범에 실제로 매우 익숙해 있다. 버틀러가 레비나스의 윤리학의 도움을 받아 문제 삼고 있는 지점이 바로 이렇게 우리의 일상을 지배하는 도덕이며, 나아가 거기서 초래되는 폭력의 정당화의 문제이다. 그는 이렇게 정당화되는 폭력을

---

36) 버틀러, 『불확실한 삶』, 188쪽.
37) 위의 책, 187쪽.

'윤리적 폭력'이라고 부르며, 이것이 감추고 있는 반휴머니즘적인 폭력성을 고발하려고 한다. 그리고 자신의 조국과 민족이 행하고 있는 응징과 복수, 해방의 전쟁이 바로 이러한 '윤리적 폭력'의 연장선 위에 있음을 비판적으로 성찰하고 있다.

얼굴의 재현과 폭력

윤리란 사회이론의 과업에 가담해야 한다고 했던 자신의 주장을 실천하기라도 하듯이, 버틀러는 레비나스 윤리학에 대한 자기 나름의 이해 위에, '얼굴'이나 '박해'와 같은 레비나스의 개념들을 자신의 조국과 민족이 관련된 폭력의 문제들을 비판적으로 분석하는 데에 유용한 개념으로 사용한다. 『불확실한 삶』에서는 '얼굴' 개념을 중심으로 작업을 펼치고 있으며, 『윤리적 폭력비판』에서는 '박해'의 개념이 중요한 키워드로 사용하고 있다. 레비나스의 얼굴 개념과 관련하여 버틀러는 이 개념이 내포하고 있는 치명적인 약점을 솔직하게 드러내는 일에서부터 시작한다. 앞에서 설명하였듯이 얼굴은 이중의 메시지, 즉 '나를 죽이지 말라'는 타자의 요구와 '그를 죽게 내버려 두라'는 나의 이기적 욕망을 동시에 준다. 그러나 레비나스는 두 번째 메시지, 즉 이기적인 욕망 충동의 강렬함에 대해 버틀러보다 깊이 논하지 않았다. 이는 타자의 명령이 나의 욕망보다 절대적으로 우선해야 한다고 주장하는 의도가 반영된 결과이다.

그러나 여기서 근본적인 의문이 떠오른다. 타자의 우선권을 지켜주기 위해 나를 기꺼이 포기하게 할 수 있을 만큼 타자의 얼굴이 그렇게 헐벗지도, 빈곤하지도 않을 때가 많다는 사실이다. 심지어 어떤 타자는 순수한 얼굴을 하고도 나나 내가 사랑하는 사람에게 폭력을 가하기도 한다. 사회에서도 제3의 타자들에게 폭력을 가하는 타자를 찾아보기란 어렵지 않다. 어떤 타자의 얼굴에는 무고함이 드러나는 것이 아니라, '악'이라고 불릴 만한 잔인함이 노골적으로 보이거나 혹은 위선적으로 감춰져 있다. 버틀러는 이러한 상황을 고려한다면 스피노자나 니체, 프로이트, 그리고 공리주의자들과 같이 "나 자신을 위한 이러한 자기보존의 권리를 환기시킬 수 없을 때에도 나는 타자의 삶을 보존하라는 명령을 환기할 수 있을까?"[38]라는 질문이 충분히 제기될 수 있다는 것을 인정한다. 하지만 '타자의 얼굴' 개념이 내포하고 있는 이러한 필연적인 비현실성에도 불구하고, 레비나스는 "유쾌한 메저키스트"[39]처럼 자신의 안위보다는 타자에 대한 책임의 우선성을 결코 포기하지 않았다. 경제적 동물(homo economicus)이라는 본성을 결코 지울 길이 없어 보이는 것 같은 우리의 실존에 비추어 보자면, 레비나스의 '타자의 얼굴' 개념은 과도하게 자기희생을 강요하는 매우 비현실적이고 억압적인 성격을 지니고 있다는 비판을 피해 가기가 쉽지 않다.

그러나 이러한 치명적 약점에도 불구하고 버틀러가 레비나스의 윤리학을 버리지 않고 '타자의 얼굴'을 자국과 민족의 정치적·군사적 컨텍스트를 분석하는 중요한 개념으로 사용하기를 포기하지 않는 이유는 따로 있다. 우선 버틀러의 작업은 악인의 존재나 어떤 타자의 악한 얼굴 자체를 부인하는 것이 아니다. 혹은 그러한 타자의 잘못을 따지지도 않고 무조건적인 용서를 굴욕적으로 베풀어야 한다고 주장하고 싶은 것도 아

---

38) 버틀러, 『불확실한 삶』, 191~192쪽.
39) 위의 책, 192쪽.

니다. 그가 진짜로 문제 삼는 것은 누군가의 얼굴이 매체를 통해——그것도 특정한 정치적 컨텍스트 안에서——제공되면서 '악인의 얼굴'로 '재현'(representation)되는 과정 자체이며, 이것을 비판적으로 분석하기 위해서는 레비나스의 타자의 얼굴 개념이 매우 유용했던 것이다.

　　매체를 통해 '악인의 얼굴'로 재현되는 주인공은 실제로 테러범일 수도 있고, 독재자일 수도 있고, 적군(敵軍)일 수도 있다. 하지만 문제는 그들도 사람인 고로 살면서 보여 주는 다양한 순간의 다양한 표정들이 있을 것인데, 미국과 서방의 매체들은 특정한 얼굴, 즉 '악인다운' 얼굴만을 보도한다. 예를 들어, 빈 라덴이나 사담 후세인 같은 경우 "극도로 왜곡된 인간의 얼굴"(human face in this deformity and extremity)로서 "얼굴 자체, 눈과 악을 과장법으로 동화"한 것처럼 이미지화되어, 도저히 그것을 인간다운 얼굴이라고 인정할 수 없게 만드는 것이다.[40] 그는 이렇게 매체에 의해 얼굴 이미지가 선택적으로 재현되는 것을 "얼굴의 생산"(production of the face)이라고 불렀다.[41]

　　폭력이 발생할 수 있는 각기 다른 방식들에 대해 생각해 보아야 할지 모른다. 한 가지 방식은 다름 아닌 얼굴의 생산, 즉 오사마 빈 라덴의 얼굴, 야세르 아라파트의 얼굴, 사담 후세인의 얼굴의 생산을 통해 이루어진다. 이 얼굴들을 갖고 매체들은 무엇을 해냈던 것인가? 그 얼굴들은 분명히 틀에 맞추어 만들어지지만 또 그 틀에 맞추어 상연(play)되기도 한

---

40) 버틀러, 『불확실한 삶』, 196쪽.
41) 위의 책, 196쪽.

다. 그렇게 해서 나온 결과는 불변의 편향성을 갖는다. 빈 라덴의 얼굴이 테러 자체의 얼굴이고, 아라파트가 기만의 얼굴이고, 후세인의 얼굴이 오늘날의 폭군의 얼굴이듯이 그런 매체가 전시하는 초상은 종종 전쟁에 종사하면서 정렬된다.[42]

버틀러는 편향되어 재현된 특정한 얼굴 이미지가 악을 인격화한다고 비판한다. 악의 인격화는 레비나스가 말했던 얼굴의 통약불가능성(incommensurability)을 위반하고 악과 얼굴 사이의 관계를 폐쇄적으로 단언해 버리고 만다. 다시 말해 "이 얼굴은 악이고, 얼굴인바 악"이라는 단 하나의 확실한 의미만을 대중에게 각인시키는 것이다.[43] 버틀러가 볼 때, 이렇게 생산된 "(얼굴)이미지들은 전쟁의 전리품들이거나 전쟁의 목표들"일 뿐이며, 이러한 이미지 속에서는 불확실성으로서의 "얼굴은 지워졌다".[44] 이제 잔인하고 포악스러운 표정을 띤 후세인이나 빈 라덴의 얼굴 사진을 볼 때마다 미국이나 서방세계의 사람들은 그를 악의 화신으로 곧장 일치시키게 된다. 반대로, 체포되거나 처형된 얼굴을 볼 때에는 서방세계의 군사적 승리를 쉽게 떠올리게 된다.

버틀러는 적의 얼굴을 이미지화하여 악을 인격화하는 이러한 작업이 결국 징벌과 복수의 이름으로 수행되는 자국의 전쟁 목적과 승리를 극명하게 시각화함으로써, 전쟁의 정당성을 끊임없이 대중에게 세뇌시키고 전쟁을 끊임없이 선동한다고 비판한다. 다시 말해 적(敵)의 얼굴 생산

---

42) 앞의 책, 193~194쪽.
43) 위의 책, 198쪽.
44) 위의 책, 196쪽.

은 전쟁을 시행하고 유지시키는 서방의 군사적·정치적 패권주의가 은밀하게 세력을 확장하는 데에 이바지할 뿐만 아니라, 결과적으로 서방이 '악의 축'으로 지목한 테러집단의 세력과 대립적인 짝을 이루어 세계의 폭력 구조를 계속해서 재생산하는 것으로 보는 것이다.

그러나 버틀러의 관점은 서방사회 구성원 다수의 격한 반발에 직면하기 쉽다. '테러리스트이고, 독재자인 것이 분명한 이들을 악인이라 부르고, 또 그들의 **악한** 얼굴을 보여 주는 것이 도대체 왜 문제라는 말인가?' '그들이 저지른 반인륜적 범죄를 보도하면서 미소를 띠는 편안하고 친절한 얼굴을 보여 주는 것이 그들에 대한 **정당한** 증오를 불러 올 수 있겠는가'와 같은 불편하고도 격양된 반발이 일어날 수 있다는 말이다. '눈에는 눈, 이에는 이'라는 징벌과 복수의 법에 격양되어 있는 사람들의 일반적 심성에서 이러한 반발은 어쩌면 너무나 자연스러운 것일 수 있다.

하지만 합리적인 사고는 다른 길을 보여 주기도 한다. 폭력(테러, 독재권력)을 더 큰 폭력(대규모 군사작전, 친서방정부 설립)으로 진압하는 방식은 ── 아무리 후자의 폭력이 우리의 일반적 도덕심성이나 혹은 국제법에 의해 허용된다고 해도 ── 폭력의 고리를 원천적으로 끊어내는 데에 실패한 듯이 보인다. 지난 반세기를 돌아보며 많은 이들이 '팍스 아메리카나'는 생각보다 세계의 평화에 그리 효과적이지 못했음을 인식하기 시작했다. 오히려 테러 세력의 저항이 극에 달하고 있으며, 이에 따라 군사적 대응의 강도도 함께 훨씬 강해져야 했다. 전쟁을 치르고 있는 양쪽 모두 민간인의 피해가 속출하고 있으나, 아이러니하게도 그들의 군사적 패권은 더욱 더 견고해지면서 경제적-정치적 권력에까지 세력을 확대하고 있다. 사양길에 접어들었던 군사산업이 다시금 부활하였으며, 외부의 강력한 적에 맞서는 증오심을 부추겨 내부의 결속을 세력화하는 집단이 정치의 장에 득세하게 되었다. 폭력의 구조가 전 방위에서 비극적으로 항시화 되고 있는 것이다.

버틀러의 문제는 이제 명확해졌다. 어떻게 복수할 것인가가 아니라, 어떻게 폭력을 중단시킬 것인가에 초점이 맞추어진 것이다. 그런데 견고한 폭력의 구조를 어떻게 하면 와해할 수 있을까? 버틀러는 레비나스와 함께 — 보다 정확히 레비나스 윤리학의 영향으로 — 평화주의적이고 비폭력적인 자기만의 노선을 선택함으로써 새로운 길을 제시하고자 한다. 그리고 이를 위해 테러리스트와 독재자의 얼굴, 즉 적(敵)의 얼굴마저 레비나스가 가르쳐주는 명령하는 타자의 얼굴로 받아들이도록 결단을 촉구하는 새로운 얼굴의 정치윤리학을 논증해 나가고자 한다. 그러나 이에 대한 논증은 『불확실한 삶』에서만이 아니라, 『윤리적 폭력비판』을 함께 읽어야 이해되기 쉽다.

앞에서 살펴보았듯이 버틀러는 악의 화신으로 인격화되었던 얼굴, 즉 "악에 포착된 것으로 전시되는 얼굴은 인간적이지 않은 얼굴, 레비나스적인 의미에서의 얼굴이 아닌 얼굴이다"라고 말한다.[45] '레비나스적인 의미에서의 얼굴이 아니다', 혹은 '인간적이지 않다'라는 말은 — 쉽게 말해 — 악의 화신으로 인격화된 얼굴을 대할 때 우리가 결코 어떠한 윤리적 명령도 받지 못했다는 말이다. 어찌 보면 당연한 말이다. 매체에 보도되는 테러리스트나 독재자의 '악한' 얼굴은 그에게 정당한 복수를 되돌려 주어야 한다는 분노를 대중에게 선동하기 위해 생산된 얼굴이다. 윤

---

45) 버틀러, 『불확실한 삶』, 198쪽.

리 명령이 삭제된 얼굴이 바로 적의 얼굴인 것이다. 악을 인격화하는 얼굴의 정치는 결국 폭력을 중단할 수 없을 뿐만 아니라, 끊임없이 증오와 복수의 욕망을 불태우게 한다.

버틀러의 독창적인 관점이 바로 여기서 정점에 도달한다. 레비나스 윤리학에서 나에게 '죽이지 말라'는 명령을 하는 타자는, 헐벗은 굶주림의 얼굴을 한 가난하고 병들고 연약한 이로 주로 좁게 지시되는 경향이 있다. 그러나 버틀러는 레비나스가 유대인 박해와 관련하여 언급했던 사회정의론에 영향을 받아, '죽이지 말라'는 명령을 적(敵)의 얼굴에서도 읽어내는 단계까지 발전할 것을 요구한다. 그는 다음과 같이 말한다. "나에게 잔인한 타자도 얼굴을 갖고 있다고 말할 수 있을 것이며, 그것은 나에게 상해를 입힌 사람들에게도 윤리적으로 반응해야 하는 어려움을 시사한다."[46] 쌍방이 폭력으로 치닫는 관계는 결국 어느 한쪽이 복수하기를 그만두지 않는 한 멈출 수 없다. 1 대 1의 관계에서는 한쪽의 힘이 월등하게 상대를 압도할 때, 폭력이 중단되고 강자에 의해 평화의 질서가 잡히는 경우가 있다. 그러나 폭력의 주체가 무수히 다양한 국제적 상황에서 볼 때 서방세계의 월등한 군사력은 오히려 이에 저항하는 이들을 끝없이 결집시키는 동력을 제공하는 원천이 되어 왔다. 모든 것을 힘으로 제압하는 '팍스 아메리카나'는 결국 관념에만 머무른 환상에 불과한 것이다. 바로 이러한 상황에서 버틀러는 적의 얼굴에서 —— 도저히 쉽게 용납할 수 없는 것이 분명하지만 —— 복수의 금지 명령을 읽어내는 것이다.

---

46) 버틀러, 『윤리적 폭력 비판』, 158쪽.

타자의 "얼굴"에 반응하는 것이 도저히 불가능하다고 보이는 상황들, 살인욕에 불타고 복수심이 압도하는 상황들이 있다. 그러나 타자와의 일차적이고 무의지적인 관계는, 우리가 자기를 보존하려는 에고이즘의 목적에 정초한 주의주의와 자극적인 공격 양자를 단념해야 한다는 요구를 제기한다. 따라서 "얼굴"은 박해자를 공격하지 말라는 무시무시한 금지를 전달한다.[47]

나에게 상해를 입히며, 나의 사랑하는 이들을 죽음에 내몰아 버린 이들의 얼굴에서 '죽이지 말라'는 명령을 받아들이는 것은 그들의 행동이 사실은 악하지 않다거나, 이쯤에서 용서받아도 되기 때문에 그런 것이 결코 아니다. 그들의 행위에 대한 법률적 판단은 여전히 유효하다. 그렇기 때문에 그들의 잔인한 얼굴에서 윤리적 명령을 받아들이고 따르기란 더욱 어려운 일이다. 그들 손에 죽어간 이들을 떠올릴 때 끓어오르는 분노를 삭이고, 불끈 쥐는 주먹을 애써 억눌러야 한다. 결코 쉬운 일이 아니다. 이는 인간 일반의 도덕적 심성에 자연스럽게 어울리는 일도 아니다. 심지어 칸트 식의 도덕의지로도 쉽게 되는 일이 아니다. 그러나 이러한 불가능성 속에서도, 버틀러는 ─ 레비나스를 따라 ─ 인간 본연의 도덕 감정이나 의지를 뛰어넘어 절대적 수동성으로 자신을 낮추는 불가능성의 가능성을 윤리의 핵심에 놓는다.

바로 여기서 레비나스의 "박해"(persécution) 개념이 버틀러에게도 중요해진다. 그는 레비나스에게 있어서 우리가 타자가 휘두른 폭력

───────────────

47) 앞의 책, 160쪽.

에 의해 박해를 받는 것은 우리가 단순히 무능하기 때문이 아니라는 점에 주목한다. "박해를 받는 것은 타자에 대한 책임의 이면(裏面)"이기 때문이다.[48] 타자의 폭력에 맞서서 똑같이 폭력으로 대응할 수 있는 권리를 포기하는 것, 바로 그것이 버틀러가 레비나스에게서 읽어내는 박해받는 자의 윤리적 책임이며, 이러한 방식을 통해 박해받는 자가 윤리적 주체로 서게 한다고 보는 것이다.

> 내가 자기방어를 목적으로 죽이고 싶어지는 이 얼굴은 나에게 호소하는 "얼굴"이고 내가 거꾸로 박해자가 되지 않게 하는 얼굴이다. 물론 책임은 박해받는 상황에서 일어난다고 주장할 수는 있다 ──이것은 특히 다른 사람의 유해한 행위의 원인이 자신이었다는 것을 확인하는 것이 책임감의 의미가 아닐 경우에는 강제적이고 반-직관적인 주장이다. 그러나 **모든 역사적으로 구성된 집단인 민족이 정의상 항상 박해를 당할 뿐 결코 박해하지 않는다는 주장**은, 존재론적인 층위와 전존재론적인 층위를 혼동하는 것일 뿐 아니라, **"자기 방어"를 빌미로 수락할 수 없는 무책임성을 인가하고 공격성에 무제한으로 호소하는 것일 수 있다.**[49]

레비나스로부터 '박해받는 자의 윤리'를 수용하는 것이야말로 버틀러가 레비나스에게서 영향 받은 가장 중요한 핵심이라고 할 수 있다. 그러나 위의 인용구에서 이미 버틀러는 레비나스에서 한 단계 나아가는 매

---

48) 버틀러, 『윤리적 폭력 비판』, 166쪽. 강조는 필자가 함.
49) 위의 책, 166~167쪽.

우 중요한 자기만의 정치적 관점을 보태면서 '얼굴의 윤리학'을 '얼굴의 정치윤리학' 차원으로 밀고 나가는 결정적 계기를 보여 주고 있다. 레비나스에게서 박해받는 자가 박해받는 원인은 역사적 사실에 근거하여 구체적으로 분석되지 않았다. 많은 텍스트에서 레비나스는 박해받는 자가 아무런 잘못도 짓지 않은, 무고한 희생자이자 인질임을 은연중에 강조했었다. 이로 인해 책임감 역시 잘못에 대한 죄의식이 결코 아님을 함께 주장했다. 그러나 희생자의 무고함을 설명하기 위해, 박해받는 자의 대표로서 —— 아주 드물지만 —— 홀로코스트의 희생자들을 꼽기도 함으로써 논란의 여지를 남기기도 했다.

이와 달리, 국제적 상황 속에서 발생하는 폭력과 전쟁의 고리를 분석하고자 하는 버틀러는 이러한 폭력의 고리에서 어느 쪽도 '무고한' 희생자나 '절대 악'으로서의 폭력자로서 갈릴 수 없음을 인식한다. 이는 복수의 피로 물든 인간의 역사에서 폭력의 기원을 가린다는 것이 거의 불가능하기 때문이다. 위의 인용에서 볼 수 있듯이, 버틀러는 어떠한 민족도 박해를 당하지만은 않았다는 사실을 상기시킨다. 그렇기 때문에 그는 만약 어느 민족이 자기 민족만의 무고함을 주장한다면, 그것은 "자기방어"를 빌미로 그들이 저지르게 될 폭력을 합리화하는 논리로 전락하게 될 뿐이라고 비판한다. 특히 유대 민족과 관련하여 —— 레비나스의 순진한 옹호와 달리 —— "박해당함이 유대주의의 본질이라고 말하는 것은 유대주의란 이름으로 수행된 행위성과 공격을 무시하는 처사"일 뿐만 아니라, 팔레스타인 점령과 같이 "문화적이고 역사적인 분석"을 필요로 하는 복잡하고도 특수한 문제들을 "유대민족의 초역사적인 정의적 진리"에 호소함으로써,[50] 유대 정부의 법률적 책임을 은폐시키고 있음을 폭로한다.

버틀러는 적어도 국제정치적 관계에서 순수하게 무고한 희생자를 찾을 수 없다고 본 것이다. 미국과 이스라엘, 서방세계가 벌이고 있는 테러집단과 일부 이슬람 세력과의 전쟁에서 볼 수 있듯이, 하나의 폭력 사건은 그 책임자를 분명하게 가릴 수 있을 만큼 단조로운 개별적 사건이 아니다. 폭력 사건들은 서로 꼬리에 꼬리를 물고 일어난 복수의 연속이다. 그러나 서방의 매체를 통해 펼쳐지는 적의 얼굴을 활용한 얼굴의 정치는 이러한 폭력의 연속적 고리에 대한 대중의 이해를 방해하고, 개별적 사건에 대한 분노와 증오심을 증폭시킨다. 그리고 이를 이용해 지배 세력들은 아주 쉽게 자기 영역에서의 패권을 확장한다. 버틀러가 레비나스의 얼굴 윤리학에 만족하지 않고 얼굴의 정치윤리학으로 나아간 것은 바로 이러한 문제의식과 깊이 관련되어 있는 것이다.

한 가지 덧붙여야 할 것은 버틀러가 단순히 서구 언론 매체에 이미지화되는 것들 중에 '적의 얼굴'만을 분석하지는 않았다는 점이다. 예를 들어, 미군이 탈레반 정권을 무너뜨리고 아프가니스탄의 점령군으로 입성하게 되었을 때, 『뉴욕타임스』의 일면은 부르카가 벗겨진 아프칸 소녀들의 얼굴로 장식되었다. 버틀러에 의하면 이 얼굴도 일종의 생산된 얼굴이다. 왜냐하면 이 어린 소녀들의 민낯은 여성 해방의 행위로, 미군에 대한 감사의 행위, 미군의 승리에 대한 환영의 행위로 미국인들에게 인식되었을 뿐만 아니라, 궁극적으로 "성공적으로 수출된 미국의 문화적 진보의 상징"이 되었기 때문이다.[51] 하지만 버틀러는 "이 이미지들이 어떠한 서

---

50) 버틀러, 『윤리적 폭력 비판』, 167쪽.
51) 버틀러, 『불확실한 삶』, 195쪽.

사적 기능 안에서 동원되었는지, 아프카니스탄 침입이 실제로 페미니즘의 이름으로 이루어졌던 것인지, 그 침입이 뒤늦게 몸에 휘감은 것이 어떤 형태의 페미니즘이었는지 물어야 한다"고 비판한다. "더 중요한 것은 이 이미지들이 덮어 가리고 탈실재화한 것이 어떤 고통과 애도의 장면인지를 물어야" 할 것이라고도 덧붙인다.[52]

특정한 얼굴을 보여주는 정치는 특정한 얼굴을 감추는 정치와 짝을 이루어 간다. 버틀러에 의하면 주류 매체는 서구가 치르는 전쟁의 정당성과 승리를 시각화하는 얼굴들을 집중적으로 보도하는 동시에, "이라크에서 죽었고 참수된 미군들의 생생한 사진과 미국의 폭탄에 의해 불구가 되거나 살해된 아이들의 사진"에 대해서는 보도를 통제하였다.[53] 이렇게 사진을 통제하는 이유는 무엇일까? 그것은 이러한 사진들이 불러일으키는 시민들의 "애도" 때문이다. 애도가 왜 문제인가? 버틀러에 의하면, 베트남 전쟁이 종식될 수 있었던 데에는 네이팜탄으로 불타 죽어가는 아이들의 사진이 있었다.[54] 이 사진이 미국인들로 하여금 전쟁이 파괴시킨 삶의 불확실함을 이해하게 하고 어린 영혼들의 비참한 죽음을 애도하게 하였다. 죽음에 대한 애도란 결국 인간의 취약성과 의존성, 무기력함과 겸손함, 고통의 비참함에 직면하게 하는 행위이다. "슬퍼할 능력이 바로 주체와 타자의 분리 가능성을 깨닫고, 나의 존재를 위협할 타자의 얼굴을 '환대하라'는 윤리적 명령의 출발점"이기 때문이다.[55] 바로 이러한 이유로

---

52) 위의 책, 196쪽.
53) 위의 책, 203쪽.
54) 위의 책, 204쪽.
55) 조현준, 「주디스 버틀러의 인종의 젠더 계보학과 타자의 정치 윤리학 : 넬라 라슨의 버틀러,

인해 애도에 잠기는 미국인들이 멈추지 않고 늘어났을 때, 전쟁 반대 여론이 비로소 정치적으로 의미 있는 힘을 발휘하게 되었고 종전이 선언되었다. 그러나 "애도에 잠겨 있음"이 본질적으로 발생시키는 폭력에 대한 저항을 경험한 위정자들은 더 이상 이러한 실수를 반복할 만큼 어리석지 않았다. 9·11 테러 이후 겨우 열흘의 애도 기간이 흘렀을 때 G.W. 부시 대통령은 "애도의 종식"을 재빠르게 선언했다.[56] 군사적 대응으로서 전쟁을 시작하기에는 삶의 불확실함을 처절하게 깨닫는 겸손한 애도보다는 끓어오르는 증오가 더 효과적이기 때문이다.

버틀러에 의하면, 얼굴의 정치는 이렇게 전쟁과 폭력을 중단시킬 수 있는 애도를 불러일으킬 만한 얼굴들, 다시 말해 레비나스가 가르쳤던 무한의 명령을 떠올릴 만한 얼굴들을 시민들의 눈으로부터 감추는 전략적 방식으로 군사적 패권주의를 재생산해 간다. 바로 이러한 이유에서 정치학을 언제나 윤리학이 넘어서고 전복해야 할 하위 단계로 취급했던 레비나스와 달리,[57] 버틀러는 오히려 윤리학이 현실의 얼굴정치의 패권을 폭로하는 정치윤리학으로 변화해야만 하는 합당한 이유를 찾는다.

레비나스로 레비나스에 맞서기 : 동거(cohabitation)의 정치윤리학

이 글의 머리말에서 잠시 언급하였던 것처럼, 버틀러의 최신작 『갈림길 ―유대성과 시오니즘 비판』(2012)이 출판되자마자 레비나스에 대한 오해 혹은 배신이라는 오명이 버틀러에게 씌워졌다. 이 책에는 레비나스

『패싱』과 레비나스의 '얼굴'」, 『인문학연구』, 제 17호, 173~212쪽, 194쪽.
56) 위의 글.
57) 레비나스, 『존재와 다르게』, 227쪽.

와 관련하여 두 편의 논문이 수록되어 있는데, 이중에서도 한 편의 논문에는 「레비나스로 레비나스에 맞서기」(Levinas contra Levinas)라는 도발적인 소제목이 달려 있다. 이는 레비나스에 대한 버틀러의 비판의 강도가 2003년과 2004년에 연이어 출판된 두 작품에서보다 최근의 입장에서 상당히 커졌다는 의미로 이해할 수 있다.

어떠한 계기로 버틀러에게서 입장의 변화가 생긴 것일까? 9 · 11 테러 이후 일어난 미국의 아프가니스탄 전쟁과 이라크 전쟁을 비판하며 정치적 행동과 연구 작업을 멈추지 않았던 버틀러는 2005년 이후부터는 보다 본격적으로 이스라엘의 팔레스타인 식민화와 인종차별 정책을 비판하며 이스라엘 대한 정치·경제적 제제를 주장하는 국제운동인 BDS Movement(Boycott, Divestment and Sanctions Movement)를 공개적으로 지지하고, 이스라엘의 팔레스타인 점령 종식을 주장하는 '평화를 위한 유대인의 목소리'(Jewish Voice for Peace)라는 단체의 자문단으로 활동하며 진보적 국제정치에 적극적으로 가담한다. 바로 이 과정에서 펼친 연구들이 이 새 책에 수록되어 있는데, 여기서 그는 마르틴 부버, 발터 벤야민, 한나 아렌트 그리고 레비나스 등과 같은 유대 계열 사상가들의 사상을 되짚어가며 이스라엘 국가의 폭력을 가능하게 하는 생각의 기원들이 이들의 사상 속에 은밀하게 숨어 있었던 것은 아닌지 파헤치고자 한다.

레비나스에 대한 입장의 선회가 일어난 결정적 계기는 1982년 사브라(Sabra)와 샤탈리(Chatila) 학살 사건 발생 직후 레비나스가 한 라디오 프로그램에서 가진 토론의 전문이 실린 잡지를 버틀러가 읽게 되면서라고 할 수 있다.[58] 사브라와 샤탈리는 레바논에 위치한 팔레스타인 난민촌이었는데, 팔레스타인 해방기구의 전투단원들의 무장이 해제되고 얼마지나지 않아 주로 노인과 어린아이, 여성 등과 같은 민간인들만 남아 있던 이곳에 참혹한 학살이 일어나고 말았다. 그런데 학살자들을 색출하는 과정에서 이스라엘 사람들이 가담했다는 사실이 알려지게 되었고 국제사회의 분개는 더욱 커졌다. 당연히 이스라엘 정부를 향해 책임자 처벌을 요청하는 목소리가 전세계적으로 거세졌다. 그러나 이스라엘 정부의 대응은 국제사회의 요구에 부응할 만큼 충분하지 못하였다. 이 인터뷰에서 레비나스는 홀로코스트의 무고한 유대인들이 안타깝게도 자신들의 당한 폭력 사건에서 아무런 교훈도 배우지 못했을 뿐만 아니라, "무고함의 유혹"에 빠지고 말았다고 고백한다. 그러나 그는 이리한 유대인들의 한세야말로 "독일인들이 가한 최후의 정신적 상처"라고 주장한다.[59] 어찌되었건 간에 인터뷰의 주요 골자는 학살의 희생자였던 유대인의 손에서 일어난 학살에 대한 레비나스의 반성적 성찰이 강하게 담겨 있다고 할 수 있다. 그러함에도 함께 토론에 참여했던 철학자 알랭 핀켈크라우트(Alain Finkielkraut)와 비교하여 레비나스는 이스라엘 정부의 미온적 대응에 대해 크게 비판적인 입장을 나타내지 않기도 하였다.

그러나 버틀러의 눈길을 끈 것은 다만 이스라엘 정부에 대한 레비나스의 소극적 비판만이 아니었다. 버틀러는 토론 진행자가 던진 하나의 질문에 대한 그의 대답에서 이제까지와는 전혀 다른 레비나스를 발견한다. 그 질문은 "이스라엘에게 타자는 우선적으로 팔레스타인이 아닌가"라는 것이었고, 레비나스는 다음과 같이 답하였다.

---

58) Judith Butler, "Levinas trahi? La réponse de Judith Butler".
59) 사브라(Sabra)와 샤탈리(Chatila) 학살 사건과 레비나스의 인터뷰에 관해서는 다음의 책을 볼 것. 마리안느 레스쿠레, 『레비나스 평전』, 변광배 외 옮김, 살림, 2006, 473~478쪽.

타자에 대한 내 정의는 완전히 다릅니다. 타자는 이웃인데, 반드시 친족을 뜻하는 것은 아니지만, 친족이기도 합니다. 이러한 의미에서, 타자를 위해 존재하며 당신은 이웃을 위해 있습니다. 그러나 만약에 당신의 이웃이 다른 이웃을 공격하거나 그에게 불의하다면, 당신을 무엇을 할 수 있겠습니까? 거기서 타자성은 다른 성격을 취합니다. 거기서는 타자성 안에서 적이 나타납니다. 아니면 적어도 혹은 누가 맞고, 누가 잘못했는지, 누가 정의롭고 누가 불의한지를 알아야 하는 문제가 발생합니다. 잘못을 저지르는 사람들 사람들이 있습니다.

군대와 무기로 무장한 국가, 적을 억제하는 의미로서의 군대, 그것은 방어적이어야만 합니다. 그것의 필요성은 윤리적입니다. 우리의 이웃들을 지켜내라고 명령하는 오래된 윤리적 개념이 그것입니다. 나의 민족, 나의 친족, 그들이 나의 이웃입니다. 우리는 유대민족을 방어할 때, 이웃을 방어합니다. 개개인으로서의 유대인은 유대민족을 방어할 때, 이웃을 방어합니다.[60]

이제까지 레비나스의 윤리학을 수포로 되돌리는 것과 같은 낯선 대답은 버틀러로 하여금 레비나스가 "자기보존"(self-presevation)은 아니지만 "자기방어"(self-defense)로서의 보복적 폭력의 가능성을 인정하고 있다고 생각하게끔 하는 결정적 계기가 되었다.[61] 문자 그대로 보자면 레비

60) Emmanuel Levinas, "Israël, éthique et politique, entretiens avec S. Malka (avec Alain Finkielkraut)", Les Nouveaux Cahiers, n° 71, 1983, pp. 1~8, in Judith Butler, "Levinas trahi? La réponse de Judith Butler".
61) Judith Butler, Parting Ways : Jewishness and the Critique of Zionism, New York :

나스가 유대인의 이웃으로 팔레스타인 사람들이 아니라 친족으로서의 "나의 민족"을 우선적으로 지목함으로써, 자기 민족을 공격하는 팔레스타인의 폭력에 대한 보복을 묵인하고 있다는 것을 부인하기 어렵기 때문이다. 이러한 인식의 전환은 결과적으로 버틀러로 하여금 레비나스 텍스트를 의심하며 다시금 분석하는 연구로 이끌게 하였고, 그 결과물이 바로 『갈림길』에 수록된 논문들이다.

이 책에서 버틀러는 유대인의 이웃으로 팔레스타인을 지목하는 데에 의외로 매우 소극적인 레비나스의 태도가 도대체 어디서 기원하였는지를 파헤치고자 한다. 이를 위해 레비나스의 시오니즘을 우선적으로 연구하고 비판한다. 버틀러에 의하면, 레비나스의 의도는 타자가 나에게 행하는 박해에도 불구하고 '보복과 복수하기를 포기하는' 얼굴의 윤리학을 규명하는 데에 있다. 그러나 이것을 규명하는 과정에서 레비나스는 '박해'라는 보편적 계기를 유대민족이 당한 홀로코스트라는 하나의 역사적 사건에 귀속시키고 박해를 유대민족만의 운명으로 특징화하는 우를 범함으로써,[62] 팔레스타인과의 갈등을 근본적으로 피할 길이 없는 이스라엘 건국에 대해 호의적인 태도에 쉽게 이르게 되었다고 폭로한다. 버틀러는 '박해받는 자'가 하나의 역사적 사건의 주인공으로서의 유대민족으로 지목되는 순간, 유대민족의 무고함이 과장되게 포장되고 이는 결국 유대민족이 오늘날 팔레스타인을 대상으로 저지르는 폭력을 무책임과 자기 방어의 논리로 합리화하는 오류를 범하게 된다고 비판한다.

Columbia University Press, 2012, pp. 58~59.
62) *Ibid.*, p. 45.

버틀러가 볼 때, 레비나스의 시오니즘과 이스라엘 국가 건국 이해의 치명적인 약점은 홀로코스트를 당한 유대인의 비참한 운명을 1948년 이후 이스라엘 국가가 건국되면서 겪어 온 갈등상황과 일치시켜 이해하고 있다는 점이다.[63] 국가를 세워나가는 과정 속에서 이스라엘이 겪게 되는 저항과 테러, 국지전, 물리적 소요 등을 유대민족이 겪었던 홀로코스트 박해의 연장선 속에서 이해한다는 말이다. 그러나 "이스라엘 국가만이 이 시기에 박해로 고통 받았다는 주장은 명백하게 틀린 것이다. 1948년 한 해에만 75만 명 이상의 팔레스타인들이 고향과 집에서 강제적으로 철거되었다." 이러한 상황에서 버틀러는 "레비나스가 유대주의의 무시간적 본질로서 박해를 규명하면서, 하나의 구체적인 역사적 사건들로부터 '박해'를 추출한다는 것은 의심스럽고 문제적이다"[64]라며 비판한다. 이스라엘의 건국과 함께 발생한 "비의지적 동거"(unwilling cohabitation)[65]가 초래한 팔레스타인인들의 비극이 근본적으로 이스라엘 국가의 폭력에 의한 것임이 분명함에도 불구하고 레비나스는 자기 민족과 이웃에 대한 "자기방어"의 논리로 이러한 폭력을 폭력으로 명명하는 데에 소극적이었던 것이다. 이를 두고 버틀러는 레비나스가 팔레스타인인들에 대한 이스라엘의 책임을 방기하며, 결과적으로 팔레스타인인들을 "얼굴이 없는"(faceless) 이들로 대하고 있다고 비판한다.[66]

그러나 레비나스 윤리학과 레비나스의 팔레스타인-이스라엘 갈등

---

63) *Ibid.*, p.45.
64) *Ibid.*, p.45.
65) *Ibid.*, p.43.
66) Butler, *Parting Ways*, p.39.

이해 사이에 나타나는 근본적인 논리적 모순에도 불구하고, 버틀러는 레비나스 사상을 완전히 포기하기보다 레비나스의 사상 자체로 그러한 모순을 비판하는 전략을 세움으로써 자기만의 길을 개척하고자 한다. 버틀러가 시작하는 지점은 유대인들이 이주하여 이스라엘 국가를 세우기 이전 이미 그 땅에는 팔레스타인들이 거주하고 있었다는 사실이다. 그들의 거주권은 다만 임시적이었던 것이 아니라, 수천 년의 시간을 따라 민족을 이루며 일궈 온 그들의 재산이자 그들의 터전이었다. 이러한 사실에서 볼 때, 이스라엘 건국은 팔레스타인이 이미 오랫동안 삶의 터전으로 삼았왔던 자리를 탈취한 사건이라고밖에는 말할 수 없다. 여기서 버틀러가 사용하는 '자리탈취'(usurpation de la place)라는 개념의 출처가 바로 레비나스 윤리학에서 왔다는 사실이 중요하다.[67] 많은 텍스트에서 레비나스는 주체가 타자를 만날 때 느끼는 당혹스러움을 그가 '나의 무고함'에도 불구하고 나에게 자신의 살 권리를 매우 당당하게 요구하는 데에서 기인한다고 설명하였다. 그러나 그는 그러한 무고함의 감성을 드물게 파헤치기도 했는데, 그것은 무고함 이면에서 발견되는 타자의 자리를 빼앗았다는 알 수 없는 느낌이었다.

나의 세계-내-존재, 혹은 나의 "해 아래 내 자리", 나의 집, 그것들은 나에 의해 이미 제3세계로 축출되고, 학대받으며, 굶주린 다른 사람에게 속했던 자리들을 탈취하였던 것이 아닌가. 떠밀려난 사람, 소외받는 사람, 축출된 사람, 박탈당한 사람, 살해당한 사람. 파스칼이 말했던 것처

---

67) *Ibid.*, p.60.

럼 "해 아래 내 자리"는 모든 땅에 대한 탈취의 시작이자 이미지이다. 의지적으로도 양심적으로도 무결한 나의 결백에도 불구하고 내 존재가 폭력과 살인으로 이루어졌다는 것에 대한 근심. (중략) 나의 현존재 (Dasein)의 여기(Da) 안에 다른 사람의 자리를 차지하고 있는 근심. 자리 갖음의 능력 없음은 심오한 유토피아일 뿐. 타인의 얼굴에서 나에게 오는 근심.[68]

버틀러는 레비나스의 이러한 자리탈취의 개념을 이스라엘과 팔레스타인의 현 상황에 적용하기를 주저하지 않는다. 단, 레비나스가 말하는 주체의 자리탈취의 근심에는 여전히 정의적 관점에서의 구체적 책임이 부재하지만, 팔레스타인에 대한 이스라엘의 식민지 점령에는 분명히 따지고 밝힐 책임이 존재한다. 이러한 관점에서 버틀러는 국제 정치의 영역에서 이 둘의 폭력과 박해, 침탈과 강금을 중재할 수 있는, 실질적으로 유효한 조치들과 제제들이 반드시 필요하다고 보았다.

마지막으로, 버틀러가 이스라엘에 의한 팔레스타인 점령을 중지시키기 위해 레비나스 윤리학에 나타나는 대리(substitution) 개념을 동거(cohabitation)로 전환한 것을 언급해야 할 것이다. 레비나스에게서 윤리적 책임이란 고통 받는 타자의 자리를 내가 대신 짊어지고 대리(substitution)하는 것이다. 그래서 이러한 윤리적 주체를 메시아라고 부르기도 한다. 그런데 버틀러는 대리란 일회적 사건일 수 없음을 강조한

---

68) Emmauel Levinas, *Ethique comme philosophie première*, Paris : Edition P.&R., 1992, pp.93~94.

다. 이는 "나의 자리가 이미 다른 이의 자리였다고 말하는 것은 자리 자체가 결코 단독으로 소유될 수 없다는 것을 말할 뿐만 아니라, 같은 장소에서 동거하는 문제를 피할 수 없다는 것을" 말하기 때문이다.[69] 그렇다면 어떻게 같은 자리에서 동거하는 일이 가능한가? 버틀러는 적어도 이스라엘과 팔레스타인의 상황과 관련하여서는 명확하게 입장을 밝힌다. 그것은 수백만의 팔레스타인인들을 그 좁은 자치지구에 감금해 놓은 장벽을 허무는 일에서 시작된다. 버틀러는 "그 자체가 폭력적으로 놓여졌고 유지되는 장막의 저쪽 편에는 결코 타자가 존재하지 않는다"라고 단언하며 다음과 같이 말을 잇는다. "타자의 고통에 대한 대응을 요구하는 윤리적 명령을 무화시킬 수 있는 분리장벽은 없다. 어떻게 우리가 사람들을 차별하고, 그들 전체를 얼굴 없는 이들로 만들며 그들과의 섞임을 방해하는 장막을 가로질러 그러한 책임을 생각할 수 있을까?"[70]

버틀러가 볼 때 이스라엘과 팔레스타인의 문제는 윤리학의 영역에서 그 온전한 해결점을 찾기란 불가능하다. 결국 두 민족이 서로 같은 땅에서 동거하는 방법에 대한 논의는 장벽을 허물어 서로에게 필요한 토지에 대한 권리를 상호 인정해 주고, 함께 살아가는 규칙들을 정하는 정치의 장에서 이루어져야 하기 때문이다. 그러나 정치는 권력이고 힘의 논리로 전복되기 너무 쉽다. 바로 이러한 이유에서 버틀러는 정치의 영역에서 타자와의 공존을 가능하게 하는 윤리적 책임이 서로에게 부여됨을 주장한다. 물론 그 책임을 누가 먼저 시작할 것이냐는 분명하게 가려진다. 진

---

69) Butler, *Parting Ways*, p.62.
70) *Ibid.*, p.49.

보 정치를 추구하는 버틀러에게 그 시작은 더 힘 센 국가, 더 많은 것을 소유한 민족에게서부터 시작된다. 그것이 곧 버틀러의 조국이며, 버틀러의 민족이다. 복수하기를 멈추는 것, 자리뺏기를 포기하는 것, 바로 그것에서부터 적의 얼굴을 향하는 정치윤리학이 시작되는 것이다.

지금까지 짧지 않은 글을 통해 레비나스의 얼굴윤리학이 어떻게 버틀러의 얼굴의 정치윤리학으로 발전해 왔는지를 살펴보았다. 레비나스도, 버틀러도 만만치 않은 사고의 깊이를 갖고 있기에 이를 모두 이해하기란 쉽지만은 않다. 또한 버틀러 자신이 레비나스를 독해함에 있어서 취하는 과감한 태도는 때때로 레비나스의 주장을 과도하게 변형시키거나 왜곡하기도 하기에, 레비나스에 익숙한 독자들에게는 매우 어색한 작업일 수 있다. 특히 최근의 작품인 『갈림길』에서 버틀러가 서술한 팔레스타인에 대한 레비나스의 몰이해에 대한 비판은 여전히 그 타당성과 관련하여 논란의 여지를 남긴다. 분명한 점은 최소한 버틀러가 문제 삼은 레비나스의 텍스트들이 레비나스 윤리사상이 담겨 있는 중요 저서들이 아니라, 주로 지엽적인 내용들을 담아 엮어낸 작품들에 편중되어 있다는 사실이다. 그러나 오용과 왜곡은 창조성을 부여하는 행운을 주기도 한다.

버틀러의 얼굴의 정치윤리학은 레비나스의 사상 속에 부재한 구체적인 사회적 문제에 대한 언급에 갈증을 느끼는 이들에게 대리적인 만족을 준다. 특히, 폭력을 항구적으로 유지시키는 정치사회적 지배 질서에 대한 버틀러의 냉철한 분석과 동거의 국제정치윤리학은 윤리적 개인이 아니라 윤리적 세계 시민으로 우리가 함께 협력하여 해야 할 일들의 필요성과 방향성을 보다 분명하게 제시해 주고 있다. 서로의 얼굴을 마주하며 사회 속에서 약자의 얼굴을 한 이들의 삶의 권리를 우선적으로 배려하는 제도들과 실천들을 마련하는 우리의 정치 행동 속에서 버틀러는 레비나스의 타자의 윤리가 싹을 내릴 수 있는 가능성을 심어주었다고 평가할 수 있겠다. 마지막으로 덧붙이자면, 버틀러의 적의 얼굴을 향한 정치윤리학이야말로 여전히 휴전상태를 지속하며 대치중에 있는 한반도 상황에서 매우 중요한 가르침을 준다. 누가 먼저 폭력의 사용을 멈출 것인가? 버틀러를 읽은 독자라면 그 답은 명백하다. 더 많은 것을 가진, 더 많이 안전한, 더 많이 자유로운 바로 우리가 먼저 호출받고 있다.

2장 _ 타자의 철학자와 자문화 중심주의

김정현

1. 시작하는 말: '레비나스'와 '유럽중심주의'

레비나스가 서구 철학의 전체성, 동일성 지향을 비판하고 무한성, 외재성의 이념을 통해 그것을 극복하고자 했다는 것, 그리고 이러한 그의 철학적 지향이 전쟁과 학살, 인종 박해의 경험 속에서 형성되었다는 것은 그의 저술과 고백을 통해 (직간접적으로) 확인된다.[1]

레비나스에 따르면, 타자는 한편으로 명령을 내린다는 점에서 자아보다 높으나, 다른 한편으로 (존재의 질서에서 보면) 약하고, 비참하고, 궁핍한 자이다.[2] 이 역설적 성격의 타자가 자아를 책임의 자리로 소환하며, 자아는 이에 응하는 한에서 주체로서 정립된다. 타자는 우리가 **대면하는 존재**이며, 그런 점에서 이러한 대면의 맥락을 벗어나서 특정한 사회, 문화, 경제적 집단을 타자로 범주화하여 고정하는 것은 엄밀한 의미에서 그

---

1) "전체성에 대한 나의 비판은 우리가 모두 여전히 잊지 못하는 정치적 경험으로부터 온 것이다."(에마뉘엘 레비나스, 『윤리와 무한』, 양명수 옮김, 다산글방, 2000, 102, 번역 일부 수정)
2) "타인은 가난한 자, 낯선 자, 과부와 고아의 얼굴을 지니는 동시에, 나의 자유를 서임하고 정당화하도록 부름 받은 스승의 얼굴을 지닌다."(Emmauel Levinas, *Totalité et Infini*, Martinus Nijhoff / La Haye, 1974, p. 229, 이하 TI로 표기)

의 철학을 벗어난다고 해야 할 것이다.[3]

이 글에서 우리는 레비나스의 타자 철학, 혹은 그의 사유 전반이 문화적·인종적 타자, 혹은 비서구의 문화에 대해 어떤 입장과 함축을 지니는지 검토해 보고자 한다. 우리는 그의 철학에 기대어, 그러나 동시에 그의 철학을 벗어날 위험을 무릅쓰고, 문화적으로, 경제적으로, 그리고 인종적으로 박해받는 자들을 그가 제시한 의미의 타자로 상정할 수 있을까? 그렇게 하려고 할 때, 우리는 그의 철학의 어떤 것을 훼손/보완하는 것일까?

언급된 타자, 혹은 약자는 현실에서 서구 식민주의와 어떤 식으로든 연결되어 있다. 그런 점에서, 레비나스의 타자 철학이 탈식민주의에 기여할 수도 있을 것이라고 기대할 수 있다. 서구의 식민 지배가 최소한 공식적으로는 종결된 지금까지도 문화적·인종적 평면에는 여전히 식민주의적 편견 —— 식민주의자들이 본질적인 것으로서 구성한 '차이'에서 기원하는 —— 이 강하게 작용하고 있다.[4] 이러한 상황에서 레비나스의 철학은 식민주의와 짝패를 이루는, 혹은 그것을 가능하게 한 유럽(혹은, 서구) 중심주의를 극복하는 데 기여할 수 있을까? 그의 철학은 이들 문화적·인종적 타자에게 제공될 수 있는 메시지를 가지고 있는가? 직접적으로 이들에 대해 윤리적 책임을, 환대를 언급하는 곳이 없다고 하더라도, 그의 윤

---

3) 이에 대해서는, Robert Bernasconi, "Who is my neighbor? Who is the Other? Questioning 'the generosity of Western thought'", *Emmanuel Levinas: Critical Assessments of Leading Philosophers*, Vol. IV, Routledge, 2005(이하 "Who is my neighbor?"로 표기), pp.9~10 참조.
4) 사실, 이 두 평면은 밀접히 포개져 있다. 인종의 문제가 전적으로 생물학적 문제가 아닌, 문화적 가치 평가가 깊숙이 개입된 문제라는 점에서 그렇다.

리적 원리(들)에서 그러한 함축을 이끌어내는 것은 가능한가?

그런데 이에 대한 답을 탐색하기도 전에, 우리는 그의 텍스트나 인터뷰에서 이러한 예상과 어긋나는 주장과 목소리를 접한다.

나는 항상 ── 사적인 자리에서 ── 그리스적인 것과 성서가 인간성 속에 있는 진지한 모든 것이라고 말한다. 다른 모든 것은 춤이다.[5]

비록 공개적으로 말하는 것이 위험한 것이긴 하지만, 나는 종종 인간성은 성서와 그리스적인 것으로 구성된다고 말한다. 나머지 모든 것은 번역될 수 있다. 나머지 모든 것 ── 이국적인 모든 것 ── 은 춤이다.[6]

타자에 대한 나의 규정은 완전히 다르다. 타자는 이웃, 반드시 친척일 필요는 없지만, 친척일 수도 있는 이웃이다. 그러한 의미에서, 만약 당신이 타자를 위해 존재한다면, 당신은 이웃을 위해 존재하는 것이다. 그러나 만약 당신의 이웃이 다른 이웃을 공격하거나 그를 정의롭지 못하게 다룬다면, 당신은 무엇을 할 것인가? 그 경우 타자성은 다른 성격을 띠게 되며, 그렇게 되면 우리는 타자성 속에서 적을 발견하거나 최소한 우리는 누가 옳고 누가 그르며, 누가 정의롭고 누가 정의롭지 못한가를

---

5) "Intention, Ereignis und der Andere. Gespräch zwischen Emmanuel Levinas und Christoph von Wolzogen am 20. Dezember 1985 in Paris", *Humanismus des anderen Menschen*, (Übersetzt von) Ludwig Wenzler, Felix Meiner Verlag, 1989, p.140("Who is my neighbor?", p.16에서 재인용).

6) Raoul Mortley, *French Philosophers in Conversation*, London: Routledge, 1991, p.18("Who is my neighbor?", p.17에서 재인용).

알아야 하는 문제에 직면한다. 그릇된 사람들이 존재한다.[7]

이러한 발언은 정도에 차이는 있을지언정, 그의 텍스트를 통해 독자들이 상상하고 기대했을 법한 레비나스의 입장과 어긋나 보인다. 이러한 괴리는 어디에서 기인하는 것일까? 전쟁과 폭력 대신 평화를 인간 삶에 깃들게 하려는 타자의 철학자가 또 다른 편견, 억압, 폭력을 야기하거나 정당화시킬 수 있는 자문화 중심적 주장을 하는 것을 우리는 어떻게 이해해야 하는가?[8]

맥락의 치이가 있긴 하지만, 레비나스는 자신의 철학적 텍스트와 고백 사이의 틈을 의식하면서, 이것이 자신의 철학적 주장에 다가가는 데 방해가 되지 않기를 바란다.

나는 글을 쓰면서 언제나 철학적 텍스트와 고백적 텍스트 사이에 분명한 구분을 한다. 그것들이 **궁극적으로는 공통된 영감의 원천을 갖고 있으리라는 걸** 부인하지는 않는다. 단지 내 말은 그것들 사이에 상이한 주

---

7) "Israël: éthique et politique" (with Alain Finkielkraut and Shlomo Malka), *Les nouveaux cahiers* 71, 1982~83(이하 IEP), p.5; *The Levinas Reader*, edited by Seán Hand, Basil Blackwell, 1989(이하 LR), p.294("Who is my neighbor?", p.10에서 재인용). 여기서 '그릇된 사람들'로 레비나스는 팔레스타인인을 염두에 두고 있다.

8) 그의 철학 전체를 부정하지 않고 이러한 어긋남에 대응하는 한 가지 방식은 레비나스가 서구 철학에 제기한 비판을 그 자신에게 함으로써 "그의 저작에서 발견될 수 있는 것과 다른 방식으로 그의 사유를 계발"("Who is my neighbor?", p.6)하는 것이다. 이러한 접근은 한 사상가에게서 텍스트와 고백 사이, 혹은 텍스트와 삶 사이의 괴리를 발견할 때, 우리가 선택할 수 있는, 유익한 방식 중 하나라고 할 수 있다. 이 글은 다른 레비나스를 구성하려고 하기보다는, 그의 고백과 텍스트가 충돌하는 지점을 확인하고, 그러한 충돌의 이유를 탐색함으로써, 이후 연구를 위한 정지(整地) 작업을 주된 과제로 설정한다.

해 방법 혹은 분리된 언어로서의 분계선을 긋는 것이 필요하다는 얘기다. 예를 들어, 내가 현상학적 논변을 증명하거나 정당화하기 위해 내 철학적 텍스트에 탈무드나 성서의 구절을 끌어들이는 일은 없다. …… **성서적 지혜를 그리스어로 번역하는 일은 미완인 채 남아 있다.**[9]

철학의 평면과 고백의 평면 간 차이를 보여주는 예로서 레비나스가 든 것 ── 철학적 텍스트와 성서의 구절 ── 은 현재 우리의 맥락에 그렇게 적절해 보이지 않는다. 제시된 예는 철학적 주장의 근거로서 종교적 원리나 테제를 사용하지 않겠다는 것을 말할 뿐이다.

레비나스는 자신의 철학과 고백이 **공통의 영감**에 기원을 두고 있다는 것을 인정한다. 이것은 최소한, 만약 우리가 그의 고백과 철학에서 서로 어긋나 보이는 목소리를 들을 경우, 그 차이에 대해 따져 보는 것이 근거 없는 작업은 아니라는 것을 보증해 준다. 그럼에도 우리의 작업이 철학적인 것이 되고자 한다면, 이 차이는 철학적 텍스트를 준거로 분석되어야 할 것이다. 그것은 고백의 형식으로 표현된 그의 생각이 레비나스의 텍스트 속에서 확증, 혹은 부정되어야 한다는 것을 의미한다.

2. 유럽중심주의의 몇몇 대목들

레비나스의 철학에 문화적·인종적 타자를 위한 자리가 존재하는지 살펴

---

9) 리처드 커니, 『현대 사상가들과의 대화』, 김재인·전예완·임재서 옮김, 256~257쪽. 위 인용문에는 갈래가 다른 주장들이 섞여 있다.

보려는 우리에게 그의 고백 속에서 확인되는 서구 중심주의에 대해 그의 텍스트는 무엇을 말하는지 분석하는 것은 중요한 일이다. 이를 위해 우리는 필요하다고 생각되는 몇몇 지점을 거치려고 한다. 우선, 윤리와 문화의 관계라는 문제를 경유하려 한다. 레비나스에 따르면, 얼굴은 "어떠한 문화적 장식도 달고 있지 않다."[10] 이것은 타자의 타자성은 원칙적으로 문화적 지평 너머에 있기에, 우리가 타자를 만날 때, 그(녀)의 문화적, 인종적 정체성을 고려하지 말기를 요청하는 것 같다.

현재의 맥락에서 또 한 가지 중요한 지점은, 유대주의에 대한 레비나스의 입장이다. 주지하다시피 유대주의는 유대민속이라는 개별적 민족의 특수성을 반영, 표현한다. 그러나 레비나스는 유대주의를 특수성으로 모두 환원하지 않고, 보편성의 계기를 담지한 것으로 생각한다. 유대주의에 대한 레비나스의 입장을 분석함으로써 우리는 그가 보편성과 특수성의 측면에서 서구와 비서구를 어떻게 바라보는지를 확인하는 한 통로를 확보할 수 있을 것이다. 이 외에 레비나스가 직접적으로 서구 문화의 우월성과 그 근거를 제시하는 대목들이 있다. 우리는 서구 문화의 우위에 대한 이러한 주장이 그의 윤리학 내에서 정당화되는 것인지, 아니면 그의 윤리적 원칙, 방향과 충돌하는지를 검토할 것이다.

레비나스의 서구 중심성을 분석하기 전에, 그의 그러한 경도(傾倒)를 이해하기 위해, 그리스에 기원을 둔 서구 철학 언어의 우월함에 대한 생각을 그와 공유하는 퐁티[11]를 잠시 살펴보자.

---

10) Emmanuel Levinas, *Humanisme de l'autre homme*, Fata morgana, 1987(이하, HH), p.52.
11) 후설 역시 이에 포함되어야 한다. 이에 대해서는 Bernasconi, Robert, "One-Way Traffic: The Ontology of Decolonization and its Ethics", *Ontology and alterity in Merleau-Ponty*,

"서구의 사유에는 대체할 수 없는 어떤 것이 있다. …… 한 문화는 그것의 투명성 정도에 의해, 그것이 그 자신과 타자들에 대해 갖는 의식에 의해 판단된다. 이런 점에서 서구(넓은 의미에서)는 여전히 참조 체계이다. 자기를 의식하는 이론적이고 실천적인 수단을 창안하고 진리의 길을 연 것은 바로 서구이다."[12]

서구 문화의 우월성과 다르지 않은 서구 사유의 고유성, 그것은 저자신을 의식한다는 것이며, 자신의 존재를 이해할 수 있는 수단을 소유하고 있다는 것이다. 이것이 서구의 자랑이다. 레비나스 역시 별반 다르지 않다. 아니, 다음과 같은 서술을 보면, 한 걸음 더 나아간다고도 할 수 있다. "그 자신들을 결코 이해한 적이 없었던 개별 문화들을 이해할 수 있었던 서구 문명."[13]

여기에는 두 가지 주장이 동시에 들어 있다. 서구를 제외한 비서구의 개별 문화들은 자신들을 이해할 수 없었다는 것, 그리고 자기 인식조차 할 수 없는 비서구의 문화들을 서구는 이해할 수 있었다는 것. 이런 입장에서라야 "나는 종종 인간성은 성서와 그리스적인 것으로 구성된다고 말한다. 나머지 모든 것은 번역될 수 있다"는 주장이 가능할 것이다. 성서와 그리스적인 것으로 번역되지 못할 인간성의 어떤 면모는 존재하지 않

Galen A. Johnson and Michael B. Smith, Editors, Northwestern Univ. Press, 1990(이하, "One-Way Traffic"), p.73 참조.

12) Merleau-Ponty, *Signs*, trans. Richard C. McCleary, Evanston: Northwestern Univ. Press, 1964, p.138; *Signes*, Paris: Gallimard, 1960, p.174("One-way traffic", p.73에서 재인용).

13) HH, 60.

는다. 그렇게 말하지는 않았지만, 이러한 주장에는 다음과 같은 것이 함축된 것 같다. 성서와 그리스적인 것으로 번역되지 않는 것은, 번역할 필요가 없다. 그런 요소는 인간성에서 핵심적이지 않다. 주목할 것은, 그의 윤리학 ─ 제1 철학으로서의 ─ 에서 긍정적 가치를 부여받지 못하는 '이해'가 여기서는 긍정적 의미를 지닌다는 것이다. 이해는 동일자가 타자를 포획하는 대표적 방식이다. 레비나스는 타문화에 대해 윤리적 측면에서가 아닌 인식론적 측면에서 접근하면서, 서구 문명 자체가 지닌 인식의 능력 ─ 여기에는 인식의 수단, 예를 들어 그리스어도 포함될 것이다 ─ 을 긍정적으로 평가한다.[14] 왜 레비나스는 이 지점에서 서구 문명을 향해 윤리적 태도를 강조하지 않을까? 문화 간의 관계, 문명 간의 관계는 대면적인 관계가 아니라서 그런 것인가?

3. 윤리와 문화

주지하다시피, 레비나스의 철학은 윤리학, 더 정확히는, 윤리의 가능성을 묻고 윤리의 근거를 제시하려는 윤리학이다. 타자의 소환, 혹은 얼굴의 명령과 그에 대한 응함에 의해 윤리는 비로소 가능해진다. 이 윤리는 "역사에 선행하고 문화에 독립적"[15]이어야 한다. 이것이 얼굴은 "어떠한 문

---

14) 이런 점에서 다음의 비판은 적절하고 절절하다. "이해의 이념(the ideal of comprehension)이 이해 대상의 타자성을 그것을 전유하고 파악하는 과정에서 축소[환원]하기 때문에, 그러한 이념에 도전하는 이러한 사유가 왜 서구 문화에, 그것이 특정한 종류의 지식을 추구함으로써 다른 문화들을 전유할 수 있는 그 능력에 호소함으로써 특권을 부여하는가?"("Who is my neighbor?", pp.14~15)

15) "One-way Traffic", p.75.

화적 장식도 달고 있지 않다"는 주장의 뜻이다. 이것은 도덕적 판단이나 규범이 "역사와 문화를 초월하여 정당화될 수 있다"[16]는 것을 의미하는 것이 아니라, 그런 것들이 가능한 것은, 그 근거에 문화 초월적인, 문화로 환원되지 않는 윤리가 존재하기 때문이라는 것을 의미한다.

레비나스가 타자성의 담론을 문화적 혹은 인종적 범주에 적용하는 것을 거부한다는 것은 확실해 보인다. 1982년 팔레스타인 난민촌에서 일어난 학살 이후에 있었던 한 라디오 토론에서, 사회자가 팔레스타인인이 이스라엘의 타자일 가능성에 대해 물었을 때, 그가 한 대답이 바로 위의 세 번째 인용문이다. 논의의 편의를 위해 일부를 다시 인용한다.

타자는 이웃, 반드시 친척일 필요는 없지만, 친척일 수도 있는 이웃이다. …… 만약 당신의 이웃이 다른 이웃을 공격하거나 그를 정의롭지 못하게 다룬다면, 당신은 무엇을 할 것인가? 그 경우 타자성은 다른 성격을 띠게 되며, 그렇게 되면 우리는 타자성 속에서 …… 누가 정의롭고 누가 정의롭지 못한가를 알아야 하는 문제에 직면한다. 그른 사람들이 존재한다.[17]

여기서 등장하는 타자는, 그의 텍스트를 기준으로 말한다면, 『존재와 달리』의 타자라고 할 수 있다. 거기서 레비나스는 가까운 곳에 있는 이웃으로서의 이방인을 타자라고 말한다.[18] 약자로서, 궁핍한 자로서 타자의

---

16) "One-way Traffic", p.75.
17) IEP, p.5; LR, p.294("Who is my neighbor?", p.10에서 재인용).
18) "Who is my neighbor?", p.9.

면모는 언급되지 않는다. 인용문에서 확인할 수 있는 또 다른 것은 그가 대면적 관계에 있는 타자를 넘어, 타자의 타자를 언급하고 있다는 것이다. 주지하다시피, 이것은 제삼자가 등장하는 정의[19]와 연관된 영역, 제도의 영역, 정치의 영역이다.[20]

존재의 질서에서 약자인 팔레스타인인이 타자일 가능성을 부정하면서, 레비나스가 이웃으로서의 타자와, 타자의 타자를 말했다는 것은 무엇을 의미하는 것일까? 이에 대한 답을 유보하더라도, 제기된 질문을 통해 레비나스가 자신의 타자 철학(적 정치학)과 팔레스타인 문제를 맞부딪히게 함으로써, 자신의 사유가 새로운 방향으로 전개되거나, 확장될 기회로 삼지 못한 것에 대해 우리가 아쉬움을 표현할 수는 있을 것이다. 그의 발언이 난민촌에서 자행된 학살 직전 발생했던 테러[21]를 염두에 두었다 하더라도, 그 테러가 이전에 자행된 폭력의 한 대응이라는 것을 그는 간과하거나 방관한 것으로 보인다. 그렇다면, 그의 답변은 지나치게 현상적이고 단편적인 것이라 평가할 수 있다. 결국, 그의 타자 철학은 현실의 국제 정치 질서 속 약자——그가 테러를 실행하든, 아니하든——에 대해서는 아무런 할 말을 갖고 있지 못한가?

---

19) "내 앞의 사람 말고 제삼자가 있다는 사실에서 법이 생기고 정의가 생긴다고 본다."(『윤리와 무한』, 115쪽) 윤리에서 정의로 이행하게 하는 제삼자의 계기는 다음과 같은 맥락에서 등장한다. "대면적 견지에서의 타자는 그때마다 유일하다. 엄밀히 말해, 타자'들'이 동시에 내게 다가올 순 없다. 그래서 이 타자들을 고려하고 비교하려면 나와 타자 외에 '제3자'를 상정하는 일이 불가피해진다. 그러니까, 제3자는 내가 직접 대면하고 있는 타자는 아니지만, 타자일 수 있는 자다. 내 이웃은 아니나 타자의 이웃인 자다."(문성원, 『해체와 윤리』, 그린비, 2012, 91~92쪽)
20) 물론 레비나스는 정의가 윤리에 기초를 두어야 한다고 생각한다.
21) 난민촌 학살의 빌미가 되었던 테러.

윤리에서 문화적·인종적 차이[22]가 고려되어서는 안 된다는 레비나스적 언명은, 사실 서구 휴머니즘의 일관된 주장이기도 하다. 서구 휴머니즘은 항상 인간 자체에 대해 말해 왔으며, 인간에 대한 자신의 이해가 보편적인 것임을 역설해 왔다. 그러나 제3세계의 많은 사상가, 운동가들 —— 대표적으로 프란츠 파농을 들 수 있겠다 —— 이 폭로하듯이, 서구 휴머니즘에서 전제된 '인간'은 서구인이다. 구체적으로 말한다면, 그리스적 로고스를 지닌 인간이다. 다시 말해 "'인간됨'은 내용이 있는 관념이다."[23]

현실적으로 피부색에 대한 편견이 존재하고, 그러한 편견 속에서 억압과 폭력이 정당화되는 상황에서, 인종적 차이를 단지 외양적인 것으로만 치부하면서 그(녀)를 '인간으로서' 대하는 것이 진정으로 타자로서 대하는 것인가?

레비나스는 우리가 타자와 만나는 최선의 방식을 이렇게 말한다.

타인을 만나는 가장 좋은 방식은 그의 눈 색깔마저 주목하지 않는 것이다. 눈 색깔을 관찰할 때, 우리는 타인과 사회적 관계에 있는 것이 아니다.[24]

---

22) 인종적 차이는 생물학적 차이에 불과하므로 문화적 차이와 구분할 필요가 있다고 생각할 수도 있겠지만, 현실에서 인종적 차이는 생물학적 규정성보다는 문화적 규정성이 더 강력하게 작용하고 있다는 점에서, 인종의 문제, 피부색의 문제는 문화의 문제에 포괄될 수 있다.
23) "Who is my neighbor?", p.8.
24) 『윤리와 무한』, 109~110쪽(번역 일부 수정).

눈동자의 색깔이, 피부색과 함께 인종적 차이의 대표적 표지임을 생각한다면, 우리가 타자를 만날 때, 인종적 정체성을 고려해서는 안 된다는 것을 레비나스의 철학은 강력하게 권고한다고 해야 할 것이다. 그런데 이 '고려 없이' 타자와 만난다는 것의 의미는, 역사적으로 확인되었듯이, 레비나스의 맥락을 벗어나 왜곡이 가능하다.

타인과 만날 때, 그(녀)의 눈 색깔이나 피부색에 주목한다는 것은 이미 현실에 구축되어 있는 어떤 질서 속에서 그(녀)를 만난다는 것이며, 이것은 윤리적으로 타자와 만나는 방식이 아니다. 인용문에서 레비나스가 의도하는 것은, 오히려 **이 질서를 초월하여 만남으로써, 그 질서를 동요시키라는 것**이라고 할 수 있다. 그것은 레비나스가 장식 없는 얼굴을 강조하는 것과도 일맥상통한다. 문화적 장식 없는 얼굴, 혹은 추상적 얼굴은 "세계로 환원되지 않는 타자"[25]로서 그 현전에 의해 세계, 혹은 질서를 동요시킨다. 다시 말해 "얼굴의 추상성은 세계의 지평들에 정주(定住)하지 않으면서 내재성을 **흐트러뜨린다**(dérange)".[26]

그런데 레비나스는 이렇게 얼굴의 추상성을 말하면서도, 타자의 타자성에 내용적 성격을 부여하기도 하였다. "초월적 타자성, 즉 시간을 열어 주는 타자성의 개념은 무엇보다도 내용의 타자성(altérité-contenu), 즉 여성성을 출발점으로 하여 추구되었다."[27] 이것은 1948년 『시간과 타자』가 처음 발간된 지 30년이 지나 다시 출판되면서 레비나스가 덧붙인 글 일부이다. 이 글은 다음의 글로 이어진다. "여성성은 …… 다른 모든 차이

---

25) HH, p.51.
26) HH, p.63.
27) 엠마누엘 레비나스, 『시간과 타자』, 강영안 옮김, 문예출판사, 1996, 24쪽.

와 구별되는 차이로, 단지 다른 모든 성질과 구별되는 하나의 성질로서뿐만 아니라 차이, 이 자체의 성질로 인한 차이로 우리에게 나타났다."[28]

여성성을 타자성의 내용으로 제시하는 이러한 입장에 대한 보브와르(Simond de Beauvoir)의 반박 이후, 그녀와 같은 입장에서, 혹은 그녀와 다른 입장에서 수많은 입장과 해석들이 이어졌다. 한마디로 이 구절은 "광범위한 주석을 초래"[29]했다. 여기서 레비나스의 주장과 그에 대한 반박들을 분석하고 검토하지는 않는다. 다만, 버나스코니가 묻듯이, "다른 형태의 차이, 특히 인종적 차이는 내용의 타자성을 지녀서는 안 되는가?"[30]라는 질문은 우리의 맥락에서 기억할 필요가 있을 것 같다.

레비나스가 여성성에 부여한 고유한 성격과 역할에 상응할 만큼 인종성의 의미를 규명하는 일, 그리하여 그것을 출발점으로 하여 초월적 타자성의 개념을 추구하는 것은 간단한 일이 아닐 것이다. 그러나 레비나스의 철학에서 타자가, 나보다 낮은 자, 약자이면서 나의 자유, 나의 자기만족을 문제시하는[31] 자임을 생각해 볼 때, 그 타자가 "나의 **문화적 정체성을 문제시**"[32]할 수는 없는지 물을 수 있을 것 같다. 주변부에 속하지 않는 ── 중심부, 반(半)중심부에 속하는 ── '우리'는 우리의 문화적·인종

---

28) 『시간과 타자』, 24쪽. 『시간과 타자』의 본문에서 이에 해당하는 부분은 이렇게 서술되어 있다. "어떤 존재가 타자성을 자신의 본질로서, 적극적인 자격으로 담보할 수 있는 그러한 상황은 없는 것일까? 동일한 유(類) 안의 두 종의 대립으로, 순전히 그리고 단순하게 포섭되지 않는 타자성은 어떤 것인가? 상반된 것에 대해 완벽하게 상반된 것, 그 상반성이 그 자신과 상관자의 관계를 통해서도 어떠한 영향도 받지 않는, 전적으로 다른 것으로 남아 있도록 허용하는 상반성, 그것은 여성적인 것이라고 나는 생각한다."(『시간과 타자』, 103쪽)
29) "Who is my neighbor?", p.11.
30) "Who is my neighbor?", p.11.
31) "One-way Traffic", p.75 참조.
32) "Who is my neighbor?", p.17.

적 정체성 속에서 자기만족을 느끼기 때문이다.[33]

레비나스 윤리학의 근본 지향 가운데 하나가 타자에 의한 자기의 문제시에 있는 것이라면, 우리의 문화적·인종적 정체성에 만족해 마지않는 우리 자신을 문제시하는 문화적·인종적 타자를 레비나스적 의미의 타자로 상정하는 것을 막는 것은 무엇일까? 우리의 자유와 안온함을 문제시하는 것이 타자의 일이며, 그런 점에서 우리의 문화적 정체성을 불편하게 하고, 우리의 자(기)문화 지향적 태도를 돌아보게 하는 존재를 타자로 상정하는 일이 레비나스 철학 내에서 (불)가능하다면, 그것은 어떤 근거에서 그러한가를 묻는 것은 레비나스 철학의 가능성과 한계를 그 내부와 외부에서 동시에 파악하는 일일 것이다.

앞에서 어느 정도 언급했듯이, 레비나스는 서구, 혹은 유럽 문화에 대단히 만족하며, 그 특권적 위치를 승인하기를 주저하지 않는다. 「의미화와 의미」("La Signification et Le Sens")[34]에서 서구 문화의 우월성에 대한 이러한 입장은, 인터뷰에서와 달리, 철학적 인식에 기초한 입장으로서 체계적으로 제시된다.

다음 절로 넘어가는 이 지점에서 우리는 새삼 "'문화(적인 것)'은 레

---

33) 다음과 같은 테일러(C. Taylor)의 지적은 우리에게 시사적이다. "지배집단이 피지배집단에 대해 지닌 이해의 종류는, 정복자들이 피정복자들에 대해 지닌 이해의 종류 …… [타인들을 이해하기 위해] 그들이 필요로 하는 용어들이 이미 자신들의 어휘 속에 있다는 강한 확신에 기초하고 있었다. …… 통치의 만족은 전리품, 불평등한 교환, 노동력의 착취 등을 넘어서 격렬한 저항에 직면하지 않고서 이러한 허구를 살아갈 수 있는 데에서 오는 **정체성의 재긍정**을 상당히 포함한다"(C. Taylor, "Understanding the Other", *Gadamer's Century*, MIT Press, 2002, p.295).

34) 「의미와 방향」으로 번역해도 무방한 이 글은 『타인의 휴머니즘』(*Humanisme de l'autre homme*)에 실려 있다.

비나스에게 도대체 무엇이며, 어떤 위상을 지니는가?"라는 질문의 중요성을 인식한다. 레비나스는 윤리와의 관계에서 문화를 부차적인 것, 장식으로 간주한다. 그런데 문화 대 문화, 비서구 대 서구의 관계에서는 그런 시각이 사라지고, 오히려 그의 타자 철학의 정신에 어긋나 보이는, 자문화중심성 ── 유럽중심성 ── 을 보인다.

4. 「의미화와 의미」에 나타나는 유럽중심성

레비나스의 고백에서 확인되는 유럽중심성이 어느 정도 자신의 철학에 의해 뒷받침되는 것인지를 판단하기 위해서는 「의미화와 의미」를 분석할 필요가 있다.[35] 레비나스는 이 글에서 우리가 유럽중심주의라고 판단할 만한 주장을 제시한다. 이 글은 전체적으로 퐁티의 탈식민주의적 존재론에서 귀결되는 문화적 다원주의와 "문화에 앞서는 윤리적 정향 혹은 의미에 대한 [레비나스의] 주장"[36]의 상호 대면이라는 구조로 되어 있다.

'의미화[혹은, 의미작용]와 수용성'(Signification et Réceptivité)이라는 소제목으로 시작되는 이 글은 "수용성에 주어진 실재와 그것이 취할 수 있는 의미화"[37]의 문제를 다룬다. 그 과정에서 "의미화와 수용성의 관계"를 둘러싼 서로 다른 두 주장이 소개되는데, 이 주장들에서 관건은 지각

---

35) 이에 대해서는 필자의 「레비나스와 유럽 중심주의 ──「의미화와 의미」(La signification et le sens)를 중심으로」, 『철학논총』, 제85집, 새한철학회, 2016 참조.

36) "Who is my neighbor?", p.12. 이것은 이 글의 여러 주제 중 하나로서, 버나스코니의 관심에 의해 특히 부각된 것이다.

37) HH, p.17.

의 성격, 혹은 위상이다.[38] 지성주의적 경향을 지닌 한 주장은 지각의 결함을 지적하는 반면, 다른 주장은 지각을 신체적인 것으로 인식하면서, 그것의 탁월성을 제시한다. 전자의 관점을 플라톤이 대변한다면, 후자는 퐁티가 대변한다. 레비나스는 이 상이한 관점들 각각이 "식민화라는 정치적 문제"[39]와 관련하여 지닌 함축들을 서술하는데, 그 과정에서 현재의 맥락에서 주목할 만한 언급들이 등장한다.

퐁티의 의미(화)론에서 도출되는, 탈식민주의적 함축을 지닌 보편성 개념을, 레비나스는 이렇게 서술한다.

…… 보편성은 퐁티의 표현에 따르자면, 오직 나란한(latérale) 것으로만 존재할 수 있다. 이러한 보편성은, 마치 우리가 모국어에 기초하여 다른 언어를 배우듯이, 한 문화에서 출발하여 다른 문화를 관통할(pénétrer une culture à partir d'une autre) 수 있을 때 성립할 수 있을 것이다. 보편 문법의 이념 그리고 이러한 문법의 틀 위에 세워진 알고리듬 언어의 이념은 포기되어야 한다. **이념들의 세계와 어떠한 직접적 혹은 특권적 접촉도 가능하지 않다.**[40]

이러한 보편성 개념은 "식민화에 의한 문화의 확장"[41]을 반대할 수밖에 없을 것이라고 레비나스는 판단한다.

---

38) "One-way traffic", p.69 참조.
39) "One-way traffic", p.69.
40) HH, p.59.
41) HH, p.59.

문화적 보편 문법 혹은 공통 언어를 부정하는 퐁티에 대한 레비나스의 반박은, 문화들의 공존을 주장하는 문화 다원론은 이미 윤리적 근거 혹은 방향을 전제한다는 것이다.[42]

혹자는 문화들의 동등성, 문화들의 풍부함의 발견과 문화들의 부요함에 대한 인식 등 그것들 자체가, 인간성이 [거기] 존립하는 정향의 결과들과 명백한 의미의 결과들(les effets d'une orientation et d'un sens sans équivoque)이 아닌 것처럼 생각한다. …… 혹자는 평화로운 공존이 존재자에 일방적 의미(un sens unique)를 부여하는 한 정향이 존재자 속에 그려져 있다는 것을 전제하지 않는 것처럼 생각한다.[43]

여기서 의미화와 의미를 레비나스가 어떻게 구분하며, 그것을 통해 의도하는 것은 무엇인지 살펴볼 필요가 있다. 이 구분은 퐁티와 레비나스 공히 사용하며, 둘 다 불어 sens(의미, 방향 등)의 다의성을 활용한다. 이 구분의 용례는 퐁티에 의해 비교적 명확하게 서술된다.

우리는 타자나 사물을 주시하는 것 이외의 방식으로 그것들이 무엇인가를 아는 다른 방식을 가지고 있지 않으며, 그것들의 의미[화] (signification)는 우리가 어떤 관점에서, 어떤 거리에서, 어떤 방향(sens)

---

42) 물론, 이것 자체로는 퐁티에 대한 레비나스의 반박이 충분하다고 하기는 어렵다. 레비나스 역시 자신만의 의미론을 제출해야 하며, 사실 그렇게 한다.
43) HH, p.39

에서 그것들을 주시할 때만, …… 드러난다.[44]

여기서 보듯, 의미화는 어떤 방향, 혹은 의미의 맥락을 전제한다.[45]

레비나스는 이러한 퐁티의 용례를 따르면서도, 그것을 자신의 방식으로 변형시킨다. 그는 대체로 "문화적 다양성의 문제와 관련하여 ……의미화라는 어휘를 사용"[46]하며, 그에 비해 의미(sens)라는 어휘는 "윤리적 무게감"을 부여하며 사용한다. 그에 따르면, 의미는 "일방적이고 단일한 방향"(both unique and in a single direction)[47]을 가리킨다. 의미와 의미화의 관계를 레비나스는 다음과 같이 — 질문 속에서 간접적으로 — 제시한다. "의미화는 자신의 의미 형성(signifiance)이 힘입는 일방적 의미를 요구하지 않는가?"[48]

짐작하다시피, 이 일방적 의미는 절대적 타자에게서 온다.[49] 결론이자 문제적인 주장은 이렇다. "의미화는 …… 윤리적인 것 — 모든 문화와 모든 의미화가 전제하는 — 속에 위치"하며 "도덕은 문화에 속하지 않[을 뿐 아니라] 사람들이 문화를 판단할 수 있게 한다".[50] 레비나스에게 문

---

44) 메를로퐁티, 『지각의 현상학』, 류의근 옮김, 문학과지성사, 2002, 641쪽. 「의미화와 의미」 외에 레비나스의 용례에 대해서는 다음을 참조. " …… 출현(apparition)은 계시하고 숨는다. 말은 언제나 새로워지는 전적인 솔직함으로 이 모든 출현의 불가피한 은폐를 극복하는 데서 성립한다. 그리하여 모든 현상에 의미(sens)가, 즉 방향(orientation)이 부여된다."(TI, p.71)
45) '의미화'와 '의미'라는 용어를 사용하지 않고 이것을 달리 서술한다면, 사물의 의미는 선행하는 (더 근본적인) (방향으로서의) 의미를 전제한다는 것으로 서술할 수 있을 것이다.
46) "One-way traffic", p.73.
47) "One-way traffic", p.73.
48) HH, pp.39~40.
49) "얼굴과의 관계 속에서, 윤리적 관계 속에서, 방향 혹은 의미의 곧음이 나타난다(se dessine la droiture d'une orientation ou le sens)."(HH, p.55)

화 —— 예술을 포함하여 —— 는 "존재론적 질서 그 자체의 일부"이며, "전형적으로 존재론적이다".[51] 그것은 문화적 대상이나 예술 작품이 존재의 의미화를 가능하게 함으로써 "존재의 이해를 가능하게"[52] 하기 때문이다.

의미와 의미화의 구분에는 "문화들을 판단"하려는 어떤 의지가 엿보인다. 이러한 의지는 "모든 문화적 인격들이 같은 자격으로(au même titre) 정신을 실현한다는 것을 인정"[53]할 수 없다. 여기서 우리는 문화들을 판단하려는 이러한 의지의 계보학으로 들어가지는 않는다. 다만, 이러한 판단의 가능성과 근거를 포기하지 않으려는 의지는, 바로 그 자신이 이러한 판단의 주체가 되려는 의지와 그렇게 멀리 있지 않다는 것은 말할 수 있다.

5. 보편성과 특수성의 측면에서 본 유대인, 유대주의의 문제

레비나스에 따르면, 서구는 철학과 성서의 통일이며, 그리스적인 것과 유대적인 것의 결합이다. 이러한 이해 자체는 거의 상식이 되어 버린 것으로서, 레비나스 고유의 인식이라고 할 수 없다. 그럼에도 레비나스의 이러한 서구관에 우리가 주목하는 까닭은, 그것이 자리하고 있는 맥락 때문이다.

레비나스는 유대주의를 재규정하는데, 그렇게 하는 가장 강력한 계

---

50) HH, p.58.
51) HH, p.28.
52) HH, p.28.
53) HH, p.58.

기는 바로 아우슈비츠의 경험이다. 이 박해는 서구에서 면면히 이어져 온 반셈족주의의 정점이다. 그는 이 박해의 경험을 통해 이스라엘의 옛 경험, 성서에 기록된 경험으로 되돌아가, 거기서 다시 이스라엘의 본질을 도출해 내려 하는 것 같다.[54]

아우슈비츠의 경험으로 인해 레비나스는 유대인이 서구에서 존재해 왔던 방식을 반추하고, 어떻게 유대주의가 자신의 본질, 고유성을 유지하면서도 서구(의 사유)와 관계를 맺을 수 있는지를 탐색한다. 이것이 그에게 중요한 문제인 것은, 이러한 작업이 유대인, 유대주의로 하여금 동화와 멸절 외의 다른 존재 방식을 가능하게 할 것이라고 생각하기 때문이다. 앞에서 언급된 레비나스의 서구관은 이처럼 멸절되지 않고, 그렇다고 동화되지도 않고 서구에서 유대인으로 존재하기 위한 길의 모색에서 나온 것이다.[55]

서구가 철학과 성서의 통일이라고 했을 때, 그것은 구체적으로 유대주의의 지혜와 그리스어의 결합이다. 그리스어는 곧 철학의 언어이며, 그것은 보편적 언어이다. 따라서 서구를 이렇게 파악하는 것에는 유대주의

---

54) 다음의 서술이 이러한 예가 아닌가 한다. "내가 이집트에서 노예였다는 트라우마가 바로 나의 인간성을 구성한다. 그것이 나를 단숨에 모든 프롤레타리아들에게, 모든 비참한 자들에게, 모든 대지의 박해받는 자들에게 연결시킨다."(*Difficile liberté: Essais sur le judaïsme*, troisième édition, Albin Michel, 1976, pp. 45~46, 이하 DL).

55) "보편주의에 대한 레비나스의 논의를 이해하려면, 쌍둥이 위험 ── 그것[보편주의]이 반응[대답]인 ── 을 이해해야 한다. 그것은 다른 문화가 분리와 통합의 위험들이라 부를 것들이다. 레비나스에게 그것들[위험들]은 절멸과 동화 사이의 선택이다. 대화에 문을 닫고 유대 문화에 충성하는 것이 유대인들을 '게토와 신체 절멸'로 몰아가는 반면, '도시로 들어오도록 허용받은 것은 그 도시의 문화 속으로 그들이 상실되게 만든다'(*Quatre lectures talmudiques*, Paris, Editions de Minuit, 1968, p. 24). 이것이 레비나스가 시오니즘 그리고 히브리 지혜를 그리스어로 번역하는 것을 해결책으로 본 그 문제이다."("Who is my neighbor?", p. 20)

의 특수성과 그리스적 보편성을 종합하려는 의지가 개입되어 있다. 그런데 레비나스의 유대주의 이해에서, 유대주의의 특수성은 단순히 보편의 상대로서의 의미에 그치지 않는다. 유대주의적 특수성은 그리스어로 대표되는 서구적 보편성의 한계를 보여 줄 수 있는 그런 특수성이다.[56] 그런 점에서, 레비나스에게는 서구가 서구로서 지니는 우월성도 그것이 유대주의를 수용했다는 점에 있다고 해야 할 것이다.[57]

레비나스가 말하는 서구의 한 축으로서 유대주의의 지혜란, 다른 말로 하면, 유대주의의 메시지이다. 그런데 이 메시지는 유대(주의)라는 특수한 것, 구체적인 것 속에 있지만, 모든 인류에게 건네져야 하고,[58] 건네질 수 있는 것이라는 점에서 보편적인 것이기도 하다. 유대주의적 메시지가 지닌 이러한 독특한, 혹은 탁월한 성격은 유대인들의 역사적 경험의 독특성, 탁월성에서 온다. 이미 앞에서 말했지만, 이것은 아우슈비츠의 경험이 대표하는 박해의 경험이다. 이 박해의 경험에서 레비나스는 보편적 책임을 도출한다.

---

56) " …… 동화된 유대주의에서 그리고 [이방] 민족들 가운데 누가 여전히 특수성이 보편적인 것을 넘어서 사유될 수 있다고 짐작하겠는가? 그것[특수성]이 서양적인 것의 부인할 수 없는 가치들을 포함할 수 있다고, 그뿐만 아니라 [부인할 수 없는 가치들을] 멀리까지 데리고 갈[인도 할] 수 있다고 짐작하겠는가?"("…… Mais qui, dans le judaïsme assimilé et parmi les nations, se doute encore qu'une singularité soit pensable au-delà de l'universalité? Qu'elle soit susceptible de contenir les non-reniables valeurs de l'Occident, mais aussi de mener plus loin?"[*L'au-delà du verset*, Paris : Editions de Minuit, 1982, 이하 ADV로 표시, p.232]).

57) 레비나스 자신의 철학이 바로 이러한 사례로 제시될 수 있다. 그의 철학은 서구 사유의 정점이랄 수 있는 현상학을 매개로, 그러나 그 현상학의 한계를 드러내면서 이루어지고 있기 때문이다.

58) "모든 인류에게 말을 건네야 하는 그 소명"("Who is my neighbor?", p.18).

박해받는 것, 어떤 범죄도 저지르지 않고 유죄인 것은 원죄가 아니라, 그 어떤 죄보다 더 오래된 보편적 책임 ── 타자를 위한 책임 ── 의 이면(envers)이다. 그것은 보이지 않는 보편성이다![59]

유대인의 삶 자체라고 해도 과언이 아닌 박해는 역설적으로 모든 이들에 대한 유대인의 책임, 나아가 모든 이들에 대한 모든 이들의 책임을 증언한다. 유대인의 역사도, 특수한 것에 머물지 않는다. 이스라엘의 역사는 보편적인 것이다. "이스라엘의 역사 ── 명확하게 보편적인 이 역사, **모든 사람을 위한**[레비나스 강조], 모든 사람에게 보이는 이 역사 ……"[60]

박해의 경험에서 나온 책임 의식은, 선출(되었다는) 의식과 연결되어 있다.[61] 레비나스는 이 선출이 유대인에게만 해당하는 것은 아니라고 말한다. "민족이라는 의식은 예외적 운명이라는 의식을 함축한다. 이름에 걸맞은 모든 민족은 선출되었다."[62] 그러나 문화적 다원주의의 가능성을 함축하는 이러한 서술은 그 방향으로 더 진행되지 않고 책임이라는 주제[63]로 이어질 뿐이다.[64]

유대민족의 특수성 ── 아우슈비츠로 대표되는 박해의 경험 ── 에서 보편성 ── 타자를 위한 책임이라는 보편적 책임 ── 을 도출하는 것은

---

59) DL, p.315.
60) DL, p.315.
61) "낯설고 불편한 특권, 타인을 향한 그러나 타인에게 요구하지는 않는 의무들을 강요하는 특이한 불평등. 선출 의식이, 의심의 여지 없이 바로 그런 것이다."(ADV, pp.231~232)
62) DL, p.313.
63) "각 민족은 마치 자신만이 모든 민족을 위해 책임을 져야 하는 것처럼 행동해야 한다."(DL, p.313)
64) "Who is my neighbor?", p.26 참조.

정당화될 수 있을까? 이러한 질문은 반셈족주의에 대한 레비나스의 해명에 대해서도 적용될 수 있다.

> 반셈족주의는 단지 다수자가 소수자를 향해 느끼는 적의가 아니며, 이방인 공포증도 아니며, 그 어떤 보통의 인종차별주의도 아니다. …… 그것은 타자의 프쉬케 내부에 있는 미지의 것에 대해, 그것의 내재성의 신비에 대해 …… 혹은, 다른 사람의 순수한 근접성에 대해, 사회성 그 자체에 대해 느끼는 증오이기 때문이다.[65]

반셈족주의에 대한 레비나스의 이러한 설명에 우리가 혹 주목할 만한 것이 있다고 하더라도, 이러한 해명에는 유대인이 철학적으로 정당화될 수 없는 독특한 지위, 혹은 남다른 역할이 부여되는 민족이라는, 그런 점에서 유대인의 특별함을 주장하려는 인식이 보인다.[66]

레비나스에게, 철학과 성서의 통일로서 서구는 인간성의 이해를 위해서도, 인간성의 실현을 위해서도 다른 외부를 필요하지 않을 만큼 자족적이다. 그렇게 되면서 "모든 다른 문화들은 민속과 지역색으로 축소된다."[67]

---

65) ADV, p.223.
66) 맥락이 다르긴 하지만, 다음과 같은 언급 역시 레비나스의 유대주의 인식에서 보이는 모순을 건드린다. "유대주의에 대한 레비나스의 호소가 그의 작업을 구체적인 혹은 인종적인 것으로 만드는 것으로 보이는 바로 그때, 그는 유대주의에 보편적인 의미를 부여한다. 이것은 고백적 글이나 철학적 텍스트 모두에서 그렇다."("Who is my neighbor?", p.19)
67) "Who is my neighbor?", p.26.

우리는 우리 실존의 전통적 측면이 …… 민속의 지위로 떨어질 위험이 영구적인 것은 아닌지 물어볼 필요가 있다.[68]

서구를 구성하는 민족들은, 논리적으로, 인류에 속하는 모든 개인에 귀속되는(…… revient à tout individu appartenant à une espèce) 그런 특징들만을 지닌다. 인류에 대한 그들의 귀속은 정확히 철학의 언어로 표현될 가능성 그리고 철학의 언어로 말해질 가능성 ── 각 민족이 열망하고 접근하는[도달하는] ── 을 의미한다. 이 철학의 언어는 유럽 전역으로 널리 퍼져 교양 있는 방언 속에서[라면 어디서든] 찾아볼 수 있는 일종의 그리스어이다. 나머지 모든 것은 지역색이다.[69]

6. 결론을 대신하여

『전체성과 무한』의 레비나스는 "**인간 존재의 다수성**이라는 의미에서 다원주의를 축하할 준비가 되어 있다."[70]

[외재성과의 관계], 즉 형이상학은 본래 얼굴 속에 나타나는 타자의 현현에 의해 실현된다. 분리는 절대적이면서도, 관계 속에 있는 항들 사이에서 심화된다. 이 항들은 자신들이 유지하는 관계로부터 방면(放免)되며, … [그 관계 속에서] 자신들을 단념하지 않는다. 따라서 형이상학적 관계

---

68) ADV, p.230.
69) ADV, p.231.
70) "Who is my neighbor?", p.26.

는 다수의 존재자, 즉 다원론을 실현한다.[71]

그러나 1980년에 있었던 한 인터뷰에서 레비나스는 문화들의 다수성에 대해서는 비교적 냉담한 입장을 나타냈다. 그러한 입장 표명에 이어, 그는 유럽의 탁월함을 칭송했다.

그 포악한 행위들과 함께, '탈유럽화'의 관념을 창안한 것은 유럽이다. 그것은 유럽 사유의 관대함[풍요로움]이다.[72] 확실히, 내게 성경은 탁월함의 모델이다. 그러나 내가 불교에 대해서는 아무것도 모른다는 것을 인정하면서 그것을 말한다.[73]

왜 레비나스의 타자 철학에서는 문화적 타자에 대한 고려가 봉쇄된 것일까? 이에 대한 한 답변은 서구에 대한 그의 관념 때문이라는 것이다. "[레비나스의] **서구 관념**이 타자성의 수준에서 이루어지는 문화 간 조우로부터 레비나스를 보호하는 것으로 보인다."[74] 그는 서구의 자족성 ─ 탁월성과 다르지 않은 ─ 을 확신한다. 서구 ─ 물론 이때의 서구는 유대주의의 지혜를 수용한 서구이다 ─ 는 서구로 이미 충분하다는 생각

---

71) TI, p.195.
72) 이처럼, 유럽은 자기비판의 능력까지 갖춘 탓에, "(비서구의) 타자로부터 비판을 받을 필요가 없다"(Brock Bahler, *Childlike Peance in Merleau-Ponty and Levinas: Intersubjectivity as Dialectical Spiral*, Lexington Books, 2016, p.18).
73) *Entretiens avec Le Monde 1. Philosophies*, Paris: Editions La Découverte, 1984, p.147.("Who is my neighbor?", p.16에서 재인용)
74) "Who is my neighbor?", p.26.

이 비서구의 문화가 서구에 도전적일 수 있다는 가능성, 혹은 서구의 자기 충족성을 문제시할 가능성을 배제한다.[75]

레비나스의 철학 자체가 존재, 동일성, 자아를 중심으로 전개된 서구 철학 자체에 대한 비판이듯, 그 연장선상에서 그는 서구의 인본주의를 비판하면서 타인의 인본주의를 제출한다.

승리한 자들에 의해 기록되고, 승리에 대해 숙고한 우리 서양의 역사와 역사 철학은 패배한 자들과 희생자들 그리고 박해받는 자들을, 마치 그들이 아무린 중요성도 지니지 않은 것처럼 깡그리 무시하면서 휴머니즘 이상의 실현을 선언한다. 그들은 폭력, 그것에 의해 이 역사가 그럼에도 성취되도록 한 폭력을, 이 모순에 의해 아무런 방해도 받지 않고서 고발한다. 교만한 자들의 휴머니즘![76]

유대주의적 휴머니즘의 특징: 권리의 보호를 받아야 하는 인간은 일차적으로 다른 인간이지, 내가 아니다. 이 휴머니즘의 기초에 있는 것은 '인간'이라는 개념이 아니라, 다른 인간이다.[77]

---

75) 이와 더불어, 레비나스가 "대면적 조우를 문화적 수준과 다른 수준에 위치시키[는 것 역시] …… 타자가 나의 충족함에 도전할 수 있는 방식들 가운데 하나가 이방인이 나의 문화적 정체성을 문제 삼는 것이 될 가능성"("Who is my neighbor?", p. 17)을 배제한다. 물론, 문화를 존재론적 질서의 일부로 보는 레비나스로서는 타자와의 대면적 조우와 다른 평면에 문화의 자리를 마련할 수밖에 없을 것이지만, 우리의 질문은, 레비나스의 타자 윤리학의 의도를 존중한다고 하더라도, 그의 윤리학이 문화적 타자에 걸맞게 대응할 수 있는 무엇인가를 가졌는지다.
76) DL, p. 239.
77) *Du sacré au saint*, Paris : Les Éditions De Minuit, 1977, p. 17.

이처럼 타인의 인본주의를 주창하면서도, 그가 견지하고 있는 서구의 관념, 서구의 탁월함에 대한 생각은 분명하다. 그가 구조주의자를 평가하면서, 그 탈식민주의적 기획 의도에는 동감하면서도 여전히 서구 중심적 면모를 보이는 것[78]은 서구의 우월성에 대한 확신, 이를테면 서구의 과오를 비판하고 반성하는 구조주의 역시 서구에서 산출된 것이라는 인식이 있기 때문이다.

『의미와 의미화』에서 레비나스는 플라톤의 『메논』을 언급하면서, 노예가 '그리스어를 이해'하기만 한다면, "그는 주인과 마찬가지로 같은 진리에 도달할 것"[79]이라 말한다. 레비나스 자신은 그리스어의 보편성, 평등성을 염두에 두면서 이 말을 했겠지만, 버나스코니는 거기서 그가 간과한 어떤 관행을 우리에게 환기한다. 그 관행이란 다름 아니라, "주인은, 주인의 언어를 배워야 한다는 노예의 의무와 같은 의무, 즉 노예의 언어를 배워야 한다는 의무에 매이지 않는다는 관행"[80]이다. 이러한 점을 지적하면서 버나스코니는 레비나스 타자 철학의 어떤 한계를 건드린다.

동일자의 자기만족을 방해하는 이방인에 관해 철학을 하는 것과 지배적 문화에 의해 날 때부터 아웃사이더로, 부랑자(outcast)로, 타자로 규

---

78) 프랑수아 프와히에(François Poirié)와 가진 인터뷰에서는 그는 구조주의가 "탈식민화"에 상응한다는 것을 인정하면서도 다음과 같이 말한다. "그러나 나의 반응은 …… 우선 사람들이 아인슈타인의 과학적 사유와 야생의 사유(la Penseé sauvage)을 비교할 수 있는가 하는 것이다."("Who is my neighbor?", p.16에서 재인용)

79) HH, p.33.

80) "Who is my neighbor?", p.23.

정되는 것은 다른 문제이다.[81]

　"동일자의 자기만족을 방해하는 이방인에 관해 철학을 하는 것"이란 여러 가지를 곱씹게 한다. 결국, 레비나스는 철학 —— 그것이 이방인으로서 타자에 대한 철학일지라도 —— 을 하는 것이다. 이 철학의 주체는 지배 문화에 의해 타자로 규정된 자가 아니다. 이 간격은 해소되지 않는다. 물론, 이것이 문화적 이방인이 (지배 문화에 의해 철학으로서 규정된) 철학을 할 수 없다는 것을 말하는 것이 아니다. 그(녀)는 철학을 위해 그리스이를 배위야만 하는 것이다.[82] 책임의 비대칭성을 말하는 철학도 문화적 역학 관계의 비대칭성을 고려하지는 않는다.

　타자의 우위를 말하는 철학이 문화적 타자에 대해 적절한 자리를 마련하지 못한 채, 서구 문화의 탁월성 관념과 만날 때, 귀결되는 것은 그러한 철학의 존재 자체가 서구의 자부심 목록에 한 항목으로 편입될 수 있다는 것이다.

> 타자를 우선시하는 비대칭성의 윤리는 문화적 수준에 이전되면, 쉽사리 그 비대칭성의 윤리를 생산한 문화를 우선시하는 불균등으로 전환된다는 결론을 야기한다.[83]

---

81) "Who is my neighbor?", p.23.
82) 이러한 문제 상황은 어느 지점에서인가 '서발턴은 말할 수 있는가?'라는 질문이 함축하는 상황과 만날 것이다.
83) "One-way Traffic", p.79.

레비나스의 타자 철학은, 그것이 철학인 한에서 (기존) 사유의 개혁을 위한 (새로운) 사유라고 할 수 있다. 철학자로서 그는 사유의 틀과 방식을 변혁함으로써 현실을 바꾸려고 한다. 어쩌면 팔레스타인에 대한 인터뷰에서 우리가 느끼는 당혹감은 타자 철학의 이러한 성격을 간과한 채, 현실 국제 질서 속의 약자 —— 동시에 문화적 약자, 문화적 이방인이기도 한 —— 를 타자로서 레비나스가 환대할 것으로 생각했기 때문인지도 모른다.

우리가 새로운 사유와 언어를 향한 레비나스의 기획이 태동하고, 성장한 토양에 주목할 경우, 그동안 잘 눈에 띄지 않았던 그의 타자 철학의 다른 면모, 곧 서구의 자기 변화의 계기로서의 성격이 드러난다.

그의 초점은 아메리카 원주민처럼 누군가를 경계해야 하는 상황에 있는 것이 아니라 약자인 타자를 핍박하거나 죽이지 않고 자신들의 세계를 열고 변화시키는 데 있다. 말하자면 그의 철학은 서구 문명의 위기에 대한 자기 처방이다. 레비나스를 원용하거나 타자를 논의하는 많은 서구 학자들이 타 문명에 대해 적극적인 관심을 두는 경우보다는 자기네들 문명의 미래와 변화가능성에 더 관심을 두는 것도 이런 맥락에서라고 볼 수 있다. 우리로서는 섭섭한 일일지 모르지만, 대부분의 서구인에게 동양인은 레비나스가 말하듯 환대받아야 하고 가르침을 주는 타자가 아니라 서구 문명의 미숙한 변방 또는 이색적인 변종일 따름이다.[84]

---

84) 문성원, 「로컬리티와 타자」, 『시대와 철학』, 21권 2호, 2010, 193쪽. 여기서 우리가 제기할 수 있는 질문은, 현실의 타 문화를 고려하지 않는 서구 문화의 자기 변화, 자기 처방이 과연 제대로 된 것일 수 있겠는가 하는 것이다.

레비나스의 타자 철학이 문화적 타자를 고려하지 않음으로써 발생하는 것은 무엇일까? 그것은 자아가 지닌 자신의 문화, 자신의 인종, 민족에 대한 귀속 의식으로 인한 자족감, 자부심을 동요시키고, 그럼으로써 자신을 더 온전히 성찰할 수 있는 기회의 상실이다.

자문화의 가치들에 대한 나의 당연한 애착을 지탱하는 자명성을 흔드는 것은 타자 그 자체(the Other as such)가 아니다. 자문화에 대한 나의 애착에 직접적 도전을 제기하고 …… 반응하도록 나를 소환하는 것은, 나와 문화적 차이를 지닌 타자이다.[85]

타자를 절대적으로 우위에 두고자 하는 레비나스의 철학이 (현실의 문화적 평면에서) 휘어진 핵심적 요인이 그리스적인 것인 것 — 그리스어와 그것으로 형성된 철학 — 에 대한 무한한 신뢰와 자긍이라면, 그의 유럽중심주의에 대한 비판은 그리스적인 것의 해체를 통과함으로써 비로소 일단락될 것이다. 그리고 이 해체를 지나 비유럽의 사유를 서구 자신의 사유에 도전을 줄 수 있는 것으로 인식하고 경험함으로써 자신의 폐쇄적 자족성이 동요될 수 있을 것이다. 그렇다면 비서구는 어떤 자세로 서구와 조우해야 하는가? 유대주의에 대해 레비나스가 한 다음과 같은 말이 참조될 수 있을까?

이 가르침은 어떤 점에서 서구 혹은 기독교 세계의 강박으로부터 풀려

---

85) "Who is my neighbor?", p.27.

난 것이며, 이 서구 혹은 기독교 세계를 향해 유대주의는 우애로, 그러나 소심하지 않고 열등감 없이(sans timidité et sans complexe d'infériorité) 나아간다.[86]

86) DL, p.216.

후기

김정현

하나의 철학은 어떻게 전통이 되며, 하나의 사유는 어떻게 지속성을 얻는가? 사유는 우선, 사유의 전통과 연속성을 이룸으로써 전통이 된다. 동어반복에 가까운 이 언명이 의미하는 것은, 사유는 전통을 답습해서는 안 되지만, 전통과 무관해서도 전통이 될 수 없다는 것이다. 철학은 철학의 전통 속에서 전통과 대결함으로써만, 새로움과 지속성을 동시에 확보한다. 그런 철학만이 전통을 혁신하면서 그 일부가 된다.

하나의 사유는, 그러나 기존의 사유와 (비판적, 역동적) 연속성을 유지하는 것만으로 전통이 되는 것은 아니다. 당대의 현실, 문제와 어떤 식으로든 대면해야 한다. 그럴 때만, 철학은 활력을 획득한다. 그리고 그런 철학만이 전통이 된다.

사유의 전통이 없는 사회 —— 혹은, 학계 —— 는 매번 같은 지점에서 출발해야 한다. 거기서는 '더 나아감'도, '함께 나아감'도 가능하지 않다. 그런 사회에서 사유의 주체들은 선학(先學), 동학(同學), 혹은 후학(後學)을 가리지 않고 타인의 연구에 관심이 없다. 그러나 하나의 사유는 다른 사유에 의해, 하나의 연구는 다른 연구에 의해 환기되고, 언급되고, 평가됨으로써 이전보다 두꺼운 의미를 얻는다. 전통과 역사가 없는 사회는 늘 새로운 것에 목마를 뿐이다.

현재 우리에게, 살아 있다고 할 만한, 대화와 대결의 상대로서의 사유 전통이 존재하는지는 불분명해 보인다. 우리는 지금 전통을 ──사유의 출신지를 불문한 채 ── 만들어 가는 중이거나, 지나간 것을 전통으로 맞아들이기 위해 우리의 질문을 다듬고 있는 중이지 않을까? 결국, 새로운 사유의 전통을 만들려고 하든, 죽은 전통을 활력 있게 하려고 하든 핵심은 현재의 문제의식인 것이다.

우리가 '서구 철학'을 그 새로움만으로 주목할 때, 그 철학은 우리의 사유를 현실적으로 것으로 만들지 못하며, 그러하기에 우리의 사유를 전통의 자리로 이끌지도 못한다. 사실, 서구 철학에 그런 자세로 접근하는 이는 드물다. 우리 주변에서 서구 철학을 하는 바람직한 모습을 찾는 것이 그렇게 어려운 일은 아니다. 그 다양한 서구 철학 하기의 결들을 의식하며 자신의 결을 만들 수 있다면, 비서구에서 서구 철학을 한다는 것이 무슨 문제이겠는가?

구현되지는 못했지만, 이 책의 최초 구성 의도에 대해 몇 가지 언급하는 것이 필요할 듯하다. 다른 누군가의 작업을 촉발할 수도 있을 것이기 때문이다. 처음 이 책을 기획할 때, 의도했던 것은 레비나스 철학이라는 한 사유의 수용 과정 및 그 양상을 포착해 보고자 하는 것이었다. 거기서 사유와 개념이 어떤 변용을 거치는지를 문화 간 접속과 융합의 측면에서 살펴보려 했다. 그런데 이러한 계획은 집필자를 물색하고, 만나는 과정에서 곧 실현의 어려움에 봉착했다. 대체로, 아직 레비나스의 주요 저작이 번역되지 않은 상황에서 수용을 말하는 것은 어렵지 않겠냐는 생각들을 피력했다. 사실, 그렇기는 했다. 번역이라는, 수용의 첫 단계에도 진입하지 못한 사상과 관련하여, 수용의 양상을 탐색하겠다는 것은 말이 되지 않는 것이다. 그렇게 레비나스를 사례로 '사상의 번역'을 탐색하려는 의도는 좌절되었다(고 해야 할 것이다).

이 대목에서 한 가지 에피소드가 떠오른다. 오래전, 외국에서 탁월한 학자로 명망이 높던 한 신학자의 강연을 들은 적이 있다. 그분의 말씀이, 우리 신학을 한다는 것이 꼭 서구의 신학과 다른 길을 가는 것 ── 예를 들어, 우리의 전통적 개념을 매개로 ── 으로 이해될 필요는 없는데, 서구 신학적 주제를 다루더라도, 거기에 접근하는 방식에서 이미 우리의 고유성이 작동하기 때문이라는 것이었다. 이렇게 생각한다면, 우리 사회의 외래 사상 수용 양상을, '수입상'(輸入商)의 그것과 다르지 않다고 비하할 필요는 없을 것 같다. 이런 생각이 수용의 문제에 대한 더 치열한 고민을 느슨하게 하도록 허용하지만 않는다면.

하나의 사유가 본래의 장소를 떠나 수용되는 양상에는 장소마다 차이가 있을 것이다. 레비나스 철학도 마찬가지일 텐데, 다만 우리 사회와 학계의 경우, 그 수용의 (의미 있는) 궤적이 어떤 무늬를 띨지, 다른 것과 어떤 차이가 있을지는 좀 더 지켜봐야 할 것이다.

국내의 연구 상황을 보면, 기존의 서구 철학과 관련하여 레비나스 철학이 지닌 차이나 의의에 대해서는 비교적 많이 연구된 편이라 할 수 있다. 물론, 그런 연구가 개념어 사전, 핵심 주제에 대한 기본 학술서, 비판적 저작 등의 출판 성과로 이어지고 있는가 하는 관점에서 보면, 여전히 많은 학술적 과제가 남아 있긴 하다. 이런 성격의 작업이 더욱 활발히 진행되어야 하겠으나, 연구 주제 면에서 본다면 아무래도 레비나스 철학의 사회, 정치, 문화 철학적 가능성에 대한 연구가 더 필요하지 않나 생각한다. 이것은 레비나스 철학 자체에서 이들 영역에 대한 사상이 충분히 형성되지 못한 것과 연관이 있을 뿐 아니라, 철학의 장소성에 대한 자각이 어느 때보다 활성화된 지금의 사정과도 연관이 있다.

문화 간 대화에 특별한 노력을 기울여 온 한 철학자에 따르면, "오늘날 철학은 다른 어느 때보다 경계를 가로지르는 번역, 여행, 기나긴 여정과 밀접하게 연관되어 있[다]"(프레드 달마이어, 『다른 하이데거』). 이 책을 통한 우리의 개입이, 하나의 철학이 이미 걸어온 여정을 (또 다른 의미를 띠고) 계속 이어갈 수 있게 하는 고리가 되길 바란다. 애초의 기획보디 다소 느슨하게 모이긴 했지만, 모임으로써, 각각의 글들이 홀로 있을 때와는 다른 효과를 내리라는 것은 확실하다.

처음 이 책을 기획하고 벌써 5년이 흘렀다. 중간에 여러 다른 일들이 끼어 미뤄진 탓이 크다. 이 책에 글을 보내 주시고, 긴 시간 동안 기다려 주신 여러 집필자 선생님들, 그리고 강영안 교수의 강연 녹취록을 작성해 준 연구단 사상비평센터의 연구 보조원들께, 그리고 그동안 연구단의 울타리가 되어 주신 주광순, 김용규, 김인택 단장님께 감사드린다. 끝으로, 출판 과정에서 수고하신 그린비의 여러분께 고마운 마음을 표한다.

엮은이/지은이 소개

엮은이

김정현

부산대학교 인문학연구소 HK교수. 대학원에서 빌헬름 딜타이의 해석학(석사), 폴 리쾨르의 윤리학(박사) 연구로 학위를 받았다. 가다머, 데리다, 레비나스, 하이데거 같은 유럽 철학자들의 유럽 인식과 라틴 아메리카, 아프리카 철학자들의 철학(관)에 관심을 두고 연구 중이다. 「비서구와 서구의 철학적 소통을 향하여—두셀과 리쾨르의 경우에서」, 「'유럽'의 해체—데리다의 다른 곳(L'Autre Cap)을 중심으로」 등의 논문과 저역서가 있다.

지은이(가나다 순)

강영안

서강대학교 철학과 명예교수. 한국외국어대학교에서 문학학사, 루뱅대학교에서 철학학사 및 석사, 암스테르담 자유대학교에서 칸트 연구로 철학박사 학위를 받았다. 국내에 레비나스 철학을 본격적으로 소개한 1세대이며 『칸트의 형이상학과 표상적 사유』, 『타인의 얼굴—레비나스의 철학』, 『시간과 타자』, 『주체는 죽었는가』, 『철학은 어디에 있는가』 등 다수의 저역서, 논문을 집필했다.

김혜령

이화여자대학교 호크마교양대학 조교수. 이화여자대학교 기독교학과에서 학사와 석사 학위를 받고, 프랑스 스트라스부르대학교 개신교학부에서 「거주 문제에 대한 철학적, 윤리학적 연구—하이데거에서 리쾨르까지」(Habiter : perspectives philosophiques et éthiques de Heidegger & Ricoeur)라는 논문으로 신학박사 학위를 받았다. 기독교윤리 전공으로서 철학적 윤리학과 신학적 윤리학의 융합적 연구를 진행하고 있다. 「레비나스의 휴머니즘 윤리 속의 유일신론과 메시아니즘」 등 다수의 논문이 있다.

문성원

부산대학교 철학과 교수. 서울대학교 철학과를 졸업하고 같은 학교 대학원에서 철학박사 학위를 받았다. 지은 책으로 『철학자 구보 씨의 세상 생각』, 『해체와 윤리』, 『배제의 배제와 환대』, 『철학의 시추』 등이 있고, 옮긴 책으로 『아듀, 레비나스』, 『신, 죽음 그리고 시간』(공역), 『자유』 등이 있다.

서용순

2005년 파리 8대학교에서 철학박사 학위를 받았다. 현재 성균관대학교와 한국예술종합학교에서 강의하고 있다. 알랭 바디우의 『철학을 위한 선언』, 『베케트에 대하여』, 『철학과 사건』 등을 번역했다. 주요 연구로는 「바디우 철학에서의 존재, 사건, 진리」, 「데리다와 레비나스의 반(反)형이상학적 주체이론에서의 정치적 주체성」 등이 있다.

손영창

코리아텍 교양학부 교수. 스트라스부르 2대학교에서 철학박사 학위를 받았다. 논문으로는 「타자성에 대한 해석과 언어의 역할」, 「데리다의 절대적 타자론」, 「낭시의 공동체론에서 공동-존재와 그것의 정치적 함의」, 「데리다의 증여이론」 등이 있으며, 지은 책으로는 『프랑스 철학의 위대한 시절』이 있다. 옮긴 책으로는 레비나스의 『신, 죽음, 그리고 시간』(공역)이 있다.